【最新修订版】

领导干部读

资治通鉴

李伟明 著

廣東旅游出版社
GUANGDONG TRAVEL & TOURISM PRESS
悦读书·悦旅行·悦享人生

中国·广州

图书在版编目（CIP）数据

领导干部读《资治通鉴》 / 李伟明著 . — 广州 : 广东旅游出版社, 2024.7
（2024.10 重印）

ISBN 978-7-5570-3322-4

Ⅰ . ①领… Ⅱ . ①李… Ⅲ . ①随笔－作品集－中国－当代 Ⅳ . ① I267.1

中国国家版本馆 CIP 数据核字 (2024) 第 107241 号

出 版 人：刘志松
策划编辑：彭 超
责任编辑：彭 超 于洁泳
封面设计：艾颖琛
内文设计：王燕梅
责任校对：李瑞苑
责任技编：冼志良

领导干部读《资治通鉴》
LING DAO GAN BU DU 《ZI ZHI TONG JIAN》

广东旅游出版社出版发行
（广东省广州市荔湾区沙面北街 71 号首层、二层）

邮编：510130
电话：020-87347732（总编室） 020-87348887（销售热线）
投稿邮箱：2026542779@qq.com
印刷：佛山家联印刷有限公司
地址：佛山市南海区桂城街道三山新城科能路 10 号自编 4 号楼三层之一
开本：787 毫米 ×1092 毫米 16 开
字数：260 千字
印张：20.5
版次：2024 年 7 月第 1 版
印次：2024 年 10 月第 3 次
定价：78.00 元

再版说明

  《资治通鉴》是中国历史上规模最大、成就最高的编年体通史，由北宋政治家、史学家司马光和他的助手刘攽、刘恕和范祖禹等人历时 19 年编纂而成。《资治通鉴》成书后即被宋神宗奉为"第一必读治国教材"，随后成为历代经世致用的权威书籍。毛泽东一生更是圈点、阅读该书达 17 遍，并多次推荐此书。

  《领导干部读〈资治通鉴〉》是一部读史随笔。作者李伟明先生从 300 万言鸿篇巨制的《资治通鉴》采撷精华，以现代思维提炼分析，谈古论今，以史鉴今，为读者快速领略《资治通鉴》的当下价值提供了一个有效的窗口。该书于 2009 年 2 月由华文出版社出版后，很快获得众多读者朋友的喜爱，跻身畅销书行列，被《解放日报》连载，并被多家媒体选载、推介，还被全国多地多家单位列为干部读物。

  时光匆匆，自《领导干部读〈资治通鉴〉》第一版出版后，一晃十五载光阴悄然而去。而今，该书在市场上难觅其踪，偶尔在网上现身也被炒出高价，甚至冒出了各种盗印版。为了满足广大读者的需求，广东旅游出版社与作者商定，对该书进行修订再版，以此回馈读者朋友。

此次再版，内容总体不变，但在编排上改为以写作时间为序。同时，为了让读者了解写作背景，在每篇文章后面标明了写作时间。我们期待这些修订调整能让读者获得更好的阅读体验，并从中感悟读史的妙处。

广东旅游出版社
2024年5月

目/录
CONTENTS

I

邹衍不辩"白马非马"

　　齐邹衍过赵，平原君使与公孙龙论白马非马之说。邹子曰："不可。夫辩者，别殊类使不相害，序异端使不相乱。抒意通指，明其所谓，使人与知焉，不务相迷也。故胜者不失其所守，不胜者得其所求。若是，故辩可为也。及至烦文以相假，饰辞以相惇，巧譬以相移，引人使不得及其意，如此害大道。夫缴纷争言而竞后息，不能无害君子，衍不为也。"座皆称善。公孙龙由是遂绌。

——《资治通鉴》第三卷

　　赵国的平原君赵胜是战国时期"养士"的"大家"之一，解决了几千名食客的生计问题。在那个年代，只要稍有特长，找个像平原君这样的"大款"混口饭吃是不成问题的。这不，有个叫公孙龙的，凭着一张能言善辩的嘴，一时间成为平原君的座上宾。

　　《资治通鉴》第三卷有记载："有公孙龙者，善为坚白同异之辩，平原君客之。"这里，具体说了两件事。

　　第一件事，孔穿从鲁国到赵国，与公孙龙进行了一场辩论赛，辩题是"臧三耳"（"奴婢有三只耳朵"）。结果，"正方"公孙龙说得头头是道，身为孔子后人的"反方"孔穿，虽然理论功底不差，却被他辩得无言以对。起初，平原君对公孙龙的表现深表满意，

但孔穿对平原君说："公孙龙简直像真的能让奴婢长出三只耳朵来。可是，论证三只耳朵很困难却又不是事实，论证两只耳朵很容易而且是事实，不知您将选择容易、真实的还是困难、虚假的？"平原君这才明白过来：孔穿是道理胜过言辞，公孙龙是言辞胜过道理。

第二件事，大学者邹衍路过赵国，爱热闹的平原君又想让他和公孙龙辩论"白马非马"这个问题。没想到，邹衍的表现比孔穿干脆多了——毫不客气地拒绝。邹衍认为，辩论之事，应当区别不同类型，不相侵害；排列不同概念，不相混淆；抒发自己的意旨，表明自己的观点，让别人理解而不是让别人困惑。这样，得胜者能坚持自己的立场，未胜者也能获得自己所追求的学问和道理。而那种用巧言饰辞偷换概念，强词夺理纠缠不休，故意使人不得要领的做法，对治学只会有害处。所以，"衍不为也"。邹老夫子不肯辩论"白马非马"的一番话，赢得了一片喝彩声，也"点化"了平原君，公孙龙从此在他这里不再受宠。

需要说明的是，公孙龙是战国时期诸子百家中名家的代表人物之一，也算有资格活跃在各种媒体娱乐栏目（如果当时有媒体的话）的名人之一，和那不学无术只想混口饭吃的南郭先生之流还是有本质区别的。他的"白马非马"之说到底算不算诡辩，哲学界争论了两千多年，至今好像还没"统一认识"。

不谈哲学，在我辈普通大众看来，邹衍不辩"白马非马"，这种态度值得欣赏。和孔穿相比，邹衍这种"不屑"的做法更高一筹。奴婢只有两只耳朵，白马当然还是马，事实胜于雄辩，何必浪费时间、精力与睁着眼睛说瞎话的人徒费口舌，做这种越辩越糊涂的无用功？由此说开去，不管是管理国家还是钻研学问或干别的什么，

务实才是根本的，脱离实际玩虚招、耍概念，终究捣弄不出实际效果。既然这种事情毫无价值与意义，还是不干也罢。

"白马非马"现象当然没有因为邹老夫子几句话而绝迹。两千多年过去，其依然颇有市场。这恐怕只好以"存在就是合理"来解释了。我倒觉得，致力于研究"白马非马"之说的人，更像是在修习"屠龙术"，这功夫除了可以增强一个人强词夺理的"雄辩"才能，我等"草根"是很难看到它的实际作用的。如果不是慷慨如平原君者给了他们大逞口舌之能的舞台，这些人的就业问题还不知该怎么解决呢。

说到"屠龙术"，人们很容易想到其空谈、务虚的特点，其直接表现可真是太多了。在今天，仍然不乏所谓的专家、理论家在充分运用"白马非马"的理论，大玩"屠龙术"。他们可以根据上级的意图，非常识时务地使自己的理论"正说有理，反说也有理"。举个例子说，北国的城市大道绿化带是否可以种椰子树？有的"专家"在得知领导想种时，便充分施展"辩才"，引经据典论证北国城市绿化带种椰子树的可行性，为领导提供"理论支撑"。过了几年，领导换了，椰子树也因不服水土枯了，还是这些专家，又在论证北方根本不能种植此树的道理。类似的情况，在生活中并不鲜见，这样的"理论"，除了给人们提供大量的废话，能让人明白什么道理？

说句冒犯的话，在理论界，最近几十年可以说是论文泛滥的时代。由于众所周知的原因，"论文"对很多行业都显得特别重要，理论类的报刊也就特别多起来。多少专职的、业余的理论家，每年制造了多少只有自己阅读的"论文"？如果去统计一下的话，这个数字肯定是惊人的。我们不是不要论文，相反，我们非常需要有价

值的论文，可是它们在这种形势下，也许一不小心就被湮没在大量的文字垃圾中了。顺便说一下文艺界，有一个时期，一些评论家在获得了一些舶来的文艺理论后，生吞活剥，以玩概念为能事，炮制了大量的故弄玄虚的批评文字，不仅无益于读者阅读，还严重地干扰了作家创作。对于这类故意和现实过不去的"屠龙理论"，明智的选择还是学习邹衍。

人生在世，当有所为有所不为。当你认为"白马非马"之类没有价值时，弃之何妨。生命是有限的，我们还是把宝贵的时间和精力用到"值得"的地方去吧！

2007年1月14日之夜

人性没有"标准答案"

萧何治未央宫，上见其壮丽，甚怒，谓何曰："天下匈匈，苦战数岁，成败未可知，是何治宫室过度也！"何曰："天下方未定，故可因以就宫室。且夫天子以四海为家，非壮丽无以重威，且无令后世有以加也。"上说。

——《资治通鉴》第十一卷

说起萧何，熟悉历史的人都知道，这是两汉时期一等一的优秀人才。刘邦以一介土匪而拥有天下，这位杰出的"管家"功不可没。

公元前200年春季，汉朝建国才几年，萧何主抓"国家重点工程"未央宫的建设。一天，刘邦前来工地视察工作，看到宫殿建造过于华丽，乡下人出身的他愤怒地对萧何说："天下纷乱，连年受战事劳苦，成败还是个未知数，怎能把宫室修筑得过度豪华！"萧何却辩解道：正是因为天下尚未安定，所以可以大兴土木；而且，宫殿不壮丽就不足以显示天子的威严；另外，现在把规模做大，为的是不让后世超过它（呵呵，这一点的现代版听起来倒不陌生：不就是许多领导爱说的"××工程要确保××年不落伍"吗？今日总算考证出了这个"理念"的首倡者）。刘邦听了这解释，龙颜大悦。

乍读《资治通鉴》第十一卷的这一段文字（文言文也就百把字），我不禁感到疑惑：萧老先生这是怎么了？他这说的是哪家的理呀？

接下来看到《资治通鉴》编著者司马光的一段点评（他老先生编到这里也忍不住了），才有所悟并对司马老先生的议论感到痛快。

司马光毫不客气地批评了萧何一顿。他说，从没听过君主依靠宫室的规模来镇服天下的道理；天下未定，节俭用度以解救百姓才是正事，创业的君主带个节俭的好头，他的后代尚且会骄奢淫逸，何况自己带头显示奢侈。他甚至认为，到了汉武帝时，终因滥建宫室而使天下疲惫衰败，这未必就不是萧何开的头！

原来，一向见识不凡的萧何，也有目光偏斜、思路荒谬的时候。这一段记载，无疑要使萧何在后人给他的"综合测评"中失分不少。由此也提醒我们，在评价一个人的时候，不可想当然，流于概念化。古人云：人非圣贤，孰能无过（同样的道理，反过来说，即使是十恶不赦的人，身上也许仍有偶尔闪光的一面）。一个人身上的矛盾真是太多了（"大人物"尤其如此），所以，人性没有"标准答案"。

2001年诺贝尔文学奖获得者奈保尔，在授奖大会上的发言真是语惊四座。他说，自己获奖，得感谢他经常光顾的妓女——由于自己忙于工作，无暇去追求更体面的情妇，只有常常在妓女的怀中寻求慰藉（所以，自己的成绩，当然也有妓女的一半）。用我们传统的价值观来看，奈保尔这样的人岂不是生活糜烂、品德败坏？以他这点德行，能创造出什么营养丰富的精神产品？可是，人家的成绩又是明摆着的，若因为他的私生活而认定他"狗嘴吐不出象牙"，好像是说不过去的。面对实话实说的奈保尔，我们能给他套什么"标准答案"呢？

我很喜欢王跃文的几部长篇小说。他的《国画》《梅次故事》，在人物塑造上获得了很大的成功，甚至可以说是一大突破。他的作

品中，已经没有传统意义上的"正面人物"。主人公朱怀镜是好人吗？他也有大量的庸俗的一面。那么，朱怀镜是坏人吗？当然谈不上，他并没有干伤天害理之事的动机。只能说，朱怀镜是真实的，生活在一个真实的空间里，而这个"真实"，又确保了作品的艺术真实。王跃文刻画的人性没有"标准答案"，这是他的作品最成功的地方之一。

2006年，我曾经写过一篇短文《戈登的"傻劲"》，对太平天国时期的洋枪队队长戈登重视信誉的一面表示肯定。戈登在担任常胜军（"洋枪队"）首领时，在李鸿章的指挥下，围攻太平军镇守的苏州。苏州太平军将领郜云官等与清军将领程学启秘密洽商投降，戈登作为双方的保证人，保证清军不杀降兵降将。然后，郜云官等人杀了苏州主帅谭绍光降清。没想到，李鸿章、程学启拿下苏州城后，将郜云官等两千多名太平军将士全部斩首。戈登认为李鸿章他们"杀降"是背信弃义，气愤得要找李鸿章和程学启拼命，并想夺回苏州城交还给太平军。在有关人士的调解下，李鸿章亲自哭祭郜云官等人，戈登才勉强作罢。我这篇文章在《中国改革报》发表后，被《报刊文摘》转摘。后来，一个偶然的机会，我在互联网上发现文章受到一些网民的"批判"（有的用词还挺有感情色彩，上升到多年前"阶级斗争"的高度）。他们认为坏人就是坏人，没什么好谈的，说他们的好话就是想"翻案"。21世纪都过了好几年了，这种仍然习惯用"对"或"错"来评价人的传统做法，很是令我感到茫然。以前读书时，老师习惯对问题给出"标准答案"。数理化题目倒也罢了，连文学、政治、哲学方面的问题，也会有标准答案。现在想起来，我们习惯用"非此即彼"的思维模式来看问题，是不

是和这种读书方式有关呢？

　　人性是什么？我想世界上没有比这更复杂的东西了。当我们了解的人越来越多，当我们对具体某一个人的了解越来越深，我们就会发现，对人性的认识似乎永远没有固定的、完全正确的答案。人类社会是矛盾的社会，各种矛盾必然体现在个体的"人"身上。特别是在个性日益多元化的时代，人性的复杂化更是正常的事。摒弃"标准答案"的思维模式去看人、看世界，我们才会有全新的发现、更趋准确的认识，才不会对一个人盲目崇拜或产生偏见。如果奉行简单化、格式化的做法，以致搞出了一叶障目的效果，这只能说是自己骗了自己，根本没有理由怪别人。

2007年1月24日之夜

将错误进行到底？

帝以朝太后于长乐宫及间往，数跸烦民，乃筑复道于武库南。奉常叔孙通谏曰："此高帝月出游衣冠之道也，子孙奈何乘宗庙道上行哉！"帝惧曰："急坏之！"通曰："人主无过举。今已作，百姓皆知之矣。愿陛下为原庙渭北，衣冠月出游之，益广宗庙，大孝之本。"上乃诏有司立原庙。

——《资治通鉴》第十二卷

公元前191年，汉惠帝因为去长乐宫朝见太后时，经常要清道惊扰百姓，为了避免麻烦，便在武库的南面修筑了一条复道（空中道路）。奉常（中国古代官名，执掌朝廷宗庙礼仪，"三公九卿"中的"九卿"之一）叔孙通进谏说："这是每月举行高帝衣冠出巡仪式的道路，后人怎能在祖宗的道路上面行走？"汉惠帝赶忙决定拆除这条复道。叔孙通却说："天子没有错误的行为，现在路已修好了，不如到渭河北面另建原庙，在那里举行高帝衣冠出巡仪式，这样还能彰显孝心。"汉惠帝采纳了这个建议。（详见《资治通鉴》第十二卷）

叔孙通作为朝廷资深的高级干部，为了维护皇帝的面子（大有拍马的嫌疑），竟然炮制出"天子不会犯错误"的理论，还出个馊主意让汉惠帝不惜劳民伤财将错误进行到底，这种文过饰非的做法，

不仅让自己的人品大打折扣，更要紧的是，如果这一论调被"主流阶级"正式确认，祸害可就不小了。

说到文过饰非，叔孙通当然不是有史以来"第一人"。比他更早的古人，对这个问题已有深刻的认识，并发表过尖锐的评论。《论语》有记载："子夏曰：'小人之过也必文。'"意思是说小人犯了错误一定会加以掩饰（按这个说法，君子应该不会这样做，否则就够不上君子标准了）。而到了稍后的《孟子》，情况有变化了："古之君子，过则改之，今之君子，过则顺之。古之君子，其过也，如日月之食，民皆见之；及其更也，民皆仰之。今之君子，岂徒顺之，又从为之辞。"言下之意，当时的"君子"比以前的"君子"差得远，不仅要将错就错，还要寻找各种漂亮的借口来开脱错误。再往后，到了叔孙通这里，干脆从理论上认定"人主无过举"。由此看来，古人对待认错纠错的态度，可真是一代不如一代了。

时间一晃间过了两千多年。今天的人们，是否扭转了局面，学会了以正确的态度对待认错纠错呢？不妨随手翻开近年来的一些新闻报道"考证"一番。

——和卫生部有关。一个时期以来，群众看病贵、药品价格高成为人们关注的热点，从上到下都认为过去的医疗改革不成功。面对群众的批评，2005年，国家卫生部某官员却在一个公开场合否认医疗改革不成功的说法，并且极力反驳群众的批评。

——郑州市惠济区建了占地500亩、花费数亿元的区政府，被人在网上发帖形容为"世界第一区政府"。当地官员愤怒地对记者说："这个帖子给我们造成很大的负面影响，十分恶劣。我们追查过，采取了一定措施，但网络太难控制。"他们还辩解："我

们算什么第一？××市市政府占了1000多亩，比我们大多了。""区政府带动了周边地产价格上升、贫困地区经济的发展，受益的是百姓。"

还有，多少篇关于瞒报矿难的报道，多少个总是习惯把责任推给"客观因素"的渎职犯罪人员，以及在一些媒体司空见惯的"负面事件正面宣传"的做法……够了，这样的例子再举下去，肯定要让人厌倦了。

如果说，叔孙通的论调还只是"作为最高领导人的皇帝不会犯错误"，那么，在两千多年后，这个论调在某些人的意识里，其适用对象已经扩大到"各级领导都不会犯错误"了，这真是个不小的"进步"啊。

既然领导不会犯错误，那么，要让这个"理论"成立，唯一的办法就是将错就错，以错为对，把错误转个角度进行到底，直到转"对"了为止。而领导举重若轻的这一"转"，当然少不了"转"掉老百姓大片大片的利益。

当领导的面子重于百姓的利益时，领导就永远不会出"错"了。一个人只要想到了做件什么事情，有的是借口。特别是对手上掌握了大权的人来说，像汉惠帝换个地方重建原庙一样，牺牲百姓的利益来掩人耳目根本不算个什么事儿。在这种情况下，如果没有强有力的机制来制约，老百姓只能怨自己命不好，老老实实地一次又一次为领导的"正确决策"交"学费"。

叔孙通的论调在当时是被汉惠帝欣然接受了，但一千多年后的司马光在编著《资治通鉴》时，对这个问题毫不含糊，专门在书里写了一段批评叔孙通的文字。司马光说，做君王的人，本来就不是

以不犯错误为贤明，而是以改正错误为美德。叔孙通的论调，"是教人君以文过遂非也，岂不谬哉！"又一个千年过去，我们这个时代的人，该支持司马光还是叔孙通？

千秋功过，自有后人评说——错误终归是错误，后人的嘴是堵不住的，将错就错的做法，当时的人们或许碍于自身利害关系等原因不曾多说，但在后人看来，那完全是掩耳盗铃般的笑话。领导者处理这种事情时，眼光看远一点，多想想以后的情况，或许会做得更理智些。

2007年2月4日之夜

执法的标准

上行出中渭桥，有一人从桥下走，乘舆马惊。于是使骑捕之，属廷尉。释之奏当："此人犯跸，当罚金。"上怒曰："此人亲惊吾马，马赖和柔，令它马，固不败伤我乎！而廷尉乃当之罚金。"释之曰："法者，天下公共也。今法如是，更重之，是法不信于民也。且方其时，上使使诛之则已。今已下廷尉。廷尉，天下之平也，壹倾，天下用法皆为之轻重，民安所错其手足！唯陛下察之。"上良久曰："廷尉当是也。"

——《资治通鉴》第十四卷

汉文帝手下的张释之是个名不虚传的贤能之人，《资治通鉴》第十四卷记录了多件和他有关的事情，足以证明这一点。其中一件事情是，张释之担任廷尉时，有一次，文帝出行经过中渭桥，有个冒失之徒从桥下跑出来，使文帝的御马受惊。这个冒失之徒随即被"保镖"拿下，并按文帝的意见交给廷尉张释之处治。很快，张释之向文帝汇报了处理意见："此人违犯清道戒严规定，应当判处罚金。"文帝对这个处理结果大失所望，火冒三丈："这家伙直接惊吓御马，好在这马脾气温和，才没伤到龙体。犯下这么严重的事，廷尉却只判他罚金！"张释之说："法律，是天下公共的，这个案子依现行的法律就是这样判；如果按皇上的意思加重处罚，法律就

不能取信于民。还有，如果皇上当时派人杀死他倒也罢了，现在既然交给廷尉，廷尉是天下公平的典范，办案稍有倾斜，全国执法都会因此可轻可重，没有标准了。"文帝最后认为："廷尉说得对啊。"

从这件事可以看出，作为汉文帝的"首席大法官"，张释之是个优秀的司法干部。那个冒失的小百姓冒犯的是皇帝，皇帝也因此动了真怒，身居"九卿"高位的张释之当然知道"领导意图"，可他却不管这些，仍然能坚持依照法律为此事定性。张释之在两千多年前就能如此高度重视执法的标准，的确是难能可贵的。

执法，以什么为标准？今天的人们在理论上都知道：当然是法律。"以法律为准绳"，这是法治社会常说的一句话。可是事实上，"以法律为准绳"执行起来并不是那么容易。特别是在法治程度还没达到相当"火候"的社会，"以法律为准绳"更容易被"以长官意志为准绳"之类所取代。

封建专制社会的情形就不必多说了。那年头，法律几乎是某个家族或某一个人的意志的体现，权大于法是极其正常的社会现象。虽然遵纪守法、执法如山的楷模也有一些，但非常遗憾的是，他们并非主流。绝大多数的时候，是绝大多数人无法很好地受到法度的保护，只能凭运气生活着。

就拿现在来说，长官意志代替法律的事情在很多地方也不鲜见。一些落马的官员（多指"一把手"之类），在位时不是常爱说"我就是法律"之类的话吗？在他们心目中，权大于法是理所当然的，"我的地方我做主"，把自己定位成了一个地方的"土皇帝"（有意思的是，像汉文帝这样的真皇帝还能尊重"法官"的意见，"土皇帝"就未必把法官当回事啦），国家制定的法律抵不上他随口说

的一句话。我有一个法官朋友，在某县法院做了多年的执行工作。法院"执行难"是众所周知的问题，这个朋友最气愤又无奈的，就是执行中遇到的"权力干扰"：某个领导一句话，执行法官就白跑了一趟。至于审判过程中的"权力干扰"，在现实中也不鲜见，就不必举例了。一个地方有了这种"一把手"，当地的司法机关想以法律为准绳依法办案，只怕是难事一桩。而这，也是破坏法制建设的主要因素之一。

执法除了受长官意志左右，还容易受到舆论的干扰。若干年前，郑州市有个肇事逃逸的警察，因为受到舆论的谴责，很快成为全国"知名人物"，法官为此感到压力太大，于是从重从快判其死刑以平民愤。可事后，法学界又对此质疑，认为这人依照法律罪不该死，是因为舆论的力量加重了处罚（当事人临死前还发出感叹"是死在记者的笔下"）。另一种情况是舆论导致轻判，这也有实例。湖北有个叫董晓阳的女子，贩毒174.7克，按法律应判处死刑。可是，因为她在狱中用千纸鹤"折"出了一篇《千字忏悔文》，受到一些媒体的热捧，这些媒体还公然认为董晓阳"罪不致死"，结果，她被判死缓。

舆论干扰司法，被学术界称为"媒介审判现象"，它和"长官意志"一样容易导致司法不公，而且，这种干扰对破坏法律公平的危害性，更容易被人们忽略。"以权代法"引起的公愤是不必多言的，"媒介审判"却很容易获得一些人的支持。所以，建设法治社会，还应该对"媒介审判现象"提高警惕。据说，在一些发达国家，法官审理案子期间，是禁止接触媒体的（不准看报、看电视等），怕的就是受到舆论力量的干扰。此外，动不动就联名上书，或者通

过其他社会力量介入司法，也容易导致法院的判决出现偏颇，这些都是应当注意的。

美国著名法学家伯尔曼说："法律必须被信仰，否则它形同虚设。"执法，只能以法律为唯一标准，不能因外界因素而随意加重、减轻对当事人的处罚。美国另一位法学家亨利·米斯说："法官必须摆脱胁迫，不受任何控制和影响，否则他们就不是法官了。"换句话说，法官的"上级"就是法律，像张释之那样，不管那个冒失的小百姓冒犯的是谁，也不管交办案件的领导有何"意图"，依照法律该怎么判就怎么判。放在今天，这应当成为全体执法者必须具备的素质。

2007年2月27日之夜

周勃感叹"狱吏之贵"

　　绛侯周勃既就国，每河东守、尉行县至绛，勃自畏恐诛，常被甲，令家人持兵以见之。其后人有上书告勃欲反，下廷尉。廷尉逮捕勃，治之。勃恐，不知置辞。吏稍侵辱之，勃以千金与狱吏，狱吏乃书牍背示之曰："以公主为证。"公主者，帝女也，勃太子胜之尚之。薄太后亦以为勃无反事。帝朝太后，太后以冒絮提帝曰："绛侯始诛诸吕，缩皇帝玺，将兵于北军，不以此时反，今居一小县，顾欲反邪？"帝既见绛侯狱辞，乃谢曰："吏方验而出之。"于是使使持节赦绛侯，复爵邑。绛侯既出，曰："吾尝将百万军，然安知狱吏之贵乎！"

——《资治通鉴》第十四卷

　　汉文帝前元四年（公元前176年），绛侯周勃因为被人诬陷有谋反之心而下狱。一向养尊处优、曾经位居"三公"的周勃哪里受过牢狱之灾？他一时惊慌失措，不知该怎样应对审问，时间一长，少不了受到狱吏的凌辱。在这种情况下，周勃只好委曲求全，用千金向狱吏行贿以求平安。得到好处的狱吏便在公文牍背面悄悄写上"以公主为证"几个字，提示他让公主证明自己无谋反之心。原来，周勃和文帝是儿女亲家，其长子周胜之妻即文帝之女。几经周折，周勃终于得以无罪释放，恢复原有的爵位和封地。走出牢狱的周勃

大为感叹："吾尝将百万军，然安知狱吏之贵乎！"（详见《资治通鉴》第十四卷）

周勃，沛县（今江苏沛县）人，与汉高祖刘邦是老乡。刘邦在沛县起事时，周勃便是最早的一批追随者。刘邦死后，吕后把持朝政。吕后死后，吕氏兄弟欲谋夺刘家江山，周勃铲除吕党，迎立文帝，在匡扶汉室中居首功。后来，汉文帝出于"政治"的需要，让位高权重的周勃退出权力核心圈，回到封地。身为汉高祖时期的开国元老，周勃统率过千军万马，以后官至太尉、丞相，以这等尊崇的地位，别说狱吏，就是品秩二千石以下的官员，平时只怕也不在他眼里。没想到，在"退居二线"之后，周勃居然多出了一段牢狱经历，也由此多了一番人生感慨甚至感悟，这也算是造化弄人吧。

有句俗话说：虎落平阳被犬欺。入狱后的周勃，大概就是这等情景了。和"尝将百万军"的周勃相比，地位不入流的狱吏充其量就是只"犬"了。然而，这个时候，可别小看了周勃眼中那只"犬"的能耐，若非周勃向他低头，请他关照，事情恐怕还难办得很呢！这只小小的"犬"，既有能耐助"虎"出笼，自然也有本事置"虎"于死地。

另一句俗话说：鼠有鼠道，蛇有蛇路，蛤蟆没路跳几步。大千世界，芸芸众生，各行各业都有自己的优势、特长。在世俗的眼里，很多人只盯着达官贵人、权力部门、热门行业，交朋友也是想尽办法往这些人身上靠，对另一些"普通群体"则视而不见，只有事到临头，才会知道平时不在自己视线内的人也是小瞧不得的。

权力虽然神通，但也并非万能，它是相对的，是有时间性和地域性的。比如，周勃不在其位，权力过时，一旦进入监狱，他便不

如狱吏"尊贵"。说到这个话题，我不禁想起湖南籍当代作家王跃文曾经说过的一件趣事。王跃文早年在县政府工作时，有一次，有幸和某个县领导去外省出差。令他感到意外的是，他们所乘的火车开出县境后，领导对下属们的态度变和蔼了，而且离家越远，领导越亲切随和，到后来甚至什么玩笑也能开。下属们于是以为是自己先前没有真正了解领导的为人以致对领导望而生畏，其实领导并不是这样的人嘛。然而，过了些天，在从外省返回县里的途中，下属们又发现，离家越来越近，领导越来越严肃；回到单位后，他们又恢复了以前那种冰冷沉闷的上下级关系。王跃文说的这件事，足可令人拍案叫绝，这其实就是权力的"地域性"表现之一。还有，我们在生活中不难发现，一些官员在位时和退下后的待人态度，也与此有异曲同工之妙（这就是权力的"时间性"表现了）。这的确是个值得品味的现象。

多经历些事情，对塑造一个人的性格，形成成熟的心态还是大有好处的，而且可以让人明白很多平时无法想到的道理。据说，古时有个裁缝，给人做衣服时还懂得根据顾客的履历来处理衣领之类的细节问题。比如对某个官场中人，他可以根据这个官员是少年得志还是大器晚成，推测其走路时是昂首挺胸还是低头哈腰，以此决定衣服该怎么做才能使他穿得舒服得体。一个人的履历是其心态是否成熟的决定性因素之一。为什么有人少年得志忘乎所以，有人历经风霜虚怀若谷，有人乐天知命豁达大度，有人患得患失斤斤计较？这些不同的处世态度，和各人相异的人生阅历大有关系。

周勃感叹"狱吏之贵"，这在阶级社会是一种很客观也很正常的现象。在等级森然的社会，人与人之间的尊卑贵贱之分无法从事

实上否认，所以，周勃无可厚非，狱吏也未必值得指责。今天，如果我们要从这样的"灰色事件"中品出点什么滋味，吸取点什么"营养"，不妨将它当作"低调做人，与人为善"的佐证吧：做人，特别要注意得志时不要忘形，不要以为这社会就自己高贵，不妨学会多尊重每个行业的每个人。"与人为善"不是庸俗的处世哲学，而是明智的修身之举——广交朋友，广结善果，对自己、对社会都是有好处的，如果人人都这样，这个社会就和谐了。当然，"与人为善"所说的"人"和"善"是有原则的，如果遇上的是邪恶之人，邪恶之事，无疑是要另当别论的。

2007年3月6日之夜

当官是件危险的事？

闰月，丁丑，以太仆公孙贺为丞相，封葛绎侯。时朝廷多事，督责大臣，自公孙弘后，丞相比坐事死。石庆虽以谨得终，然数被谴。贺引拜为丞相，不受印绶，屯首涕泣不肯起。上乃起去，贺不得已拜，出曰："我从是殆矣！"

——《资治通鉴》第二十一卷

《资治通鉴》第二十一卷记载：汉武帝太初二年（公元前103年），太仆公孙贺被任命为丞相。当公孙贺被引来举行拜授丞相的仪式时，他不接受印信，叩头哭泣不肯起来。汉武帝根本不理这些，仪式结束即起身离去。事情到了这个地步，公孙贺不得不接受印信，出宫后长叹一声："我从是殆矣！"

丞相，乃百官之首，所谓"一人之下，万人之上"，多少人梦寐以求而不得，公孙贺却哭着不肯当，被逼上相位后还要长叹一句"我从此危险了"，这不是谦让，也不是作秀，看看当时的政治环境，我们就不难理解他了。

在汉武帝之前，丞相位尊权重，总理全国政务，还可以享受入朝不趋、奏事不名的特殊待遇，久而久之，相权与皇权难免产生矛盾。汉武帝刘彻显然不是个好相处的主儿，他为了提升皇权，贬低相权，想出了不少歪点子（比如，他接见丞相时常常不戴帽子，以

此表示不把人家当回事）。在公孙贺之前，连续几名丞相被指控有罪而不得善终：先是丞相李蔡因被指控盗用景帝陵园外的空地埋葬家人而自杀；继任的庄青翟因张汤案下狱自杀；继任的赵周因明知列侯所献黄金重量不足却不汇报的罪名而下狱，自杀。赵周的继任者石庆（也就是公孙贺的前任）运气算不错，因行事谨小慎微而得以善终，但在位时没少挨武帝的训斥，活得并不轻松愉快。《资治通鉴》第十九卷还有一段文字说，汉武帝四处招聘人才，常常做出担心人才不够用的样子，但自己性情严厉刻薄，即使对平日所亲信的大臣，稍有小错或欺瞒行为，也是动不动就立即处死，从不宽恕。面对一个这么不好相处的领导，朝廷上下当然人人自危，可见公孙贺这一叹，实是发自肺腑，毫不做作。

伴君如伴虎，这是专制体制下的必然结果。即使是为刘家立下赫赫大功的西汉开国丞相萧何，在刘邦面前也有过"历险记"。汉高帝十二年（公元前 195 年），相国萧何因皇家上林苑中有很多空地荒弃不用，提议让百姓耕种，留下禾秆饲养苑中鸟兽。这本是一个出发点很好的建议，刘邦却发起神经认为萧何有受贿嫌疑，将其交给廷尉铐起来。后来，虽然因为有人说情，萧何被无罪释放，但他还得老老实实进宫后光着脚去向刘邦谢恩（详见《资治通鉴》第十二卷）。刘邦的儿子刘恒，全靠了周勃（也是刘邦的老战友）等人的支持，才成了后来名垂青史的汉文帝（否则，刘家的天下只怕已改姓吕——被吕后的兄弟夺去了）。可是，刘恒在皇位坐稳了之后，为了让周勃老实一点，不仅让他交出丞相宝座，还把他丢进牢里"体验生活"，周勃立下的功劳再大，也不敢多说什么……没办法，天下是皇帝私人的，生杀予夺由他一个人说了算，萧何、周勃

虽然能干，不服不行，不怕不行啊。饶是如此，他们还得庆幸自己运气好：最终"吾皇万岁"还是"还"了自己一个"清白"——否则，脑袋掉了能补回来吗？历史上被冤杀的忠良并不少啊。

专制体制下的官场既然如此险恶，有识无"胆"知难而退的也就不乏其人。公元1年，已是西汉末年了，"三公"之一的大司空彭宣因王莽专权，知道再当下去没有好结果，于是以自己能力有限年纪大、头脑昏乱记性差为由，打了个退休报告，回家养老去了。王莽见彭宣如此不支持工作，一气之下，停了彭宣的退休金和福利，彭宣也不计较。史学家班固称赞道："彭宣见险而止，异乎苟患失之者矣！"东汉光武帝刘秀的同窗严子陵宁愿垂钓富春江而不肯给当了皇帝的老同学打工，恐怕也是这个道理吧。古代为什么会有那么多"高风亮节，淡泊名利"的隐士？一个重要的原因，便是很多人觉得官场"惹不起，躲得起"，宁愿平平淡淡过一生也不去蹚那股浑水。

数千年专制史，印证了公孙贺的感叹：当官是件危险的事（而且当得越大越危险）。而这个命题的成立，堪称一大悲哀，不管是对官员，还是对百姓。

如果当贪官是件危险的事，这当然是件大好事（也是完全应该成为"正常"的事），是黎民百姓所期盼的结果。然而，在专制制度下，当个贪官，本身不一定是危险的（历史上很多贪官其实是活得很滋润的，因为他们侍候的可能是一个臭味相投的上司，大家刚好沆瀣一气，同流合污）；当个好官，却也可能是危险的（历史上被冤杀的好官不计其数，好官受折磨、摧残的事例更是数不胜数）。这个时代，官员的行事标准是什么？唯有上级（最大的"上级"就

是皇帝了）的意志（而不在于贪廉之别）。特别是公卿一类的高官如公孙贺，面对的是一个充满杀机的上级：能力太强可能引起他的猜忌，能力太差又常常惹得他生气，真是陷阱重重，危机重重。这日子，过得何其紧张，如此当官，不知为哪般？贪赃枉法被处死，那还是罪有应得，没话可说，清正廉洁也不能自保，那可真是冤哉枉也，没理可讲。

遵纪守法为官，不应成为危险的事。什么时候才能做到这一点？唯有民主时代、法治时代。面对数千年专制之痛，进入民主时代、法治时代的人们，理应为自己所处的时代而庆幸，并因此倍加珍惜、呵护民主与法治。

2007年3月12日之夜

有才没才看口才?

释之从行,登虎圈,上问上林尉诸禽兽簿。十馀问,尉左右视,尽不能对。虎圈啬夫从旁代尉对。上所问禽兽簿甚悉,欲以观其能;口对响应,无穷者。帝曰:"吏不当若是邪!尉无赖!"乃诏释之拜啬夫为上林令。

——《资治通鉴》第十四卷

汉文帝下基层调研,来到禁苑中的虎圈。文帝向禁苑一名负责人询问禁苑中所饲养的各种禽兽的登记数目,先后问了十多种,这个负责人大概是从来没有直接接触过这么大的领导,神色紧张,东张西望,竟然一句话也答不上。站在一旁的一名普通工作人员虎圈啬夫见此情景,给领导解围,替他答上了文帝的提问。文帝对这个虎圈啬夫产生了兴趣,有意考他一下,于是接着问了几个问题,此人居然对答如流。文帝当即发表重要讲话指出:"当干部,就应该像这个样子嘛!"马上通知随从调研的秘书张释之下文件破格提拔这名普通工作人员当禁苑"一把手"。

这个虎圈啬夫眼看就要祖坟冒烟青云直上了,可惜,一场好事被多管闲事的张释之给搅了。张释之接到命令后,不按领导意图立马去封人家的官,反而东拉西扯向文帝请教了个问题:绛侯周勃、东阳侯张相如是怎样的人?文帝说,他们都是长者(这两人都是当

时口头表达能力偏差的高层人士）。张释之接过话来说，这两位被称为长者的高级干部，在论事时尚且有话说不出口，哪能效法这个虎圈啬夫的能言善辩？现在因为这个虎圈啬夫口才好，就破格提拔，只怕天下人争相仿效，从此都去练习口才，而忽略真才实学。上行下效，这年头，下面的应声虫多得很，后果说不定很严重呢。所以，领导的举动，不得不慎重啊。文帝一听说得在理，虎圈啬夫提拔的事就泡汤了（欲知详情，请阅《资治通鉴》第十四卷）。

如果不是张释之提醒，汉文帝差点把口才当作衡量人才的第一标准甚至唯一标准了。

事实上，有才没才看口才，在今天也是许多人的认识误区。比如，评价一个官员是否有水平，人们就往往习惯提到他的口才。一般来说，那种口若悬河、讲话（包括吹牛）不用草稿的官员，给群众的感觉是水平高，给上级的印象是能力强。至于其实际工作能力，反而容易被忽略。而那些不善言辞的干部，给人的第一印象就很难好到哪里去了（尽管他可能很有"实战"能力）。

口才是不是评价一个人能力高低的第一要素呢？当然不是。

口才在工作中虽然重要，但它只是一个人综合素质的一个方面。口才突出的人，工作能力不一定和口才"配套"，口才欠佳的人，也未必缺乏工作能力。这两方面的事例，在我们每个人的身边比比皆是，不必赘言。

口才，不但不能完全代表真才实学，甚至还容易形成假象，让旁观者对一个人产生错觉。我认识一个年轻的官员，在公众面前形象特好，在各种活动上讲话从来不带讲稿，大家都叹服他的口才。然而，后来一个偶然的机会，我们得知他原来在每次出席活动之前

都要做充分准备，甚至不惜腾出大量时间，发扬吃苦耐劳的精神，把讲话稿背下来。为了博得一个良好的"公众形象"，他在这方面做出了这么大的"牺牲"，可以说，这已经是舍本求末，纯粹变成表演、作秀了。而另一些被人们认为口才极佳的官员，其实也未必名副其实。如果你多跟他相处几天，说不定就发现，他在什么地方、什么场合发表的"重要讲话"，翻来覆去就是那几个关键词，内容其实都差不多，如此重复"演讲"，当然可以"脱口秀"了。我曾经短暂地执教于讲台，知道讲课时重复上节课的内容是件很轻松的事。所以，口才，还存在水分呢，如果仅凭一时一地的印象而轻易下结论，就完全有可能把癞蛤蟆当成千里马。

过分强调口才，将会导致选拔人才时失去真正的标准。当前，也不乏这样的人，因为偶然的机会在上级面前汇报工作时展示了出色的口才，于是得到超常规的快速提拔重用。如果仅仅因为口才（与口才有关的特殊岗位除外）而获此意外之喜，这其实是不合理也不公平的，而且容易导致夸夸其谈之风盛行。特别是对官员来说，其政绩如何，一时半刻难以让上级了解到，而口才作为最直接的"感性因素"，更容易引起上级的注意。不用说，如果上级在选拔人才时过于看重口才，有些人就肯定会投其所好，像两千多年前张释之所说的那样，刻意去练习口才而不把心思放在具体工作上（呵，现在的"应声虫"只怕比汉文帝时更多）。这样选出来的"人才"，当然是徒有其表了，顶多是个纸上谈兵的料。另一方面，这对那些脚踏实地干工作而不善于表现的人来说，无疑是很"受伤"的。久而久之，这个社会说不定就只剩下那些"半斤鸭子四两嘴"的人在"呱呱"表演了——干实事的人只好老老实实退出舞台。

　　并非所有的工作都是靠嘴巴完成的。一个人拥有良好的口才当然是好事，特别是在这个充满竞争的社会，它可以更好地推销自己，让自己获得更多的机会（所以，这几年关于演讲与口才的书刊、培训班之类特别受欢迎，甚至催生了一股"演讲经济"）。但是，你要真正立于不败之地，光靠口才显然还不行，一定得有实干能力做坚强后盾。所以，对领导者来说，真正用好一个人，不仅应考察其口才，更应当根据工作需要，全面地考察其综合素质（德、能、勤、绩等各方面）。有才没才，光看口才是远远不够的。

2007年3月18日之夜

举贤达能，岂有私谢

安世谨慎周密，每定大政，已决，辄移病出。闻有诏令，乃惊，使吏之丞相府问焉。自朝廷大臣，莫知其与议也。尝有所荐，其人来谢，安世大恨，以为"举贤达能，岂有私谢邪！"绝弗复为通。有郎功高不调，自言安世，安世应曰："君之功高，明主所知，人臣执事，何长短而自言乎！"绝不许。已而郎果迁。

——《资治通鉴》第二十五卷

汉宣帝时期的大司马、车骑将军、富平侯张安世也是个值得圈点的人物。《资治通鉴》第二十五卷载："尝有所荐，其人来谢，安世大恨，以为'举贤达能，岂有私谢邪！'绝弗复为通。"说的是张安世曾向组织上推荐过一个人，此人前来道谢，张安世非常生气，认为"为国家举荐贤能，怎么可以私自酬谢"，从此与那个人绝交。

推荐贤能不计回报，被推荐的人前来感谢不仅不接受，还要和人家断交。张安世的做法太"有原则"了，太"绝"了，简直让人觉得不近人情。但这种"有原则"，这等见识，又不得不让人肃然起敬。

张安世，汉武帝时期著名酷吏（这个"酷"，是指执法严厉，而非为人残酷）张汤之子。张汤由于执法太认真而得罪了人，被陷

害致死，汉武帝发现他家无余财，是个不折不扣的清官，因此提拔了张安世。到了汉宣帝时期，张安世成为当朝数一数二的大人物，然而，他虽然大权在握，却谦虚谨慎，生活俭朴，从不为家人谋求私利。在用人方面，张安世尤其表现出了他的与众不同。有一个郎官，工作干得出色却总得不到提拔，便跑到张安世那里诉说自己的功绩（当然少不了顺便发上几句牢骚）。张安世听了，心里有数，嘴上却批评人家说："你的成绩是摆在那里的，皇上自然知道，没必要自夸！"事后很快向皇帝推荐此人，使他得到提拔，而这个人却根本想不到这突如其来的好事是那个批评了自己的张安世悄悄干的。张安世这种"做好事不留名"的做法，少不了让人误会，他的一位下属便对他说："您身为皇上最信任的大臣，却从不向朝廷推荐人才，大家都有看法！"张安世并不解释，只是淡淡地说："皇上圣明，谁行谁不行，他一目了然，大家只需要好好做人做事就行了，何必等待别人推荐！"

在用人方面坚持从国家大局出发，不以个人恩怨计较，不图"回报"的有德之士，在历史上不乏其人。东汉光武帝刘秀的妻舅阴兴就是一例。《资治通鉴》第四十三卷载，刘秀任命太子刘庄的舅父阴兴当卫尉，辅导太子。礼贤下士的阴兴和同郡的老乡张宗及上谷人鲜于襃关系不好，但知道他们有才能，可为国家所用，还是称赞他们的长处而推荐他们做官。另一方面，阴兴的朋友张汜、杜禽，虽然和阴兴关系很"铁"，但阴兴认为他们华而不实，所以只在经济上资助他们，始终不替他们"美言美言"，谋个好位子。

"举贤达能，岂有私谢邪！"张安世这句掷地有声的话，以及阴兴举荐人才的表现，说明他们虽然身为封建官员（说难听点就是

给皇帝私家打工的），却能够正确地认识手上掌握的权力，自觉地把这种权力摆正到"公权"的位置上。别小看史书中这种记载简略的小事，它反映的是封建时代一种难得的正确的权力观，即使在"天下为公"的今天，也是值得人们特别是领导干部（人民公仆）好好学习的。

今天，尽管在政治生活中有了民主选举制度，但在现阶段，官员由上级考察任命仍是一条主要的用人渠道。虽然说领导干部手中的权力是"人民"赋予的，然而，由于种种原因，公权私用现象在现实中并不鲜见。司法机关查处的不计其数的卖官案就不必多说了，这些依靠手中的公权，大肆卖官谋取私利的领导干部，在张安世面前提起其人其事，简直是污染视听。这些人被绳之以法，那是罪有应得；当然也有一些侥幸漏网的，但愿他们能受到良心的谴责。除了卖官，任人唯亲也是公权私用的表现之一，其影响虽不如卖官行为恶劣，但因为存在的"面"更广泛，对恶化社会风气的作用也不容低估。

更普通的情况，也更为"人之常情"的情况是，一些领导干部提拔下属，总是习惯于"是我提拔了你"的思维，把自己等同于一级组织。而这种习惯性思维，又往往很容易被人们所接受。明明是组织上出于工作需要，正常选用了一名干部，这名干部却要打心眼里感激某一个"人"（而不是"组织"），归功于为自己说了话的和拍了板的上级领导，而旁人也因此把他看成"某领导的人"，这难道是正常的吗？

笔者不反对被提拔的官员对赏识自己的上级心存感谢。应该说，感激知遇之恩，也是一种人之常情。毕竟，客观地说，一个人的成

才、成长，往往离不开"伯乐"的发现与培养、扶持，在很多时候，仅仅依靠个人之力是很难成就大事业的。但是，这种感激应当是发自内心的，是纯洁的，是健康的，是可以转化为工作动力的。如果这种感激物质化、功利化，那就演变为庸俗的上下级关系了，由此，一些弊病祸害也许就在这种"感谢"中"应运而生"了。

如果各级领导干部都能正确看待手中的人事权，正确用好手中的人事权，像张安世那样，一切从大局出发，举贤达能而不据为己功，像阴兴那样，推荐人才不考虑个人感情，唯才是举，那么，建立和谐的工作关系就是水到渠成之事，人人爱岗敬业，以天下为公的局面也将随之实现。顺便再说一下：张安世的德行还很好地影响了家人，汉宣帝时的权臣霍光对比二人的下一代时，曾感叹"霍氏世衰，张氏兴矣"（霍光死后，霍氏果然倒了霉，竟然落得灭族的下场）。历史上许多大家族都是大起大落，好景不长，张安世这家人却在两汉时期世代尊贵，十分难得，这也给了后世的"成功人士"诸多启示。

2007年3月22日之夜

另一种"用人不当"

乐陵侯史高以外属民侍中，贵重，霸荐高可太尉。天子使尚书召问霸："太尉官罢久矣。夫宣明教化，通达幽隐，使狱无冤刑，邑无盗贼，君之职也。将相之官，朕之任焉。侍中、乐陵侯高，帷幄近臣，朕之所自亲，君何越职而举之？"尚书令受丞相对，霸免冠谢罪，数日，乃决。自是后不敢复有所请。然自汉兴，言治民吏，以霸为首。

——《资治通鉴》第二十七卷

汉宣帝年间的颍川太守黄霸，管理地方很有一套，政绩全国第一。汉宣帝神爵四年（公元前58年），黄霸评上了国家级先进工作者，汉宣帝在全国通报表彰他，并赐给他关内侯的爵位，年薪也由八百石提为中二千石（享受"九卿"级待遇）。没过几个月，汉宣帝又把他选调到中央工作，任太子太傅。

更大的喜事在等着黄霸。汉宣帝五凤三年（公元前55年），黄霸当上了丞相。然而，《资治通鉴》第二十七卷记载此事时说："霸材长于治民，及为丞相，功名损于治郡。"意思是说，黄霸的才能主要是管理地方，治理百姓，当了丞相以后，声誉比做郡守时有所下降（人家是官越当越大，各方面"能力"越来越强，在不懂的行业也立马成了"专家"，可见黄霸不是运气差就是修炼不到家）。

书中记载了黄霸当上丞相后出洋相的两件事。其一是京兆尹张敞家养的一群鸟飞到丞相府，黄霸可能平时没养鸟的爱好，没见过这种玩意儿，以为是神雀，准备以吉祥之兆向汉宣帝汇报，结果被下属暗笑，还被张敞趁机参了一本，弄得很没面子。其二是黄霸推荐汉宣帝的近臣、外戚史高担任太尉，被汉宣帝狠狠地剋了一顿："太尉一职早就取消了（早在汉文帝手上就不设太尉了）！史高是我身边的人，我还会不如你了解他？将相这一级干部的任免权在我手上，凭什么要你越权推荐？"吓得黄霸从此再也不敢提建议。不过，在说完这两件事后，《资治通鉴》的作者没忘了补上一句："然自汉兴，言治民吏，以霸为首。"还是肯定了黄霸在治理百姓方面是汉朝以来排名第一。

如果黄霸一直当个地方官，盖棺论定时，他肯定能在历史上获得更高的评价。遗憾的是，汉宣帝没有用足用好他的才，出于良好的愿望，给了他更高的位置，也是一个他不适应的位置，结果事与愿违，黄霸由一个出色的地方大员变成了一个不大合格的丞相。

黄霸的情况，对我们今天应当有所启示。用人一定要"知人善任"，用对特长，否则，就成了另一种"用人不当"，即所用之人虽然是优秀人才，但用得不对路，结果对工作、对个人发展都不利。在当今这个讲究人才、重视人才的时代，尤其要注意这一点。

人才不是通才，一个人的才能再出众，也不可能放到任何岗位都合适。张怡宁打乒乓球是世界超一流的，叫她改下围棋可能就不入流；牛群说相声是很出色的，叫他当个县长可能就不合格了；钱锺书研究文学哲学是顶级的，叫他转到数学领域，肯定立马头晕。就拿同一个行业来说，当作家的，可能小说写得好却对诗歌一窍不

通；当记者的，可能善于捕捉短平快的消息却弄不来洋洋洒洒讲究深度的通讯；从政的，能当一位优秀的县长却不一定能当个优秀的省长。凡此种种，都是因为这个道理。

道理大家都懂，然而，当前人才错位的现象仍不鲜见。有的名人，不是仗着自己名气大，放弃好好的专长去干别的事情，结果新事业不成功反而"英名"受损吗？更常见的是一些单位为了网罗人才，把专业不相关的高层次人才招进来装点门面，结果，人才到了这里没有用武之地，成了空摆设的"花瓶"。我曾经在一个乡政府了解到，有一年，该乡向外招聘各类优秀人才，招了一位某名牌大学工科专业的硕士研究生搞行政管理工作。可是，这里的乡干部却反映，根本看不出硕士的水平高在哪里；甚至连一些村干部都说："还不如把我们弄进乡政府，保证比那个硕士强！"这些年，我们也经常听到某些高校、科研机构的负责人主动辞去领导职务专事研究的消息，有人对此觉得很难理解，我却相信这些专家绝对是智者。

当前，因为腐败现象等不正之风引起的用人不当，容易引起群众的公愤，成为敏感的社会问题；而这种和腐败无关的用人失误，却往往被人们忽略（至少导致的责难远不如前者）。其实，这种用人失误，同样会产生很大的负面影响，对事业造成损失，需要引起人们特别是用人者的注意。

据说，哈佛商学院MBA核心教程将人的个性分为五类：一是外向型，这种人才适合做外交方面的工作；二是随和型，这种人才适合做协调方面的工作；三是责任型，这种人才适合单独负责一项工作；四是情绪稳定型，这种人才适合做决策者；五是经验开放型，这种人才适合做开拓创新工作。这种"分类法"，意在提醒用人者

在用人之前先了解人才个体的特点，以便更好地用人之长，避人之短。这种分类虽是"一家之言"，但提供的借鉴意义是明显的。

英国管理学家德尼摩说："凡事都应有一个安置的所在，一切都应在它该在的地方。"要真正实现"人尽其才"，应当从两方面考虑：对用人方来说，需要明智地考察其才能和拟任职位的关联度，使他能够胜任；对人才自身来说，也要有自知之明，充分认识到自己的专长、兴趣，如果发现这个岗位不适合自己，应及时主动提出，以调整创业方向，这样，对自己、对事业都是有好处的。

2007年3月27日之夜

汉元帝的"和稀泥"

司隶校尉琅邪诸葛丰始以特立刚直著名于朝，数侵犯贵戚，在位多言其短。后坐春夏系治人，徙城门校尉。丰于是上书告堪、猛罪，上不直丰，乃制诏御史："城门校尉丰，前与光禄勋、光禄大夫猛在朝之时，数称言堪、猛之美。丰前为司隶校尉，不顺四时，修法度，专作苛暴以获虚威；朕不忍下吏，以为城门校尉。不内省诸己，而反怨堪、猛以求报举，告按无证之辞，暴扬难验之罪，毁誉恣意，不顾前言，不信之大也。朕怜丰之耆老，不忍加刑，其免为庶人！"又曰："丰言堪、猛贞信不立，朕闵而不治，又惜其材能未有所效，其左迁堪为河东太守，猛槐里令。"

——《资治通鉴》第二十八卷

西汉算是出了几个优秀皇帝的朝代，文帝、景帝、武帝三代都是不错的，在民间长大的汉宣帝创造了"中兴"的政绩，给他评个"先进"也没问题。只是，汉宣帝的儿子汉元帝（就是那个把王昭君远嫁到匈奴的皇帝）就有点对不起列祖列宗了。

从《资治通鉴》看完汉元帝执政的全过程，诸多的事实表明，这是一个没有原则、习惯"和稀泥"的领导人。

且看一则典型事例。汉元帝永光元年（公元前43年），司隶

校尉诸葛丰上书控告曾经当过元帝老师的光禄勋周堪和光禄大夫张猛有罪。周堪、张猛是奸臣石显一派的对头，诸葛丰此举无非是为了投靠权奸石显，以此作为今后提拔的资本。汉元帝倒不是糊涂虫，看出了诸葛丰的心术不正，说他"告按无证之辞，暴扬难验之罪"（控告的全是没有证据的话，揭发的都是无法证明的罪），并为此对他做了撤职处理，贬为平民。然而，另一方面，汉元帝又因周堪、张猛被人控告，对二人也做出处理：周堪外调到河东郡当太守，张猛则下放到槐里任县令。（详见《资治通鉴》第二十八卷）

汉元帝这种不讲原则，各打五十大板的做法，少不了引发司马光的议论。司马光在《资治通鉴》里认为，如果诸葛丰的话属实，则他不应被罢官；如果诸葛丰是诬告，则周堪、张猛何罪之有，要受到降职处分？"今两责而俱弃之，则美恶、是非果安在哉！"

汉元帝如此"和稀泥"，善恶是非的标准都被他玩"糊"了。诬告要受处罚，这是理所当然之事；而对于被举报者，如果查无实据也要挨板子，结果必然是人人自危。还好，汉元帝不是生活在通信高度发达的今天，否则下属们可就麻烦了：试想，现在通信手段多样、便捷，别有用心之徒利用打印的匿名信诬告，或者用匿名手机号码大发短信造谣中伤，这都是生活中常见的事。如果像汉元帝那样处理，岂不助长了造谣诬告者的气焰而伤害了大量的无辜？

在此之前，汉元帝的另一位老师、当朝名儒萧望之被石显等人设计害死。元帝虽然在事后知道了是怎么回事，伤心不已，而且在自己的有生之年，每年都派人祭祀萧望之，但并未追究石显等人的责任。此后，元帝信任的通晓《易经》的专家京房，不惜动用迷信的力量劝说元帝远离石显之流，然而，结果却是"诲尔谆谆，听我

蔽蔽"，元帝虽然听明白了，却并不让石显退位，倒是京房后来死于石显之手。

东汉史学家班彪说，他的外祖父的兄弟曾为元帝的侍中，曾经说起元帝的事，评价元帝时，虽然认为他优柔寡断，使汉宣帝的大业衰退，但还是肯定他"然宽弘尽下，出于恭俭，号令温雅，有古之风烈"。"和稀泥"而被称为"号令温雅"，我看，班彪的那位前辈是因为在皇帝身边工作过，不便也不忍多说领导的不是吧？

汉朝奸臣当道，可以说是从元帝开始。因为他的纵容，才成就了石显等一批手握实权的大奸臣，使祖上的基业开始腐烂。一朝天子一朝臣，奸臣往往也怕换领导。元帝死后，太子成帝继位，石显失去靠山，很快和党羽们一起下台，并被勒令回老家居住，结果因心情不好，死在路上。

七百多年后，还有个皇帝和汉元帝处事风格相类，那就是唐中宗李显。《资治通鉴》第二百零九卷载：唐中宗景龙三年（公元709年），监察御史崔琬弹劾宰相宗楚客等人，说他们暗地里勾结戎狄，接受对方贿赂，导致边疆地区发生叛乱。按惯例，大臣在受到弹劾时，应当快步"出列"，站在朝堂上听候处理。可宗楚客却勃然大怒，向唐中宗自述自己的忠诚，声称受到了崔琬的诬陷（事实上，宗楚客并不冤枉，此人在历史上留下的是恶名，他之所以在受到弹劾后还这么牛，是因为有唐中宗的老婆韦后撑腰）。结果，唐中宗不但没有深入追究事情的真相，反而要崔琬与宗楚客结为兄弟，以此使二人和解。为此，当时的人都称唐中宗为"和事天子"。

软弱怕事的唐中宗后来怎么样了？第二年，一心想效法婆婆武则天的韦后，为了实现自己的女皇梦，使唐中宗的生命提前走到了

尽头。凡事只想"睁一只眼闭一只眼"的唐中宗,最后连"睁一只眼"的权利也失去了。

面对是非,做"老好人"是不会有好结果的。特别是手上掌握了一定权力的"公众人物",在大是大非面前,更应坚持原则,不遗余力维护社会公平与正义,"公权"的威信才不会受到损害。小恶不去,必然发展为大患。不辨忠奸,奸人永远是胜者。邪恶的势力,并不会因为软弱者的忍让而收敛,相反,它只会得寸进尺,愈演愈烈。这些,可以说是汉元帝、唐中宗之流知错不改、姑息养奸留下的深刻教训。

2007年3月30日之夜

"作秀"谁堪比王莽

吏民以莽不受新野田而上书者前四十八万七千五百七十二人，及诸侯王公、列侯、宗室见者皆叩头言："宜亟加赏于安汉公。"于是莽上书言："诸臣民所上章下议者，愿皆寝勿上，使臣莽得尽力毕制礼作乐；事成，愿赐骸骨归家，避贤者路。"

——《资治通鉴》第三十六卷

"作秀"是近些年流行的词语，《现代汉语词典》最新版才把它收录进去。然而，"作秀"这种行为可不是现代才有。中国历史上，善于作秀者不乏其人，而集大成、令后辈作秀高手高山仰止的，当数西汉末年的王莽。

千百年来，作秀无有出于王莽之右者。当代那些惯于作秀的人们，在王莽这个老祖宗面前，实在是班门弄斧。笔者闲读《资治通鉴》，参照时下报纸流行的工作通讯格式，整理出"王莽作秀纪事"供读者一晒。

实例一：汉平帝元始元年（公元1年），当时掌权的太皇太后（王莽的姑姑）针对群臣强烈的"呼声"，要给王莽加官晋爵。王莽"谦虚"地说，工作是大家一起做的，要封就封孔光等几位同志吧，我就算了。太皇太后下诏不允，王莽又推辞四次，还称病不上班。于是太皇太后任命孔光等四人为"四辅"（也就是权力最重的

四个大臣），可王莽还是不来上班。太皇太后又根据群臣的建议，任命王莽为太傅，主管四辅事务，称"安汉公"。这下，王莽"惶恐"了，赶快起来接受任命。当然，对物质上的奖励倒是推辞了，说要等全国人民富起来时才接受赏赐。一番豪言壮语，好生令全国上下感动。经过这一闹，王莽的威信大为提高，权力差不多等同于皇帝。（第三十五卷）

点评：欲擒故纵，不达目的不罢休；抓大放小，掌握了实权，区区物质奖励算什么？以"谦让"赢来显赫地位，以身外之物换得光辉形象，王莽的心理学和经济学的确学得不错！

现代版：中央电视台1994年拍摄《东方之子——成克杰》时，成克杰面对镜头声泪俱下："看到灾区人民受苦受难，我真不好受呀！我要书写老百姓永远不会忘怀，认为我没有偷懒，正在努力为他们做贡献的历史，当然我绝不会书写相反的历史。"五年后，人们却看到了成克杰"相反的历史"。——与王莽的豪言壮语略有相通之处。

实例二：王莽征集了上百名能够治理黄河的人才。这些人开了一个研讨会，积极建言献策，主张各不相同。研讨会主持人认为，这些建议，必定有一个是可行的，应当详细考察，及早决定并付诸实施。然而，王莽其实只是崇尚空话，表面重视，根本没有采取任何具体行动。（第三十六卷）

点评：叶公好龙，好大喜功，光说不练。这在今天可真是太常见了！某些官员初上任，习惯来一通空对空的施政演说，说完后自己也不记得讲了些什么；有的干部只重唱功，不重做功，说的比唱的还好听，就是年年不见动静……作秀的人，别指望画饼成实。

现代版：安徽省几家单位组织了一场历时半年、耗资20万元

左右的万人行风评议活动。接受调查的50多万群众热切盼望结果公之于众，以揭露一些行业存在的问题，表彰先进行业事迹。但是当新闻媒体前往主办方深入了解相关情况时，主办单位有关负责人却不愿透露太多内容，只是同意公布排名靠前、群众满意单位的名单，而不愿公布群众有意见的单位及他们存在哪些问题，理由是"这会影响安徽省的投资环境"。（2006年7月7日《中国青年报》）

实例三：汉平帝元始五年（公元5年），全国干部、群众因为王莽不接受新野县的封地而上书的有48万多人。"众望所归"的王莽说："我现在很忙，正在全力完成制作礼仪和乐章的大事。等这项工作完成后，我希望退休回家乡养老，不要在贤能人士上进的道上挡路。""有意"退休的王莽，那边正在忙着为自己"加九锡"。（第三十六卷）

点评：在通信不发达的当时，没有出色的组织能力，哪里能发动48万干群上书？而"退休"之说，更是虚晃一枪。口是心非的王莽，既做婊子又立牌坊，谁信了他谁倒霉。

现代版：慕绥新主政沈阳时，策划了一个"庆祝沈阳建城2300年"活动。在庆祝活动的队伍里，有人竟打出"绥新市长辛苦了"的大幅标语。在参观市容时，群众见到慕绥新就鼓掌，而据事后披露，这都是有人在幕后策划安排的。为了制造虚假的"满意率"，慕绥新还策划了一个"百万市民评议政府"活动，让街道干部到居民家填写反馈意见，填完便收上来。当着干部的面，90%以上的群众只好表示"满意"……

实例四：汉平帝年纪渐大，王莽知道这样下去不好控制了，于是于平帝元始五年十二月在平帝的酒中下毒。平帝中毒病危，王莽

非常"关心"，祈祷说自己希望代平帝去死。差不多在这个时候，王莽已安排下面的人，在武功县的一口水井里挖出上书"宣告安汉公王莽为皇帝"的石头。王莽此举的意外结果是，从此，民间开始流行符命。平帝死后，过了几年（公元9年），王莽正式篡位，握着被他废了的小皇帝孺子（刘婴）的手，流着眼泪说："从前周公代理王位，最终得以把权力交还给周成王，我王莽的命怎么这么苦，偏偏迫于皇天威命，无法如愿将皇权交还给你！"说完，哀叹良久，百官无不感动。（第三十六卷）

点评：虚伪奸诈，莫过于此，只有"修炼"到家的政客才有这么厚的脸皮。当然，王莽"符命"的创意其实并无新意，早他两百年的农民陈胜，在造反时便知道安排人学野兽叫"陈胜王"。

现代版：河南省交通厅原厅长石发亮讲话非常富有鼓动性。2000年底的全省交通工作会议上，石发亮在讲话过程中突然说："我向省委、省政府保证，2001年全省交通总投资一定要达到150亿，如果达不到，我就把头上的这顶'乌纱帽'交还给省委！"又"动情"地对着台下近千名干部喊，"同志们，我的'乌纱帽'就掌握在你们手里，你们要不要我把它交回去啊？"干部们在台下齐声喊道："不让！"接着是雷鸣般的掌声……

…………

王莽作秀之事当然远不止此，真要了解详情的话，编一本书也不成问题。大千世界，言行脱节的人比比皆是，但能"修炼"到王莽这等火候，就不多见了。作秀的过程是"美丽"的，作秀的结果却是令人大倒胃口的，王莽如此，其徒子徒孙也是这般。时间会检验一切，从史书看惯了王莽的伎俩，对于识破后人某些欺世盗名的

小把戏，倒是大有帮助的。

　　结语：真诚是立身之本，自作聪明者终究是可笑的。身为领导者，尤其要对此保持清醒的认识。

2007年4月3日之夜

扬雄的生前死后

大司空王邑、纳言严尤闻雄死，谓桓谭曰："子常称扬雄书，岂能传于后世乎？"谭曰："必传，顾君与谭不及见也。凡人贱近而贵远，亲见扬子云禄位容貌不能动人，故轻其书。昔老聃著虚无之言两篇，薄仁义，非礼学，然后好之者尚以为过于《五经》，自汉文、景之君及司马迁皆有是言。今扬子之书文义至深，而论不诡于圣人，则必度越诸子矣！"

——《资治通鉴》第三十八卷

公元 18 年，已经是王莽的新朝天凤五年。编年体史书《资治通鉴》编到这一年时，专门用了一段篇幅记录了一个官位并不显赫的人于这一年去世。这个名叫扬雄的人，读过中国文学史的人肯定对他有印象。

扬雄，字子云，蜀郡成都人（刘禹锡著名的《陋室铭》有一句"南阳诸葛庐，西蜀子云亭"，"子云"即这位老先生），西汉末年最著名的辞赋家，也是历史上著名的学者、语言学家，一生著述颇丰，在哲学、文学、语言学、天文学等方面都有很深的造诣。当然，在文学已经边缘化的今天（语言学就更不用说了），人们提起"文学家"之类说不定哑然失笑，扬雄生于衰世，情况应该也是不容乐观的。

　　《资治通鉴》第三十八卷关于扬雄的记载，有三百字左右，这已经很了不起了！这段文字告诉我们，最初，在汉成帝年间，扬雄就在黄门担任郎官（皇帝的秘书），与王莽、刘秀（大学者刘向的儿子，不是后来的光武帝）并列。汉哀帝初年，扬雄又与董贤（此人是哀帝的同性恋对象，哀帝后来甚至想把皇位让给他）同官。扬雄的老同事王莽、董贤后来位居三公，实权都比皇帝还大，而扬雄历经成帝、哀帝、平帝三代，一直没得到提拔，始终是个黄门郎（相当于非领导职务的低级别秘书）。王莽篡位后，扬雄以资深老干部的身份，被老同事提拔为大夫，算是有了点进步。——从仕途这个角度来看，扬雄无疑算是混得比较差的。

　　好在扬雄对功利看得淡，立志"以文章成名于后世"，也就是走上了"黑"道（这个"黑"，不是黑社会的"黑"），出版了《太玄》《法言》等著作（辞赋就更是他的强项了）。可惜，由于扬雄为人低调，不懂得宣传、包装自己（这当然是要吃亏的），而且性格内向，交际能力差（史载其不善言论，而好深思），同时代的人大多忽视了他的存在，只有刘秀和范逡对他很尊敬，而桓谭更是认为他无与伦比（总算有几个识货的）。大司空王邑、纳言严尤听说扬雄去世了，问桓谭："您经常称赞扬雄的作品，难道这些东西真能流传于后世？"桓谭说："一定可以，只是你我都看不到。"桓谭还借题发挥议论了一番，"一般的人，都是对眼前的看得轻贱，而把遥远的看得贵重。人们因为亲眼看到扬雄的禄位容貌没有一项突出，所以就看不起他的作品。其实，他的作品内容深刻，将来一定能超过诸子！"

　　由此看来，扬雄文章虽然好，但在生前却是曲高和寡知音少，

甚至还活得比较憋气。什么原因呢？桓谭说的："禄位容貌不能动人。"也就是他收入不高，官位不大（要钱没钱，要权没权），甚至人也长得不帅，如此从表面看来平平无奇的人，写的文章没人注意，也算人之常情吧（人们的习惯思维是"官大文章好"之类嘛。时光进入21世纪，某些没当官没发财又长得不帅不靓的男女，为了让人看重自己的作品，就去脱衣朗诵或裸奔，这也算是吸取扬雄生前受冷落的教训吧）。文章的标准，竟然受制于收入、职位、相貌，难怪不懂得"策划"的扬雄生前难出名（不过他倒有自知之明：立志"以文章成名于后世"，而不是当前赚稿费、评职称、谋职位）。

桓谭说得好：人们习惯把眼前的看轻，把遥远的看重（"凡人贱近而贵远"）。墙内开花墙外香，当今也差不多是这个情形。我认识一名在全国小小说界久负盛名的作家。有一年，我到他所在的那个城市客居了一段时间，经常去他的办公室找他聊文学。有意思的是，他的许多同事根本不知身边那个人名声在外，很诧异我一个千里之外的客人怎么知道这个单位有这么一个人而且一见如故。我熟悉的另一位艺术家，成就有目共睹，外地的粉丝慕名写信向他求教，因为不知道详细地址，直接写某省某市某某收，邮局也能准确地把信交给他，可本地的行业协会却似乎完全不知道他的底细，连个"理事"的虚衔也舍不得给他，硬是让他多年来一直游离于本地的"艺术圈"外，让外地同行叹为"奇特的风景线"。

从史料来看，扬雄在有生之年，恐怕是过得并不风光的（有没有加入"大汉辞赋协会"都是个问题），说不定还因为资格老而职务低，受到同事们的取笑呢。不过，他还算是值得欣慰的，一来在世时有几个人真正赏识他，认识到了他的价值，二来在他去世后，

他的愿望逐渐成为事实，文章果然如愿成全了他（当然，如果他在世时很看重职务、工资，希望文章能解决这些实际问题，那他无疑是要失望而且痛苦的）。从另一个角度来看，扬雄也可以说是生不逢时，在西汉末年那样的社会，风气肯定是不怎么清明的，文化行业不像唐朝那样受到重视，所以一个人要在这种大环境下即时实现自己的理想，做一个超凡脱俗的人，殊不容易。如果是在理想社会，我看宁愿早一点把荣誉给人家，何必让一个对社会有贡献的人生前冷清死后风光呢？——我说的不仅是文学。

2007年4月6日之夜

两个刘秀

秀姊元为新野邓晨妻，秀尝与晨俱过穰人蔡少公，少公颇学图谶，言"刘秀当为天子"。或曰："是国师公刘秀乎？"秀戏曰："何用知非仆邪？"坐者皆大笑，晨心独喜。

——《资治通鉴》第三十八卷

东汉的第一个皇帝光武帝刘秀，是西汉第一个皇帝汉高祖刘邦的九世孙。据《资治通鉴》第三十八卷载：西汉长沙定王刘发，生了春陵节侯刘买，刘买的侯爵位被儿子刘熊渠一支继承，到王莽篡夺帝位时，他们的封国被撤除。刘买的小儿子刘外，曾任郁林太守，刘外的儿子刘回是钜鹿都尉，刘回的儿子刘钦是南顿令。刘秀就是刘钦的第三个儿子。刘钦早死，刘秀兄弟几个由叔叔刘良抚养。刘秀成年后，喜欢种田，估计是个优秀的农民。

从刘秀的世系来看，他们家可真是一代不如一代，由王而侯，再降为没有爵位的太守、都尉、县令，至刘秀这一代，已经成为平民。年轻的刘秀，在农闲时也做点贩卖粮食之类的小生意，要多高的社会地位是没有的。有一次，刘秀和姐夫去拜访一个懂算命的人物蔡少公。蔡少公占了一卦，说"刘秀当为天子"。在座的人马上接口说："那肯定是说国师公刘秀吧？"原来，当时的皇帝王莽手下有个位居"上公"的重臣也叫刘秀，他的级别，离皇帝也就差一

档了，所以大家认为肯定是说那个刘秀要当皇帝。粮贩子刘秀和大家开玩笑说："你们太小看人了吧，怎么就知道不是我这个刘秀呢？"此话一出，引来哄堂大笑——也难怪，你刘秀虽说祖上是皇帝、王侯，可现在连个干部身份都没了，还想当皇帝，太离谱了吧？何况还真有个那么大的领导刘秀在上面呢。

　　国师公刘秀是谁？说起来也不是等闲人物，他父亲刘向是著名学者（著有《列女传》等，编定了《战国策》），他本人在学术上也是颇有建树的（是西汉末年古文经学派的开创者、目录学家、天文学家）。他本来不叫这个名字，叫刘歆。这个刘秀是王莽的老同事、老朋友，早在汉哀帝时，王莽推荐刘秀当上了侍中，后来又升为光禄大夫，成为皇帝身边的红人之一，也就是这时改名为刘秀。公元9年，王莽去掉汉朝名号，正式当皇帝，在任命辅政大臣时，老朋友、死党刘秀当上了国师，赐封嘉新公，与太师、太傅、国将并列为四辅，位列"上公"（级别比"三公"还高）。西汉末年，自从王莽兴起"符命"后，民间的各种流言也多起来，"刘秀将当皇帝"便是其中一种。对于相信这句话的人来说，心里所指的刘秀，十有八九当然是国师公了，怎么会是小粮贩？

　　然而，人的命运就是这么不可捉摸。就在粮贩子刘秀被人哄堂大笑之后，没过几年，他还真的成了皇帝，光复了汉室，在历史上众多皇帝之中，算是很有作为的一位。

　　和两个刘秀并存相类似的情况，在那个年代还有一例：两个王匡。《资治通鉴》第三十八卷载：王莽还是列侯的时候，和侍女生下儿子王匡。王莽称帝后，把王匡封为功建公。同一卷，又说绿林贼寇王匡大破州府官军。此后，书中左一个王匡，右一个王匡，看

得人晕头转向。直到第三十九卷记载：定国上公王匡攻陷洛阳，生擒新莽太师王匡并斩之，让两个敌对阵营的同名同姓之人直接交锋，王匡杀王匡，真是无巧不成书。

粮贩子刘秀能当上皇帝，是不是受了民间流言的激励？不能完全排除这个可能。书中说，刘秀本来是个热爱劳动、性格厚道的农民，不像他大哥一心想对王莽造反。刘秀的大哥正式动员家乡子弟造反时，大家都吓得逃跑，不敢跟他玩；可回头一看，刘秀也挽起裤腿上岸穿起了军装，大家更吃惊："这么谨慎的老实人也敢造反呀？"于是放心跟着他们干了。如果不是看了相算了命，刘秀这个老实人是否会将皇位立为自己的奋斗目标？难说得很。

那么，刘秀当上皇帝是完全靠这个所谓的"谶语"吗？这么说，未免太唯心而且太小看刘秀的内在素质了。根据《资治通鉴》第四十一卷的一段记载，王莽的国师公刘秀改名，也是因为当时流传的预言书说刘秀可当皇帝，所以改名。王莽末年，道士西门君惠谋划拥立国师公刘秀做皇帝，事情败露，刘秀自杀，西门君惠在被绑缚刑场时，还对围观的群众说："预言书的话没错，刘秀确实是你们的皇上！"照这么说，国师公刘秀也是有想法的人，可终究没成功，名字算是白改了。这对后世那些指望通过改名（而不是努力奋斗）来改变命运的人来说，也是个教训呢。

刘秀当皇帝，终究是靠了自己出色的能力，以实力说话。在那个兵荒马乱的年代，自称皇帝的人很多，仅皇族人员当中，一开始比刘秀更有市场的就有刘玄（刘熊渠的曾孙）和放牛娃刘盆子。吹尽黄沙始见金，最后的胜利归了刘秀，与其说是他的名字取得好，不如说是人家的本事好。

可惜，刘秀本人也颇以为自己是应验了民间"谶语"，命中注定要当皇帝的，以致在当上皇帝后，习惯于依靠符命来解决疑难问题，还大力支持这类封建迷信的出版物出版发行。到了刘秀晚年，这类宣扬迷信的出版物泛滥（冲击了当时的精神文明建设）。光武帝中元元年（公元 56 年），给事中桓谭上书劝刘秀不要相信符谶，认为符谶预言即使与事实相符，也不过是巧合。此话触及刘秀痛处，他当场发作，差点将桓谭斩首，后来虽然息怒，还是将桓谭从中央机关贬到六安当郡丞。结果，直言的桓谭没有直接死在刘秀手上却死在路上。没过多久，刘秀也"永远"了，其对待桓谭的一幕，让人感到迷信思想使这个原本出色的光武帝失色不少。

2007年4月8日之夜

读懂"谦退"不容易

　　盗杀阴贵人母邓氏及弟訢。帝其伤之，封贵人弟就为宣恩侯，复召就兄侍中兴，欲封之，置印绶于前。兴固让曰："臣未有先登陷陈之功，而一家数人，并蒙爵士，令天下觖望，诚所不愿！"帝嘉之，不夺其志。贵人问其故，兴曰："夫外戚家苦不知谦退，嫁女欲配侯王，取妇眄睐公主，愚心实不安也。富贵有极，人当知足，夸奢益为观听所讥。"

　　　　　　　　　　　　　　——《资治通鉴》第四十二卷

　　古时候的皇亲国戚，往往给人留下恶劣的印象。不过也有例外，东汉光武帝刘秀的大舅子阴兴就是给人留下好感的一位。

　　光武帝建武十年（公元 34 年），刘秀因为贵人阴丽华（此女因德行好，后来被立为皇后）的母亲和一个弟弟被强盗杀害，封阴贵人另一个弟弟阴就为宣恩侯，又召见阴就的哥哥侍中阴兴，想给他也封个什么侯。自从西汉降低封侯标准之后，皇帝给亲属赐爵已是件寻常事，阴兴却坚决推辞说："我没有冲锋陷阵之功，而一家人当中已有好几个得到封爵，让天下人有意见，这确实不是我所希望的！"刘秀欣赏他的做法，尊重他的意见，就不再勉强他了。阴贵人颇感不解，问阴兴为什么要这样。阴兴说，皇帝的外戚家往往被不知谦退所害，其实，富贵有极限，人应当知足，张扬奢侈必受

世人指责。阴贵人深受感动，因此很注意自我抑制，始终没有为亲属谋求官爵，成为一个出色的贤内助。（见《资治通鉴》第四十二卷）

阴兴所说的"谦退"这个道理，普通群众较容易读懂，身在福中不知福的达官贵人就未必了。历史上，像阴兴这样明智的外戚不多见，仗着靠山飞扬跋扈的却比比皆是。

仍以东汉为例。汉和帝时的大将军窦宪，是窦太后的哥哥，位高权重，专权骄横，不可一世。他的门客崔骃曾经劝告他要学习前辈阴兴的克己守礼，并说外戚之所以被后人批评，就是因为权势太盛而不知退让，官位太高而仁义不足，还给出了一个很有说服力的数据：从汉朝建立以来，直到哀帝、平帝，皇后家族共计二十，而能保全家族和自身的，只有四位皇后。崔骃希望窦宪"鉴于有殷"。然而，窦宪哪里听得进这些道理？窦宪的权力日益膨胀，发展到后来，朝廷任命的高官，一定要到他的大将军府报个到，才敢去上任。窦氏父子兄弟同为九卿、校尉，遍布朝廷各个要害部门，这些人甚至密谋杀害汉和帝。汉和帝获悉其阴谋后，先发制人，结果，窦宪等被勒令自杀，窦氏家族倾覆。

还是东汉，比窦宪更有名的外戚更在后头。汉桓帝时的大将军梁冀，一家前后有七个侯、三个皇后、六个贵人、两个大将军，夫人和女儿享有食邑而称君的有七人，男子娶公主为妻的三人，其他担任卿、将、尹、校等官职的五十七人。汉桓帝的前任汉质帝是个年幼但聪明的小皇帝，曾经在一次早朝时说梁冀："此跋扈将军也！"结果得罪了梁冀，被他下毒害死。梁冀把持朝政近二十年，独断专行，坏事做绝，各地向皇帝进贡，要先把好东西送给梁冀，然后才轮到皇帝。桓帝是梁冀一手迎立的，只好老老实实做傀儡，

但心里却一天比一天愤怒。终于，机会来了，桓帝联络内宫的亲信扳倒了梁冀，在收缴其大将军印信的当天，失去权力的梁冀和妻子孙寿双双自尽，梁氏家族和孙氏家族，包括在朝廷和地方的亲属，不论男女老幼，全被押往闹市斩首且暴尸于街头；受牵连被诛杀的高官有数十人，因与梁冀有关而被免职的达三百多人，铲除了梁氏一班人之后，整个朝廷都快空掉了。

真是眼看着他起高楼，眼看着他宴宾客，眼看着他楼塌了。权力过盛的皇亲，由于不懂得自我节制，在位时不可一世，倒台后惨不忍睹，下场之可悲，让人觉得还不如做个平民百姓，平安过一生。几千年来，这种惨剧在历史上反反复复上演着，可惜能吸取教训的又有多少人？

阴兴和窦宪、梁冀，真是大相径庭，形成鲜明的对比。权力是柄双刃剑，幸运与不幸蕴藏在两端，关键看"持剑人"如何把握。遗憾的是，由于种种主客观因素，站在权力的巅峰，多数人是无法保持理智的（特别是长期做到头脑清醒），"得意忘形"之事总是在所难免。因此，要像阴兴那样克己守礼，还真得从头开始——在还未进入权力核心圈的时候，就对权力这柄双刃剑有正确的、清醒的认识；更要懂得以史为鉴，时时用历史上那些血淋淋的事实来警醒自己"谦退"。总之，一个人要真正读懂"谦退"两个字，做到身居高位而懂得自我约束（放在法治社会来说，主要就是做到遵纪守法），必须具备相当的智慧、修养和丰富的人生阅历、博大的胸怀等等。

在皇亲国戚、王公贵族已成为纸上人物的今天，谈论阴兴、梁冀他们的故事似乎没什么现实意义。然而，世界上很多道理并不会

因为某个时期的结束而随之消失，好好琢磨一下，它们的内涵在不同的历史时期其实是相通的，以此为鉴终究不会吃亏。就拿现代来说吧，权力仍然是柄双刃剑，如果忽视了它的另一面，也会遭遇沉重的打击甚至走上不归路。

以数年前的河北李真案为例，自称"河北第一秘"的河北省国税局原局长李真，在五年内从一般干部升至厅级，33岁就走上了正厅级领导岗位。春风得意之际，李真目空一切，私欲膨胀，狂妄霸道，为所欲为，最终因罪行败露，被判死刑。关于李真横行霸道的事例，在民间流传着许多。李真案发后，一位年逾七旬、曾在地市和省厅长期担任主要领导工作的老干部对记者说："我们早就认为他太狂妄、不懂事，这种年轻人肯定长不了。"老人的话，和历史故事一样，耐人寻味！

2007年4月12日之夜

惠加奸宄，害及良善

太中大夫梁统上疏曰："臣窃见元帝初元五年，轻殊死刑三十四事，哀帝建平元年，轻殊死刑八十一事；其四十二事手杀人者，减死一等。自是以后，著为常准，故人轻犯法，吏易杀人。臣闻立君之道，仁义为主，仁者爱人，义者正理。爱人以除残为务，正理以去乱为心；刑罚在衷，无取于轻。高帝受命，约令定律，诚得其宜，文帝唯除省肉刑、相坐之法，自馀皆率由旧章。至哀、平继体，即位日浅，听断尚寡。丞相王嘉轻为穿凿，亏除先帝旧约成律，数年之间百有馀事，或不便于理，或不厌民心，谨表其尤害于体者，傅奏于左。愿陛下宣诏有司，详择其善，定不易之典。"

——《资治通鉴》第四十三卷

东汉光武帝建武十四年（公元38年），曾有过一次关于立法的讨论。这年，太中大夫梁统上书，说西汉元帝初元五年，死罪减刑的有三十四件；哀帝建平元年，死罪减刑的有八十一件，其中有四十二件是亲手杀人的。从此以后，减刑成为惯例，所以人们轻率犯法，官吏轻视杀人。梁统认为，设置刑罚在于适中，不能偏轻，建议光武帝刘秀制定一部不容更改的法典。

刘秀把梁统的意见交给公卿们讨论。光禄勋杜林认为法令太多

导致有法不禁，有令不止，应沿袭原有的法令条文，不宜重新制定修改。梁统于是重申了自己的意见：制定修改法典并不是要严刑酷法，刑罚应当适中，即不轻也不重。初元、建平年间，盗贼越来越多，就是因为刑罚不适中，导致人们轻视法律。"由此观之，则刑轻之作，反生大患，惠加奸宄，而害及良善也！"由于意见不一，这事没有继续讨论下去。（见《资治通鉴》第四十三卷）

梁统的话，在当时来说其实大有道理；就是在今天来说，也是很有价值的。

法律，不管在什么年代，都应体现它应有的威严，这样才能发挥它维护社会公平的职能。梁统所说的"刑罚适中"，其实也是中国传统的法制精神。在梁统之前，历代有作为的统治者在立法问题上，都是坚持不偏不倚的中庸精神。在梁统之后，这一理念也被明智的统治者所奉行。比如，千年之后的金世宗完颜雍，就特别强调立法要符合"中典"标准，他所说的"中典"，即刑罚适中，无过宽、过严之弊。金世宗以史为鉴，认为法律过于宽纵，就不会被人敬畏，人们将因此轻易犯法；法律过于严苛，则容易导致人们生活不安，怨声载道。史载金世宗执政期间，"群臣职守，上下相安"，官吏不敢随意加重或减轻对人犯的处罚，"刑部岁断死罪，或十七人，或二十人"，足见法制环境之佳（毕竟那时还是人治社会）。

刑罚过严的弊端，较容易为世人所认同，刑罚宽纵，则容易被人们误读。很多人认为法律宽松，有利于营造和谐的社会环境，其实不然。

刑罚宽纵，是对犯罪行为的宽容，它的代价，是对受害人进一步伤害。"惠加奸宄，害及良善"，说的就是这个道理。中国古代

的皇帝，很喜欢动不动就"大赦天下"，让一些犯罪的人逃避法律的制裁，表面上看，是以人为本，宽宏大量，可对受害的一方来说，这意味着什么呢？岂不是公道不存吗？《资治通鉴》第五十五卷记载：汉桓帝延熹九年（公元166年），有个精通占卦术的河南人张成，预测到朝廷将要颁布大赦令，就教他的儿子杀人（这家伙真会占便宜，想来个"不杀白不杀"）。司隶校尉李膺督促属吏逮捕了张成父子后，果然遇上了朝廷赦令，这对杀人凶手按例应当赦免。李膺对张成的投机行为十分愤怒，不顾朝廷赦令，还是将这父子二人斩了。结果，因为桓帝以前也经常向张成问卦，李膺得罪了桓帝，自己也被捕下狱。那样的世道，真是无奇不有！法律在这种时候，已等同于儿戏。

现在有一种观点认为，对罪犯宽容，就是对人民犯罪。此话虽然有点过头，但针对那些恶意的故意犯罪行为来说，是可以成立的。当前人们比较关注的是司法界缓刑滥用的问题，特别是对职务犯罪行为，我们的刑罚似乎太宽松了。根据有关数字显示，近年来，越来越多的贪官有罪本该入监却被判缓刑（据2006年7月26日《信息时报》载，近年来，法院对职务犯罪案件判处免予刑事处罚、适用缓刑的比率，从2001年的51.38%递增到2005年的66.48%；尤其是渎职侵权案件判处免予刑事处罚、适用缓刑的比率，从2001年的52.6%递增到2005年的82.83%），此外，还有假释泛滥、监外执行泛滥等不正常现象也客观存在。而另有一些人，则对职务犯罪行为持宽容心态，甚至为犯罪者喊冤叫屈。这种现状，不仅挫伤了反贪机构的积极性，动摇了群众反腐的信心，而且助长了职务犯罪者的气焰，更损害了法律应有的尊严。

　　随着法治化进程的加快,我们在执法过程中提倡"人性化执法"。但是, "人性化"不等于"人情化", 它有一个前提条件, 就是严格依法办案。在这个前提下, 为了达到公正执法与执法效果的和谐统一, 执法机关在办案过程中应当尊重和维护犯罪嫌疑人的各项合法权利, 这是人文关怀的体现, 也是法治进步的体现。而如果离开了"依法办案"的前提, 让人以为法纪松弛, 可以任人操纵, 结果就会大相径庭。不是曾经有过这么一件事情吗? 湖南省一名贪官因受贿罪被法院判处缓刑, 他回到家里后, 当晚即大宴宾客以示庆贺, 其嚣张气焰让群众对法律感到寒心。由此可见, 指望以减轻处罚来唤醒犯罪者的良知, 效果未必有想象中的那么理想。为了不让法律"害及良善", 司法机关还是应当严格依法办事, 不要随便对犯罪行为"开恩"!

2007年4月15日之夜

天子不与白衣同

陈留董宣为雒阳令。湖阳公主苍头白日杀人，因匿主家，吏不能得。及主出行，以奴骖乘。宣于夏门亭候之，驻车叩马，以刀画地，大言数主之失。叱奴下车，因格杀之。主即还宫诉帝，帝大怒，召宣，欲箠杀之。宣叩头曰："愿乞一言而死。"帝曰："欲何言？"宣曰："陛下圣德中兴，而纵奴杀人，将何以治天下乎？臣不须箠，请得自杀！"即以头击楹，流血被面。帝令小黄门持之，使宣叩头谢主，宣不从。强使顿之，宣两手据地，终不肯俯。主曰："文叔为白衣时，藏亡匿死，吏不敢至门；今为天子，威不能行一令乎？"帝笑曰："天子不与白衣同。"

——《资治通鉴》第四十三卷

"天子不与白衣同"，这是东汉光武帝刘秀的一句经典名言。话说光武帝建武十九年（公元43年），刘秀的姐姐湖阳公主家的一个奴仆光天化日之下杀人，犯下大罪之后躲在京城洛阳主子家里，使官吏无法逮捕他。后来，湖阳公主出门，这个杀人犯陪同乘车，洛阳令董宣得到消息，专门在夏门亭等候，拦下马车，大声数落公主的过错，然后依法将这个奴仆就地正法。

湖阳公主自从弟弟当上皇帝，哪里受过这等委屈？马上回去找刘秀告状。刘秀大怒，立即把董宣召来，也要将他"就地正法"。

董宣说："我希望说一句话之后再死。"这个要求不过分，刘秀同意了。董宣说："陛下复兴汉室却纵容奴仆杀人，将怎么治理天下？不用你'正法'，还是让我自杀算了！"说罢一头撞向柱子。刘秀醒悟，于是改让董宣向公主道个歉就算了，以此让她找个台阶下。然而，董宣也是有性格的人，宁死也不肯低头认"错"。无奈之下，刘秀只好作罢，不再追究此事，并对董宣赏钱三十万作为奖励。湖阳公主不高兴了，还想对弟弟来个激将法："早年你还是平头百姓的时候，就曾窝藏逃犯，而且使官吏不敢上门寻找；现在当了皇帝，反而奈何不了一个县令？"刘秀不在乎姐姐讥讽自己"魄力越来越小"，笑着说："天子不与白衣同！"（详见《资治通鉴》第四十三卷）

刘秀的原话，按现代的说法，有点"领导干部不能混同于普通老百姓"的味道。当然，你不能理解歪了。同样这句话，现今有些人，骨子里的潜意识是领导干部比普通百姓高明能干，应该搞特殊化，在各种待遇上应当和普通百姓有所区别，否则就是降了格——本质上是歧视老百姓。刘秀的意思，按当时的情景来分析，当然是说当了皇帝要讲大局，要讲法纪，而不能像过去做老百姓时那样违法窝藏逃犯、威胁国家干部。一句话，当了领导，受到的约束应当更多，承担的责任应当更大，做事不能太随意、太任性。

这句话放在民主国家来说，是很有市场的，而且成为人们（不管"天子"还是"白衣"）的共识。比如，在民主国家，当你是一个普通百姓时，在不违法的前提下，你可以追逐低级趣味，可以自私自利，当然也可以偷懒、发牢骚等等；但是你一旦成了掌握公权的公众人物，对不起，你在享受了某些特殊权利的同时，也将失去

另一部分权利，比如一定的隐私权、肖像权等等，而且，不允许追逐低级趣味，不宜去灯红酒绿的场所（尽管是合法的），说话不能信口开河……总之，你要当公众人物，要超出普通人群，你就必须保持良好的公众形象，必须对自己有更高的要求，起到表率作用（这也是民众的要求），必须有舍得吃亏的精神，否则你只好回到普通人群中去。这就是权利与责任的对等。

刘秀当然不懂民主，也不可能思考民主问题，推行民主制度。但他懂这个道理，从这个角度来说，他的见识远超一般的封建统治者。

有意思的是，两千年前的封建社会，刘秀说"天子不与白衣同"，两千年后的现代文明社会，一种与之意思相反的观点正在悄然流行，那就是"领导干部也是人"。这不，据报载，前不久，重庆大足县万古镇党委书记等4名领导乘公车经过石马收费站时，拒缴通行费并与收费员发生冲突。一当事人承认双方发生推搡，但认为"领导和公务员也是人"，言下之意，此乃人之常情，不值得新闻媒体大惊小怪。这名当事人所说的话很有代表性，"领导也是人"，现在也是一句"名言"了（遗憾的是，不知其"著作权"该属于谁），而且得到许多人的认同（不仅仅是用来开玩笑的），甚至成为领导干部犯错误的漂亮借口。

领导干部当然也是人，不过，应当是比普通群众要求更高的人，堪称表率的人。文明史推进了两千年，人们的素质怎么说也该提高了若干个档次了吧，如果在这个问题上的认识连两千年前的古人都不如，是不是太不应该了，是不是太应该想想问题到底出在哪里了？

2007年4月20日之夜

坦诚如斯人

司空第五伦以老病乞身，五月，丙子，赐策罢，以二千石俸终其身。伦奉公尽节，言事无所依违。性质悫，少文采，在位以贞白称。或问伦曰："公有私乎？"对曰："昔人有与吾千里马者，吾虽不受，每三公有所选举，心不能忘，而亦终不用也。若是者，岂可谓无私乎！"

——《资治通鉴》第四十七卷

东汉的刘昆和第五伦是两个毫不相关的人物，因为共同的德行，我将他们强扯到一起。

《资治通鉴》第四十五卷载：陈留人刘昆在江陵当县令时，县里发生火灾，刘昆向烈火叩头，火便很快熄灭。后来，刘昆被提拔为弘农太守，当地的老虎都背着幼虎跑到黄河对面去了。光武帝刘秀听到这等奇事，把刘昆调到中央机关担任光禄勋。有一次，刘秀问刘昆："你先前在江陵转变风向灭火，在弘农使老虎北渡黄河，推行的是什么德政，竟然产生这等效果？"刘昆说："这纯属碰巧而已。"侍从们听了都笑起来，刘秀感叹道："这才是有德的长者说的话啊！"下令将此事记录在史书上。

刘昆，东汉学者，字桓公，陈留东昏（今河南兰考）人，西汉文帝之子梁孝王刘武的后代。刘昆曾拜戴宾为师学习"施氏易经"。

西汉末年，因担心礼被废，率弟子五百余人习礼，结果，被王莽以"昆多聚徒众，私行大礼，有僭上心"为由，把他逮起来。到了东汉，受到刘秀重用，官至光禄勋。

刘昆的实话实说，至今读来犹令人感慨。叩头灭火与老虎过河，尽管此事和"德政"并无必然联系，但在那个迷信思想大有市场的时代，只要你刘昆自己别承认"此事纯属偶然"，谁敢说和"德政"无关（更何况上级领导都准备如此这般"定调"了）？放在某些官员身上，如果有幸碰上这等美事，不添油加醋大肆鼓吹才怪呢。君不见，有多少官员，在任上平平庸庸混日子，基本不干正事也没能力干事，要是碰上风调雨顺的大环境使农业增产工业增收，就巴不得动用一切力量把自己的滴水"政绩"无限吹大，甚至牵强附会什么都往自己的"政绩"上扯（民间不是有这样的笑话嘛——村民家的母猪多下几只崽，也是因为村领导"领导有方"），上报纸上电视过度宣传，也不怕读者观众笑掉大牙大倒胃口……而刘昆呢，面对千载难逢、得天独厚的事实，不抓住机遇好好宣传自己，总结一套有望在全国推行的"实施德政先进经验"，反而老老实实地说这不过是运气，并非己功，真是"傻"，"傻"得让某些官员打心眼里瞧不起（你看，连一旁的侍从都笑起来了呢）。

坦诚如斯人，汉章帝时的司空第五伦也算一个。《资治通鉴》第四十七卷载：第五伦奉公尽节，以为官清白而著称。曾经有人问他："您有私心吗？"第五伦说："以前，有个人送了一匹千里马给我，我虽然没有收下，但每当朝廷要三公举荐人才时，我心里总是不能忘记此事，虽然最终并没有推荐那个人。这难道可以说我没有私心吗？"

第五伦（姓"第五"），字伯鱼，东汉京兆长陵（今陕西咸阳东北）人。史载，其祖先是战国时齐国的田氏，因为在西汉初迁徙至皇帝陵园的很多，便以迁徙的次序为姓氏。第五伦这个人，为人公正无私，尽守节操，说话直来直去，不违心阿附（这在官场是"不合时宜"的，很难做到），连他的儿子们都劝他要改改脾气，结果，儿子们也受到了他的训斥。还好，第五伦碰上的政治环境不错，他活了80多岁，得以善终。

第五伦的"私心"之说，令人叹服，他和刘昆一样，心底之坦荡，堪称一代楷模。就像刘秀说的，没有相当的德行，说不出这种话来啊！内心深处的想法，别人又不是钻进你肚子里的虫子，你不承认，谁敢说你？更何况，你并没有付诸行动以权谋私，这种一闪间的"想法"完全可以忽略不计（相信大家也会理解）。可第五伦不怕有损自己的光辉形象，还是坦率地承认自己有过私心杂念，不简单，不容易！

滴水见阳光。刘昆和第五伦的实话实说，这种事迹在史书上虽然只是沧海一粟，却折射出了耀眼的光辉。实话实说，看似小事，在现实生活中却很不容易做到。尤其是涉及自己的前途、名誉时，说实话更是需要莫大的勇气，需要一贯诚实的品性。对"公众人物"来说，"说实话"比普通百姓面临的"障碍"还更多，所以，他们的"实话"更显得"珍贵"。刘昆和第五伦这两个同朝代的古人，都是公卿级的高级干部，没有为了塑造自己的"高大全"形象而说假话，结果被历史记住了，被后人记住了。

实话实说，坦诚做人，对我们今天来说更为重要。这些年，由于趋利思想的蔓延，假话、假货在社会上泛滥成灾。从表面看，一

些说假话者得到了提升，卖假货者获取了利益，他们俨然成了大赢家。然而，假的就是假的，总有东窗事发的一天。当一个人涉"假"的劣迹败露后，他在人们心目中的地位也就从此"定格"了，花再大的代价也很难改变。就说近些年吧，造假，毁了多少家企业（甚至行业），倒了多少个"成功人士"？在国外，这种事情暴露后，当事人甚至要以自杀的方式来谢罪（真是早知今日，何必当初，事已至此，悔之晚矣）。就算留下了生命，但是已经永远失去了别人的信任，这"余生"也是不大好过的。

当"假"风盛行时，真诚的品格尤其珍贵。打个比方说，在媒体林立的社会，平时各种大小媒体为受众提供了五花八门的消息，受众可以根据自己的喜好去选择媒体；而一旦某个新闻事件出现众说纷纭、莫衷一是的局面时，人们肯定不约而同地选择其中的作风严谨、从不搞假报道的权威媒体了，这种媒体，就是读者认可的主流媒体，它的发行量未必最大，它的利润率未必最高，但它是最受信任、最受尊重的。做人如果能做到"主流"这个份上，不是莫大的成功吗？

2007年4月24日之夜

有感于樊准劝学

尚书郎南阳樊准以儒风浸衰，上疏曰："臣闻人君不可以不学。光武皇帝受命中兴，东西诛战，不遑启处，然犹投戈讲艺，息马论道。孝明皇帝庶政万机，无不简心，而垂情古典，游意经艺，每飨射礼毕，正坐自讲，诸儒并听，四方欣欣。又多征名儒，布在廊庙，每宴会则论难衎衎，共求政化，期门、羽林介胄之士，悉通《孝经》，化自圣躬，流及蛮荒，是以议者每称盛时，咸言永平。今学者益少，远方尤甚，博士倚席不讲，儒者竞论浮丽，忘謇謇之忠，习詍詍之辞，臣愚以为宜下明诏，博求幽隐，宠进儒雅，以俟圣上讲习之期。"

——《资治通鉴》第四十九卷

东汉殇帝延平元年（公元 106 年），尚书郎樊准因儒家学风日渐衰微，上书劝学。樊准说，光武帝在东征西伐的年代，仍然投戈讲艺，息马论道；明帝（刘秀的接班人刘庄）日理万机，仍留意儒家经典，亲自到学校讲课，那时，即使是期门、羽林的武士，也都人人通晓《孝经》。因为最高领导重视学习，所以开创了盛世。而现在呢，学者日益减少，博士懒得讲学，儒生则只顾追求华而不实的理论和谄媚阿谀的言辞。因此，应当广征学者大儒，为年幼的皇帝储备良师。（见《资治通鉴》第四十九卷）

樊准，东汉学者，南阳湖阳（今河南省唐河县）人，字幼陵，汉和帝时任尚书郎，后历任御史中丞、议郎、巨鹿太守、河内太守、尚书令、光禄勋。

樊准关于重振学习之风的建议，被当时的掌权者邓太后采纳了。当然，具体效果如何，《资治通鉴》没有提及，但根据当时的情况来看，汉朝正大步迈着下坡路，国运如此，要在全国真正兴起"讲学习"之风，估计是很难办到的。

撇开当年的实施效果来说，光是看樊准所提出的问题，便是很有道理，意义深刻的。

光武帝、汉明帝重视学习，所以开创了盛世；樊准劝学时，社会风气已完全不一样，连正儿八经的读书人博士、儒生都在追逐歪门邪道，形势与以前相比真是两重天。学习之风对于一个时代的兴衰，其重要性由此可见一斑。可以说，它也是反映时代风貌的晴雨表之一。

由樊准上书劝学可见，学习所受到的重视程度，在各个历史时期是相差很远的，就如我们各人的学习情况千差万别一样。对国家来说，碰上当权者本身素质高，对学习比较重视，则整个社会将出现好学之风；碰上当权者自身不学无术，朝纲松弛，则整个社会不把真才实学当回事，人们热衷于搞歪门邪道（否则要吃亏嘛），出现"厌学"情绪也就很正常了。可见，一个社会的学风如何，更多的是取决于上层（当权者）。各个时期当权者的素质是参差不齐的，所以，学习之风也是时紧时松。

重振学习之风，在今天来说也有很强的现实意义。当前，受各种思潮的影响，我们的学习风气也不是很浓厚。差不多二十年前，

就流传着"高等教育商业化，教授讲师商人化"之类的顺口溜，说的是市场经济大潮使以育人治学为主要任务的学者们心猿意马，甚至"读书无用论"的论调死灰复燃。在此之后，学习的风气也似乎不见浓起来，倒是"十亿人民九亿赌"的现象更显突出。就以目前为例，有多少人稍有时间就念念不忘"搓一把"？不会玩麻将扑克的人，绝对是落伍的，是孤独的，甚至在某些人眼里还是"可耻"的。8小时之外不玩麻将而在学习的人，肯定不是主流人群。这就不难理解，中国的人均购书量会那么小了（这绝对不仅仅是因为经济欠发达的原因）：最近的媒体报道，由北京市社科院编著的《2007北京行业分析报告》透露，目前我国人均购书仅为5册左右，而其中80%的图书被20%的人买走，教材和教辅占到了全部图书的75.53%，真正意义上的图书还没占到五分之一。扣除教材和教辅类书籍，全国人均年购书量仅为2.8册。也就是说，现在的读书人，还是以青少年学生为主体的。而天津教育科学研究所完成的一项调查又显示了一个"有趣"的规律：随着年龄的增长，中小学生课外阅读率逐步下降的趋势明显——小学生的阅读率为62.8%，初中生为48.7%，高中生为39.6%。调查还说，超过三成的学生拥有的图书数量少于10本，六成学生的个人藏书量不到20本，40%的家庭藏书量不到20本（见2007年4月23日《中国青年报》）。

1995年，联合国教科文组织通过决议，将每年的4月23日定为世界读书日，并呼吁："希望散居在全球各地的人们，无论是年老还是年轻，无论是贫穷还是富有，无论是患病还是健康，都能享受阅读的乐趣，都能尊重和感谢为人类文明做出巨大贡献的文学、文化、科学思想大师们，都能保护知识产权。"对于"读书日"之

类的形式，我倒觉得不是很重要，读书不应该成为一种形式，而应成为和吃饭睡觉同等重要的大事（同样的道理，也就没必要设立"世界吃饭日"了）。一个民族是否重视学习，关系到这个民族的兴衰。一个不重视学习的国家，是没有理由成为世界强国的。越来越多的国家在国际竞争中认识到学习的重要性，于是他们提倡读书学习，纷纷发起阅读运动，以此营造浓厚的学习氛围，提高国民素质，增强国家综合竞争力。

不学习的结果就是落伍。学习不仅是个人的事，也是国家的事。1900 年前的樊准向朝廷劝学，虽然在当时未必收到如意的效果，但此举值得后世借鉴。在知识经济时代，如何使学习成为每个人的自觉行动，这也是"人人有责"的一件大事，而国家公职人员尤其应当带好头。

2007年4月28日之夜

东汉"三公"的尴尬

秋，九月，午，太尉徐防以灾异，寇贼策免。三公以灾异免，自防始。辛未，司空尹勤以水雨漂流策免。

——《资治通鉴》第四十九卷

据《资治通鉴》第四十九卷载：东汉安帝永初元年（公元107年）秋季九月初一，太尉徐防因天灾、天象异常和匪寇作乱而被免职。"三公"（太尉、司徒、司空）因天灾或天象异常而被罢免，徐防是首例。第二天，司空尹勤因洪灾被罢免。

中国宰相制度的演变很有意思。由于皇权和相权与生俱来的矛盾，相权在两千年封建史上，呈现越走越低的趋势。西汉成帝将丞相制改为三公宰相制，以大司徒、大司马、大司空为三公，分散了以前丞相的权力。东汉光武帝刘秀吸取西汉灭亡的教训，为了控制权柄，进一步削弱相权，不仅于建武二十七年（公元51年）将大司徒、大司空之名改为司徒、司空，将大司马之名改为太尉（东汉的"三公"是太尉、司徒、司空），而且成立尚书台，"虽置三公，事归台阁"（仲长统《昌言》），把实权交给了级别不高的尚书，使"三公"们彻底"大"不起来了。

实权归了尚书台之后，东汉三公的地位就显得尴尬了。行政级别高的三公，没有决策权，也不受皇帝的信任，但一旦国家出现灾

难祸事，皇帝依然唯三公是问。特别是东汉中后期以后，朝廷实权转移到外戚或宦官手上，权奸辈出，三公更是形同虚设。东汉末年的仲长统写了篇很好的文章《昌言》，文中说这些权奸"亲其党类，用其私人，内充京师，外布州郡，颠倒贤愚，贸易选举"，导致"怨气并作，阴阳失和，三光亏缺，怪异数至，虫螟食稼，水旱为灾"。然而，当时的朝廷真有意思，这些奸人造下的孽，却要三公来"埋单"，朝廷动辄将有职无权的三公罢免或处死。汉安帝延光元年（公元122年），供职于尚书台的陈忠上书说到三公的尴尬境地，认为应当明确责任的归属，但未见取得什么效果。直到东汉结束，曹丕称帝，有一次出现日食，又有人以此为借口要求太尉下台。曹丕这人虽然时常有些"不像皇帝"的做法，对这个问题却处理得很好。他说，天象异常，是上天对我这个当皇帝的有所不满，不干三公的事，今后不要再拿这样的问题来追究三公的责任了！

东汉的这种问责机制，使三公更换频繁，史书上每有"异常"记载，接下来记录的往往是某个"公"级干部下台。以汉灵帝熹平二年（公元173年）为例，这一年的记事在《资治通鉴》中不到二百字（见第五十七卷），从二月到十二月的主要内容是："二月，以光禄勋杨赐为司空。三月，太尉李咸免。夏，五月，以司隶校尉段颎为太尉。六月，北海地震。秋，七月，司空杨赐免；以太常颍川唐珍为司空。冬，十二月，太尉段颎罢。"你看，杨赐、段颎两位"公"级干部都在一年之内上台又下台，真是来也匆匆，去也匆匆，座位都还没坐热。《资治通鉴》第五十七卷记载汉灵帝光和元年（公元178年）的大事时，甚至有这么一条："侍中寺雌鸡化为雄。"说的是侍中官署有一只母鸡变成了公鸡。接下来的一条记事

是："司空陈耽免，以太常来艳为司空。"陈耽被免职，不知和母鸡变公鸡有无必然联系？书中记载太简略，对母鸡为何会变成公鸡没有深究。我以今人的心思来瞎猜：是否哪个人和某个三公官过不去，为了搞倒他，钻了政策的空子，故意导演了偷梁换柱的一出戏？难说得很呢！

　　三公的尴尬，更发人深思的是责权的不统一。东汉时，三公没有行政决策权，也没有行政决策中的组织指挥权，却要承担出现各种灾难的责任。这样的处境，怪不得连当时的其他大臣都要为他们喊冤了。责权不统一，在今天也有相类似的情况，比如，有一段时间，我们经常可以从媒体获悉：某地发生一起惊动了高层的某类严重事故，上面要求严肃处理，接下来，人们往往看到市长、县长、乡镇长之类的行政官员被免职，而比市长、县长、乡镇长权力更大的党委书记却安然无恙。这时，人们不禁要问：按现行的体制，重大决策特别是干部任免的大权都在党委这边，很多大事其实都是书记拍的板，为什么出了问题反而只追究政府领导的责任？还好，这种现象后来有了改观，在地方，问责也开始问到党委书记一级了，这是一个不小的进步。

　　管理，讲究的是权力与责任的统一。在层级管理当中，上级要激活各个层面的积极性，实现工作效率最大化，就必须懂得放权，把一部分权力分解给下级。但在放权的同时，还要有一个对权力的监控机制，这就是赋予掌握权力的人相应的责任。有权力而无责任，上级所放的权力就会失控，如同把老虎放回了山林，最终导致不可收拾的局面。有责任而无权力，下级就会无所作为，根本无法真正负起责任，到头来造成的损失还是要由掌握了相应权力的上级来扛

着。只有把权力与责任和谐地捆绑在一起，如同让火车在安全的铁道上按规定的速度快跑，上下级才能各得其所，相安无事，实现双赢。

东汉朝廷如此惩罚三公，用意当然是为了祛除灾难，挽救国运，可惜却是头痛医脚，领导生病下属吃药，完全搞错了方向，混淆了对象。看到当时的三公官像走马灯似的换了一个又一个，天灾人祸却还是接连不断地发生，东汉的国运还是一步步走向衰败，后人读史，岂一个"叹"字了得？

2007年5月3日之夜

飞来"横福"不可靠

阎显忌大将军耿宝位尊权重，威行前朝，乃风有司奏："宝及其党与中常侍樊丰、虎贲中郎将谢恽、侍中周广、野王君王圣、圣女永等更相阿党，互作威福，皆大不道。"辛卯，丰、恽、广皆下狱，死；家属徙比景。贬宝及弟子林虑侯承皆为亭侯，遣就国；宝于道自杀。王圣母子徙雁门。于是以阎景为卫尉，耀为城门校尉，晏为执金吾，兄弟并处权要，威福自由。

——《资治通鉴》第五十一卷

东汉安帝刘祜，本来是清河王刘庆的儿子，因为婴儿皇帝汉殇帝当了几个月皇帝后就无福享受，在皇位后继无人的情况下，十三岁的刘祜有幸被掌权的邓太后看中，从王子一跃而登上皇位。

汉安帝真正掌权后，提拔了包括舅父、大小舅子、奶妈在内的一大帮亲戚、亲信，这些人个个得意忘形，不可一世，骄奢淫逸。面对这种乌烟瘴气的现象，安帝建光元年（公元 121 年），尚书翟酺上疏进行批评。翟酺说："夫致贵无渐，失必暴；受爵非道，殃必疾。"意思是说，尊贵的身份不是逐步达到，一定会突然丧失；爵位不是通过正常渠道获得，祸殃一定会迅速降临。疏中还阐述了大段的道理，但安帝根本不理睬。（见《资治通鉴》第五十卷）

翟酺的意思，说简单点，就是飞来的"横福"是不可靠的。果

然，没过几年，公元 125 年，年轻的安帝死了，他的几个大小舅子阎显等（阎皇后的兄弟）拥立年幼的北乡侯刘懿为皇帝，当年，安帝的舅父（嫡母之兄）耿宝、奶妈王圣等在和阎显的政治斗争中失败，耿宝自杀，王圣一家被流放；阎显兄弟几个则更加任意作威作福。几个月之后，刘懿的皇位还没坐热就因病去世，在新一轮政治斗争中，安帝的废太子刘保胜出，是为汉顺帝，阎显这一族的"横福"也享到头了，兄弟几个全被诛杀，家属则被流放。

类似的大家族的沉浮录，充斥着二十四史（或叫二十五史、二十六史），在历朝历代可谓是司空见惯，不胜枚举。数年之后，汉顺帝时期的李固在论及阎皇后及其家属时，也说到他们封爵和官位赏赐太快，所以不久就遭受大祸，正如《孟子》所云："其进锐者，其退速。"可是，说的说，听的听，这种轮回式的悲剧依然在不断发生。

由于制度的原因，在封建官场，"一人得道，鸡犬升天"的现象比比皆是。某些人平时不显山不露水，可运气来了门板都挡不住，说发达就发达了，而且发得比谁都快。西汉哀帝时的董贤，大概是个小白脸，成了哀帝的同性恋对象，一家人因此飞黄腾达。董贤 22 岁时位列三公（大司马），而且"领尚书事"（真正掌握实权），哀帝甚至想把皇位让给他。同为三公的丞相孔光，不敢以接待同级干部的礼节来接待董贤。哀帝死后，无才无德又失去靠山的董贤，连如何布置丧礼都不知道（更谈不上如何"自保"了）。第二天，董贤被免职，他知道自己没有好下场，夫妻双双自杀，正是"失必暴，殃必疾"。

唐朝人沈既济写过一篇传奇小说《枕中记》，说的是唐开元年

间，有个姓卢的书生进京赶考，名落孙山，失意而归。路过邯郸时，卢生在一个店里遇到道士吕翁，吕翁拿出一个瓷枕头让卢生倚枕而卧。卢生很快进入梦乡，接着，娶娇妻、中进士，仕途飞黄腾达，从州牧、京兆尹，一直当到中书令，封为燕国公。儿孙满堂、享遍荣华富贵的卢生，到了80岁时病得要断气了，这时一觉醒来，但见店里一切如故，店家给他蒸的黄粱饭还没熟呢。黄生不无遗憾地问："岂其梦寐耶？"一旁的吕公告诉他："人世之事，亦犹是矣。"唐朝另一个小说家李公佐写的《南柯太守传》也有相类的寓意。这是古人对这种没有根据的"富贵"所做的讽喻。

对飞来的"横福"，我们农村那些没读过书的老农们便认为这是"不可靠"的。在我们家乡，早年有一种获得意外之财的途径叫"捡窖"，指的是由于偶然的机会，挖到了埋藏在地里的本不属于自己的元宝之类。"捡窖"的人，按风俗往往要以某种方式主动"破财"以"消灾"，否则怕有后患。我记得某一年，有一个小孩在玩耍时，挖出了一小坛"袁大头"，他家里不知是太高兴了还是不信那个"邪"，没有主动"破财"，结果，没过多久，那个小孩的父亲走路时在光天化日之下摔折了腿，一小坛"袁大头"全部贡献给了医院。此事无疑等于给乡人们添了一例活教材，那些本想心怀侥幸的人，也只好在飞来"横福"面前小心起来了。

对于这种"破财消灾"的说法，我一向是不相信的，然而，这种发了"横财"时不肯主动"破财"而"遭报应"的事又的确发生过，这该怎么解释呢？我觉得，除了一些是纯属偶然之外，另一部分，主要还是因为人的"得意忘形"的心理所致。比如说，贫寒的家庭一下子获得了意外之财，家里人高兴得走路也是眼睛朝上不看

脚下了，这当然比常人更容易摔跤。历史上那些喜获飞来"横福"之人，他们的"福运"之所以迅速结束，说穿了还不是因为得意忘形，缺乏危机意识，没有考虑过退路？

人生难得平常心。明代作家洪应明在《菜根谭》一书中说："真味是淡，至人如常。"这"至人如常"四字，说的是德行完美的人能够保持一颗平常心，使自己的行为和普通人没有什么区别。一个人如果有幸碰上从天而降的喜事，当然不能说是坏事，但要让喜事真正成为幸事（而非灾祸），关键是自己还要有能够承受这种喜事的能力，也就是要有相当的"德行"（修为）。否则，再大的"运气"到了他手上，只怕也是无福消受的，甚至到头来还会导演出"塞翁得马"的一幕。

所以，人逢喜事，走路更应目光向下，小心脚下，否则，乐极生悲，摔了跟头，后悔也来不及了。

2007年5月5日之夜

黄宪凭啥受推崇

宪世贫贱，父为牛医。颍川荀淑至慎阳，遇宪于逆旅，时年十四；淑竦然异之，揖与语，移日不能去，谓宪曰："子，吾之师表也。"既而前至袁阆所，未及劳问，逆曰："子国有颜子，宁识之乎？"阆曰："见吾叔度邪？"

——《资治通鉴》第五十卷

《资治通鉴》第五十卷专门有一段提到了一个叫黄宪的普通百姓。黄宪是个牛医的儿子，家境贫寒，一辈子什么官也没当（不是当不上，而是有机会却不愿当）。光是说黄宪的名字，今天的人们肯定感到很陌生，但说到陈蕃，对历史有所了解的人就知道，这是东汉后期的大名人（一般的人可能只知道他"不扫一屋"的故事，其实此公德才皆高，是东汉末年有数的重臣）。黄宪和陈蕃是老乡（同为汝南郡人氏），年轻时，二人一同受到汝南郡"组织部长"袁阆（也是个很有名望的人）的举荐。而在此时，黄宪的声望比陈蕃还要高得多。以陈蕃这等"性气高明"之士，尚且对人说道："如果几个月没看到黄宪，卑鄙可耻的念头就会重新在心里萌芽。"太原人郭泰游历汝南，拜访当地"组织部长"袁阆时，没留下住宿就告辞了，而拜访黄宪时，却住了几天才走。其他一些名人，凡是见过黄宪的，无不从内心折服。

什么官也没做的黄宪，凭什么受到那么多人的推崇（比当地领导还有魅力），并且在官方的史书留下一笔？只能说，是道德的力量使然。

古代的有志之士，追求的是"三不朽"，即《左传》所说的"太上有立德，其次有立功，其次有立言，虽久不废，此之谓不朽"。后人对"立德、立功、立言"做出阐述："立德，谓创制垂法，博施济众；立功，谓拯厄除难，功济于时；立言，谓言得其要，理足可传。"用当代科学家何祚庥院士的话来说，立德就是做人，立功就是做事，立言就是做学问。

中国虽然是个官本位思想根深蒂固的国家，但在古人所提倡的"三不朽"中，排在首位的却是立德，做官嘛，充其量是"立功"的一部分内容，只是"其次"而已。不过，书上说归说，现实当中，更多的人看重的只怕还是"立功"——几千年来，"立功"才是多数人孜孜不倦的追求。活跃在二十四史中的人物，多数还是"立功"的，"立德""立言"者所占比例极小，甚至可以说只是一种点缀。而常人衡量一个人是否"成功人士"，所取的价值标准又何尝不是以"立功"为主？这也难怪，"立功"者，当世可以享受荣华富贵，百年以后，成就大的可载入史册，差一点的至少可以在自家的族谱里占个好位置；"立言"者，当世所得的实惠虽不如"立功"，但声音可以流传后世，身后的影响力不可估量；而"立德"呢，很有可能是帮了别人苦了自己，什么"好处"也得不到，万一没被"记者"们发现的话，身后连"虚名"都留不下一个。于是，面对现实问题，人们当然更看重排名在后的二"立"了。

当然，在具体的历史时段和具体的人群当中，"例外"的情况

也是有的。以东汉后期为例，淡泊名利、重视道德的"硬骨头"在历朝应该算较多的，史书上，经常可见不惜冒犯龙颜的直臣前仆后继（如李固、陈蕃、李膺等）；民间也自有道德的力量在彰显着，这个时期著名的隐士也是较多的。黄宪以一介平民而备受推崇便是一例。道德的力量还在另一个平民王烈身上体现出来。《资治通鉴》第六十卷讲述了北海人王烈的几件事情。王烈年轻时便很有名望，受到乡人敬重。民间发生争执，人们去请王烈做仲裁，有的人走到半路或只看到他的住宅便返回，向对方表示退让，为的是不想让王烈知道他们有过纠纷。王烈和黄宪一样，也不肯做官，甚至为了摆脱官方的推荐，故意去做生意（这在当时是最没地位的行当）以贬低自己。黄宪、王烈这些人的行为，放在物欲横流的年代，有几人能理解并当回事？

立德者被人推崇，可见还是有人认识到了道德的重要性；史书记载其人其事，则说明在史学家心中，"德"还是占有一席之地的。毕竟，做人做事做学问，做人应当是第一位的，只有把"人"做好，后面的事情才有立足之本。在道德建设被人忽略的年代，宣传"立德"的典型尤为重要。用现在的话来说，报纸要把版面让给群众，其中就应当包括把相当的篇幅让给无职无权的有德之士，在舆论上起到良好的倡导作用（需要注意的是，宣传道德楷模的事迹，不能拔高，不能"注水"，而应以其本来面目让人们感知到道德的具体性和道德力量的真实性）。——当然，还原道德应有的地位，绝不仅是传媒的事情，这里就不展开来说了。

不要小看道德的力量。道德，是促使一个人知识、智慧和才能不断增长的有生动力。英国教育家洛克认为："德行愈高的人，其

他一切成就的获得也会愈容易。"俄国著名作家果戈理也说过类似的话："当一个人整个的道德力量前进着的时候，他的智慧也在前进。"作为个体的人是这样，作为群体的民族也是这样。道德的进步，意味着一个民族综合素质的提高；道德的滑坡，则是一个民族走向衰退的征兆。

《左传》说："德，国家之基也。"道德是一种精神的力量，是一个国家、一个民族、一个人立足的根本。特别是随着人类社会文明化程度的提高，一个国家、民族的崛起，越来越离不开道德力量的支撑。"得道多助，失道寡助"，如果连两千多年前的古人就说过的这点道理都认识不到，那就不仅是道德的悲哀了。

2007年5月8日之夜

隐士之心

帝又征安阳魏桓，其乡人劝之行，桓曰："夫干禄求进，所以行其志也。今后宫千数，其可损乎？厩马万匹，其可减乎？左右权豪，其可去乎？"皆对曰："不可。"桓乃慨然叹曰："使桓生行死归，于诸子何有哉！"遂隐身不出。

——《资治通鉴》第五十四卷

东汉是个盛产隐士的朝代。建国之初，光武帝刘秀的老同学严光（严子陵）就因不肯当官而出了大名。严光是浙江余姚人，为当地"四大乡贤"之首（估计是按时代顺序排名的），刘秀当了皇帝后把他请到皇宫，当晚同卧一床，严光把脚搁在光武帝腹上，以致次日宫中太史官奏报"客星犯帝座甚急"的天象。刘秀多次要严光弄个司局级干部干干，严光却不识抬举，宁愿回农村躬耕垂钓也不当这个捡来的公务员。

我曾经在严光的故乡余姚呆过大半年时间，在和当地朋友戏说"四大乡贤"时，觉得和王阳明、朱舜水、黄宗羲相比，严子陵除了脾气怪一点（宁愿种田不肯当官），睡相差一点（这么一把年纪了，还会把脚搁到人家肚皮上），没别的什么建树。我甚至很不恭敬地猜测，严光之所以不肯在老同学手下搞个司局级之类的干干，要么是对自己信心不足，生怕当不好，愧对老同学或群众（若是如

此，说明严光责任心倒是挺强的——要知道，在某些人看来，当官是件最容易的事，是人哪有不会当官的）；要么就是对当时的政治形势判断失误：经过连年的兵荒马乱，刘秀的皇位能否坐稳还是个问题，还是明哲保身，不赶官场这趟浑水算了。

就像当今伪劣商品泛滥一样，古时隐士数量不少，也有真隐士和假隐士之分。假隐士是为了寻找终南捷径而作秀，在此不提。像严光这样，的确有机会做官而不做的，可谓真隐士。

真正的隐士，肯定是有点"怪"脾气的，常人不一定能理解。《资治通鉴》第五十四卷载：汉桓帝延熹二年（公元159年），尚书令陈蕃向桓帝上书，推荐豫章人徐稚、彭城人姜肱、汝南人袁闳、京兆人韦著、颍川人李昙五位隐士，桓帝分头派人去请他们，可是这五人都不肯应聘（不识抬举吧？）。桓帝又征召安阳人魏桓，魏桓的老乡们劝他去应聘。魏桓说："进朝廷当官，为的是实现自己的政治抱负。可现在，后宫美女千数（严重超编），能精减吗？御厩骏马万匹（公车也超标了），能减少吗？皇帝身边那些权豪（掌握大权却不干好事的人），能排除吗？"大家实话实说："不可。"魏桓叹息道："既然这样，我活着去就聘，死后再送回来，对大家有什么好处？"坚决隐居到底。

魏桓的话很有代表性。真正的隐士，之所以宁愿把自己的才华"窝"掉也不肯为朝廷效劳，主要还是因为出于"知其不可为而不为"的心态：既然改变不了现状，就不如省点精神，过自己种豆养花钓鱼的小日子算了。这其实也是一种"识时务"。还是汉桓帝延熹二年，大鸿胪爰延向桓帝提了点建议，希望他"远谗谀之人，纳謇謇之士"（疏远喜欢打小报告和拍马的小人，接纳忠贞人士），

桓帝不能采纳，爰延一看形势不对，就称病以免官，回乡过清净日子去了。后世的陶渊明辞官归田，估计也是出于这种心态吧？

或许有人说，这些有才能的人，如果能舍弃个人的清高，进入官场尽自己的能力，能做一点算一点，能改变多少算多少，那么他们的人格岂不是更完美？这种"知其不可为而为之"的人当然也有，和魏桓他们同时代的陈蕃可算一个。陈蕃也是个有个性的有德之士，但他没有选择当隐士，而是毅然进入官场，而且官越当越大，成了著名的宰相。魏桓说的后宫美女的编制问题，其实经过陈蕃的努力还是产生了效果：延熹二年，桓帝接受陈蕃的建议，释放宫女五百余人。当然，更大的问题，由于体制问题，陈蕃不可能彻底改变，而且，陈蕃晚年（汉灵帝时），因为得罪奸佞，竟然惨死于小人之手。80岁的宰相级干部陈蕃被奸佞拘捕时，黄门从官骑士得意地边踢他边骂："死老精怪，看你还能不能裁减我们的人员，扣发我们的工资！"下场之悲，让人实在不忍对当时的隐士们提出"知其不可为而为之"的要求。

历代以来数量庞大的隐士群体，构成了一种另类的文化现象（当然，主要还是因为隐士群中的名人太多，使这个群体特别引人注意——可见，一个人要是有点特长，在江湖上混出了名堂的话，就算躲起来，人们也不会把他忘记的）。南北朝刘宋时期的史学家范晔，在《后汉书·逸民传》中分析了隐士们隐逸的种种原因，大致有"或回避以全其道，或静己以镇其躁，或去危以图其安，或垢俗以动其概，或疵物以激其清"等几种，"然观其甘心畎亩之中，憔悴江湖之上，岂必亲鱼鸟乐林草哉？亦云性分所至而已"。隐士们归隐的原因尽管各异，有的是因为个性使然，不想受"俗务"的

羁绊；有的是改朝换代之后，对前朝廷感情太深，对新政权意见太大；有的是官场失意、考场失败，前程暗淡，心灰意冷……但主要的原因，应该是社会存在着较大的问题。

一般来说，士人（知识分子）对现实的关注度是高于寻常百姓的，就如孟子说的"穷则独善其身，达则兼济天下"——有条件的话，他们还是希望参与社会公共事务的。其实，很多隐士，即使"隐"起来了，心里却还在惦记着社会上的那些事，只不过换了种方式而已。鲁迅在《小品文的危机》一文中就提到："皮日休和陆龟蒙自以为隐士，别人也称之为隐士，而看他们在《皮子文薮》和《笠泽文丛》中的小品文，并没有忘记天下，正是一塌糊涂的泥塘里的光彩和锋芒。"那些满腔热血的人只好找个清静的地方把自己掩藏起来，只能说是现实让人太无奈。

古人说："邦有道则仕，邦无道则隐。"古代的隐士们虽然在历史上留下了一段段"佳话"，但我们还是宁愿生活在一个没人愿当隐士的时代。

2007年5月12日之夜

撵走强盗来贼子

帝既诛梁冀，故旧恩敌，多受封爵：追赠皇后父邓香为车骑将军，封安阳侯；更封后母宣为昆阳君，兄子康、秉皆为列侯，宗族皆列校、郎将，赏赐以巨万计。中常侍侯览上缣五千匹，帝赐爵关内侯，又托以与议诛冀，进封高乡侯；又封小黄门刘普、赵忠等八人为乡侯。自是权势专归宦官矣。五侯尤贪纵，倾动内外。

——《资治通鉴》第五十四卷

公元 159 年，汉桓帝做了一件值得他一辈子高兴的大事：把飞扬跋扈、把持朝政近二十年的外戚梁冀干掉了。梁冀倒台后，"天下想望异政"，全国人民都盼望政治局面有所改观。然而，桓帝诛杀梁冀后，大肆封赏侯览、刘普、赵忠等内臣。从此以后，朝廷的大权从外戚手中转移给了宦官，其中的"五侯"尤其贪残放纵，权倾朝廷内外。白马县县令李云对桓帝重用奸佞小人的做法提出批评，结果死在狱中，情形和此前的梁冀害死直臣李固差不多。大鸿胪陈蕃等人上书为李云辩护，也遭到撤职处理。可想而知，当时的政治局面根本没有如天下人所愿发生好转。（详见《资治通鉴》第五十四卷）

汉桓帝的这种做法，使我想起老家农村的一句俗话：撵走强盗

来贼子（另有一种说法"死了乌龟，还有王八"，也是这种意思）。老百姓还是挺能归纳的，他们虽然在农耕时代见的世面不一定很多，但集一代又一代人的智慧，对社会、人生的很多现象还是看得很准的，而且能用这种精练的语言揭示其本质。撵走强盗来贼子，几千年的专制历史，让老百姓失望了，悲观了，于是对政治不再抱幻想。

汉桓帝时期，宦官取代外戚继续作恶的现象，只是历史的一个缩影。类似的情况，在历朝历代重复上演着，不胜枚举。有个民间故事说，某个贪官在一个地方大肆搜刮，坏事做尽，老百姓形容他的政绩是"天高三尺"（也就是该贪官把地皮都刮去了三尺）。然而，当上级准备调换一个人来这里任职时，当地百姓却纷纷请求让这个贪官继续留任。为什么？老百姓并不傻，他们考虑的是，好不容易养肥了一个贪官，再换一个人过来，不是又要大家把他养肥才行吗（这地方的"天"就要高出六尺来了）？

随便翻开哪个王朝的历史来看，我们就不难发现这样的规律：一般来说，这个朝代的开国君主能力相对较强，对国家也更负责任，总是希望有所作为，也因此认为自己建立的政权可以江山万代，固若金汤。他的继任者，或多或少能够继承他的一些优良因素（也偶有继任者强于首位君主的，如唐太宗李世民就明显比唐高祖李渊能干，但这是特例，因为早在李渊打江山时，李世民已是主角之一）；再往后，往往就是一代不如一代，完全走上前朝灭亡的老路了……李家的江山靠不住，赵家的天下也不长久，秦皇汉武，唐宗宋祖，都只能领得一时风骚，改变不了子孙的命运。这种"似曾相识"的现象，让人感到"好景"总是不长，希望常常落空。

纵观中国几千年古代史，各个朝代其实都在不断地绕圈子，共

同形成了一个恶性循环圈，甚至国家疆域的分分合合，也是有规律可循的：战国七雄闹了几百年之后，秦灭六国，短暂统一，随后，汉取代之，统一几百年后，迎来"三分天下"；晋短暂统一，继而又是分裂的南北朝；隋短暂统一，唐取代之，几百年后却是"五代十国"。还有，宋朝被蒙古人灭了，明朝被满族人灭了……谁说历史不会重演？历史其实经常在重演。

中国古代历史"兜圈子"的现象，说穿了是由于制度问题，导致"革命"（如果一个王朝取代另一个王朝也算"革命"的话）不彻底。后任皇帝推翻前任皇帝（或扳倒前朝的权臣），并不会从制度上、从根本上来改变什么，旧的一套体制仍在沿用，只不过换了人手而已，这种简单的替换，能有什么好结果？也难为中国老百姓了，几千年来逆来顺受，到头来还落个"没了皇帝怎么办"的思维：撵走了强盗，不来贼子的话，有些人恐怕还适应不过来呢！

旧制度运行太久，虽腐朽而力量无穷，这是真正可怕的事。不是吗？一个新的政权诞生，人们往往要为之欢欣鼓舞，把这个新的王朝的缔造者看成一代伟人，当朝的人以为从此看到了希望，后世的人则认为这个政权推动了历史的前进，却不去琢磨一下：新的当权者把旧皇帝赶走之后，是实行一套新制度，将人民应有的权力还给了人民，还是像他的前任一样继续以专制制度奴役人民？如果是"旧瓶装新酒"，则天下姓刘还是姓李与百姓有何关系，这种所谓的"革命"又谈得上多"伟大"的历史意义？对于这样的问题，在专制时期有多少人会去质疑？这样的人，即使有，也是被当时的人们视为异端的，更多的人，则是铁心拥护同样专制的"新"政权的，事情的"可怕"之处正是在这里。几千年的重复，的确是惊人的历

史"奇迹"！因为历史"底子"不同，美国人可以根本不考虑"没有皇帝"的问题，而要让中国人从心里认为"没有皇帝地球照转"，则是很需要一些时日的。所以，中国用了很长的时间，才总算让"皇帝"退出了历史舞台。民主政权的建立，才让时代有了质的进步。

革命也好，改革也罢，不从制度入手解决一些根本性的问题，"天下想望异政"是"想"不到的。真正实现社会长治久安，就得在把"强盗"撵走之后，同时堵了"贼子"进来的路。

2007年5月15日之夜

"三道全才"汉灵帝

是岁，初开西邸卖官，入钱各有差；二千石二千万；四百石四百万；其以德次应选者半之，或三分之一；于西园立库以贮之。或诣阙上书占令长，随县好丑，丰约有贾。富者则先入钱，贫者到官然后倍输。又私令左右卖公卿，公千万，卿五百万。初，帝为侯时常苦贫，及即位，每叹桓帝不能作家居，曾无私钱，故卖官聚钱以为私藏。

——《资治通鉴》第五十七卷

汉灵帝刘宏（公元156—189年），东汉第十一任皇帝，公元168年至189年在位。刘宏是汉章帝刘炟（东汉第三任皇帝）的玄孙，曾祖父是河间王刘开，父亲是解渎亭侯刘苌。刘宏当了二十多年皇帝，在历史上留下了大量的贪婪好色的故事，国家则乱得一塌糊涂，可以说，他的标签就是"荒淫无道"几个字。

因为上述这些特征，笔者在印象中一直把汉灵帝当作低能儿看待。然而，读了《资治通鉴》后，却发现汉灵帝还是挺"有才"的，而且堪称"红黄黑"三道的"全才"。

"红"道，那是不用说了，汉灵帝刘宏在当皇帝之前并非皇太子，只是一个解渎亭侯（连"王"都不是），和他的前任汉桓帝血缘关系较疏远，从理论上来说成为"接班人"的可能性是极小的，

可人家却偏偏有幸在十二岁那年当上皇帝，而且一干就是二十多年（三十多岁就"英年早逝"了），所以，政治上当然是极其成功的（尽管这成绩不是依靠个人奋斗取得的）。刘秀建立的东汉政权，短命皇帝一个接一个，到了此时已是皇室衰微，连个像样的接班人都找不到了（汉灵帝的前任汉桓帝刘志虽然活到了 36 岁，却没有子嗣）。刘宏在此际"脱颖而出"，成为东汉集团的新一任董事长，后人不服不行啊。在这个只问结果不问过程的社会，不管你是凭运气还是靠别的，只要能坐上高位，便是人才，所以，"行政级别"至高无上的刘宏，在"红"道当然是个人才，而且是顶级人才。

特别值得大书特书的，是刘宏在"黄"道上显示的"卓越"才华。我们知道，中国历史上把公开卖官"制度化"的人，就是这位汉灵帝。据《资治通鉴》第五十七卷载，刘宏还是个小小的亭侯时，家境困难，经常感到手头拮据，等到当上皇帝后，满以为经济上可以大翻身了，岂料到财政部门一了解，国库空虚，钱还是不够花，因此常常叹息他的前任汉桓帝不懂经营家产，没有存下私房钱。于是，公元 178 年，他决定充分盘活"行政资源"，创造性地开设了专门卖官的机构"西邸"，并配套设立一个钱库贮藏卖官的钱。当时，朝廷大小官员，都得花钱买，有些本来按能力可以正常提拔的，也得出钱，不过可以享受优惠政策：价钱打个三五折（你看人家考虑问题多周到）。到了后来，连官吏的调动升迁也必须先支付一笔"做官费"（据测算，这笔钱相当于这个官员 25 年左右的合法收入）。结果，有些官吏因为拿不出这笔"投资"（那时可没有银行提供贷款），只好弃官而去。你看，汉灵帝的市场经济理论学得多好，在那个时候就懂得以价格来调剂供求关系——本来大家都想做官，可

是没那么多位子，供求矛盾就很突出了；现在用价格一"杠"，不就让一些不合格的人主动退出市场了吗？矛盾一下子就解决了！

后世一些官员（包括一千多年以后的），没有别的办法增加政府财政收入时，就动不动打主意卖土地、卖学校、卖企业，还不是向汉灵帝学来的？那些千年以后还在拾人牙慧者，真是一点出息也没有。

还有一例可以证明汉灵帝很有经营头脑。《资治通鉴》第五十八卷载：公元181年，灵帝在后宫建了多家商业店铺，让宫女们在那里经商，灵帝自己也穿上商贾服装，与宫女同乐。灵帝还善于引领潮流，亲自驾驭四头驴拉着的车子"扮酷"，此举使京城洛阳的干部群众纷纷跟风，驴价因此赶上了马价（我以今人的心思猜测：汉灵帝这样做，很有可能是大汉毛驴集团聘请了他当产品代言人，你看这效果，啧啧！灵帝从中得到的广告费，肯定也是相当可观了）。

汉灵帝懂政治，善经营，"红""黄"二道都没得说了。那么，"黑"道呢？别小看刘宏，尽管当了皇帝日理万机，可人家也是个文学爱好者，而且在社会上拥有一大批"粉丝"呢。《资治通鉴》第五十七卷载：起初，灵帝爱好文学，撰写了《皇羲篇》五十章（质量如何、有没请秘书捉刀就不得而知了），选了太学中善于写辞赋的学生等候诏令，后来，一批趋炎附势的无行之徒也混进这支队伍与灵帝一起研讨文学，其中不乏行文庸俗甚至抄袭、冒充别人姓名者。灵帝对"粉丝"们关爱有加，经常越级提拔他们。由此可见，汉灵帝在当时的文坛是很有分量的，百忙之中肯定少不了频频参加作品研讨会、签名售书之类的高雅文化活动。

　　汉灵帝在"红黄黑"三道都取得了如此令人瞩目的成就，说穿了，还是因为有"红"道的成功做前提。用民间的话来说，刘宏"命"好，交了狗屎运，侥幸当上了皇帝，获得了尊崇的政治地位。于是，在这个基础上，他的经济能力、学术能力都能"充分"发挥出来了。如果不是当了皇帝有了权，你能想卖官就卖官，想怎样处置国有资产就怎样处置，想使毛驴涨价，毛驴就涨价？如果不是手上有权，你的文章写得再好，能有众多"粉丝"趋之若鹜，能有那么多部门主动给你召开作品研讨会？现代人所说的"官大文章好"，说的就是这个道理。唉，说到底，体制的弊端已经微缩于汉灵帝刘宏一身了！

2007年5月18日之夜

断了他的念头

玄幼子游门次，为人所劫，登楼求货；玄不与。司隶校尉、河南尹围守玄家，不敢迫。玄瞋目呼曰："奸人无状，玄岂以一子之命而纵国贼乎！"促令攻之，玄子亦死。玄因上言："天下凡有劫质，皆并杀之，不得赎以财宝，开张奸路。"由是劫质遂绝。

——《资治通鉴》第五十七卷

汉灵帝光和二年（公元 179 年），曾任太尉的桥玄，家里发生了一件倒霉事：小儿子在门口游玩时，被歹徒劫持当作人质。歹徒登上高楼向桥家勒索赎金，桥玄却不肯答应。司隶校尉、河南尹得到消息，派人将桥玄家包围，但投鼠忌器，不敢向前逼近。桥玄见状，怒目呼喊："奸人的罪恶数不胜数，我怎能因一个儿子的性命而纵容国贼逃脱法网？"催促他们赶快进攻。结果，桥玄之子与歹徒同归于尽。为此，桥玄向朝廷上书："天下凡是有劫持人质勒索财物的，都应诛杀，不准以钱财宝物赎回人质，为奸邪开路。"朝廷采纳了他的建议，结果，"劫质遂绝"——劫持人质的事件居然在那个年代绝迹了。（见《资治通鉴》第五十七卷）

桥玄（公元109—184年），字公祖，东汉梁国睢阳（今河南商丘）人。汉灵帝初，任河南尹，后来先后担任过司空、司徒，汉灵帝光

和元年（公元 178 年）任太尉（把"三公"的位子都坐遍了）。不久，因病辞官，封拜太中大夫。桥玄性格刚烈，谦俭下士，死时"家无居业，丧无所殡"，在历史上留下了很好的名声。他还是一代枭雄曹操的"伯乐"：曹操年轻时任侠放荡，不务正业，被人轻视。光和六年（公元 183 年），还没有入仕的曹操去拜望当时的著名老干部桥玄，桥玄"见而异之"，说："天下将乱，安生民者，其在君乎！"认为曹操是即将来临的乱世中的安抚黎民苍生者。曹操因此一下子提高了知名度，也由此进一步坚定了干大事的信心。汉献帝建安七年（公元 202 年），已经"挟天子以令诸侯"的曹操，率大军经过故乡谯县时，特地去桥玄的墓地祭祀，并写下著名的《祀故太尉桥玄文》，文中说"增荣益观，皆由奖助，犹仲尼称不如颜渊，李生之厚叹贾复"，认为自己今天有出息，离不开桥玄当年的褒扬与帮助。

言归正传。桥玄致使儿子与歹徒同归于尽的做法，当然是很不人道的，与当今提倡的"以人为本"格格不入。事情过去快两千年了，我觉得，桥玄采取"绝情"手段打击劫匪的事件本身可以撇开不论，但他这种"断了歹徒念头"的做法所依据的道理，却对我们今天执法有所启示。

歹徒劫持人质的目的是什么？勒索钱财。勒索的对象，当然是人质的亲人。为了人质的安全，受害人往往只好破财消灾，尽力满足歹徒的要求，于是，这种残酷的"交易"关系产生了，劫持人质便有了相应的"市场"。如果歹徒可以频频得手，那么，受利益驱动，这个"市场"将越做越大，受害者也就越来越多。这是一个十分可悲的恶性循环圈。

　　与劫持人质同理，还有许多违法犯罪现象之所以能够普遍存在，也是因为这种尴尬的"交易"关系，导致"买方""卖方"市场的客观存在。比如受贿行为，就是因为行贿行为也同时广泛存在（对于受贿和行贿产生时间的先后，我一直认为类似于"鸡生蛋还是蛋生鸡"的关系，谁知道第一个想到这种办法的是索贿者还是行贿者？）。如果光是打击受贿行为，而对行贿行为网开一面，则可以想象，只要"行贿市场"继续存在，它就一定会想方设法拓宽"受贿市场"，受贿行为将因此无法绝迹。诚然，有些行贿者自身也是受害者，采取行贿手段纯粹是迫不得已，但如果人们对此还是以"同情"为主的话，就不利于根治"贿赂"这一社会毒瘤了。

　　再比如文化界的假书号现象。这些年，出书成了一种风气，这本身并非坏事，然而，一些不法书商却趁机利用某些作者出名心切的心理，盗用他人书号，欺骗出书的作者。这种盗用书号的非法出版物，侵犯了书号原作者、出版社的合法权益，按理应该"人人喊打"。可是，有些出书者由于贪图便宜，竟然心甘情愿地让不法书商欺骗自己。我便碰过这样一个作者，他明知道对方提供的是假书号，却还是签下"出版合同"。我问他："你不怕某一天出版局找你的麻烦吗？"他说："我是'受害者'呀，怕什么！要找也是找书商。"他这番话，让我知道了假书号为什么打不尽：因为有广大的"受害者"在支持，不法书商根本不愁市场。而"受害者"们不但不用担心受处罚，还可以拿着自己的"伪书"参加评奖、晋升职称。如果不对那些"伪书"采取措施，书号打假不就是治标不治本吗？

　　媒体还报道过这样的"趣事"：这几年，随着私家车的大量增多，一些智商不低品德极低的人想出了盗车牌敲诈车主的"致富新

点子"。许多车主为了省事，只好乖乖就范，交上赎金把车牌找回来。因为太容易得手，窃贼便越干越来劲，车主则越来越头痛。我想，如果有关部门拿出一个办法（例如降低补办车牌的成本），使车主没必要向窃贼妥协就能解决车牌问题，则偷盗车牌失去了"价值"，还有谁会甘冒风险干这种损人不利己的事？

可见，很多恶行之所以总是"斩不断，理还乱"，正是因为人们头痛医头脚痛医脚，面对客观存在的"交易"市场，只顾打击行恶的一方却忽视了从源头上"关闭"这个"市场"，以致这些恶行像生命力顽强的野草一样"野火烧不尽，春风吹又生"。桥玄这种"和歹徒没得商量，坚决断了他的念头"的做法用来对付人质事件也许是不妥的，但用来对付另一些违法犯罪现象，应该也能起到类似于"劫质遂绝"的效果吧？舍不得孩子套不住狼，在某些事情上来个"釜底抽薪"，用强制的办法禁止受害人与不法行为妥协，对于消灭这些不法行为应该是有积极意义的。

2007年5月24日之夜

用人的标准

　　丞相掾和洽言于曹操曰："天下之人，材德各殊，不可一节取也。俭素过中，自以处身则可，以此格物，所失或多。今朝廷之议，吏有著新衣、乘好车者，谓之不清；形容不饰、衣裳敝坏者，谓之廉洁。至令士大夫故污辱其衣，藏其舆服；朝府大吏，或自挈壶飧以入官寺。夫立教观俗，贵处中庸，为可继也。今崇一概难堪之行以检殊涂，勉而为之，必有疲瘁。古之大教，务在通人情而已。凡激诡之行，则容隐伪矣。"操善之。

　　　　　　　　　　——《资治通鉴》第六十六卷

　　用人该选择怎样的标准？这可真是个复杂难解的问题。

　　汉献帝建安十四年（公元 209 年），丞相掾和洽对丞相曹操提了个建议。和洽认为，天下的人才，才能和品德各不相同，不能只用一个标准来选取。和洽又说，如今朝廷舆论以穿新衣、乘好车的人为不清廉，以不修边幅、衣衫破旧的人为廉洁，以致官员们故意弄脏自己的衣服，把好车新衣藏起来，有的高级干部还自己带着饭罐来办公。树立榜样，还是以中庸之道为好，这样才可以坚持下去。现在一概提倡这些让人难以接受的行为，勉强做下去，必定使人疲惫不堪。和洽还说："凡激诡之行，则容隐伪矣。"曹操对和洽的建议很赞赏。次年春，曹操下令"唯才是举"。（见《资治通鉴》

第六十六卷）

　　和洽说的官员穿衣服的行为很有意思。舆论以穿旧衣服为廉，于是，官员们为了扮"廉"，有新衣服不穿，还要故意把衣服弄脏……为了迎合舆论，人们不惜违背常理、扼杀天性，这样的现象古往今来都并不少见。

　　从和洽所说的情况来看，用人（包括评价人）的标准，受到舆论导向的影响，而舆论导向，在某时某地，又可能是长官意志的具体体现。上有所好，下必迎之。投其所好是许多官吏的拿手好戏，于是，在这种环境下，"上面"定了什么标准，"下面"便纷纷地不遗余力地为达到这个"标准"而努力奋斗，甚至不惜扭曲自己。

　　比如，在文化素质越来越重要的知识经济时代，重视学历当然是一种进步，但是，如果用人的标准由此走向了另一个极端——唯学历论，以致只看学历而不考察能力，那么，有些人为了得到提拔重用，必定八仙过海各显神通，以投机取巧的手段拿下一本本高含金量的文凭。至于文凭是怎么取得的倒可能被人们忽略了，因为许多人向来奉行的是只问结果不问过程的思维，反正一个人的真正水平如何，肉眼一时看不出（也可能根本就不会去看，因为如果唯学历论的话，人们看重的只是文凭这张纸的外表，并没有考虑浸透在那张纸里的汗水）。

　　以前，我虽然知道文凭重要，但并不知道重要到了哪个地步。直到某一天，和一伙旧时的同学小聚，才知道学历的"法力"大无边：闲聊中，得知大家的学历早已不是十多年前刚出大学校门时的"第一学历"，个个都是研究生、博士了。他们的"高学历"，有些是全日制的，重回校园满满地泡上了几年；有的则是"不脱产"

的，只是象征性地在哪个学校过了一遍，甚至可能一天校门都没进，通过某些特殊的途径做了"特别处理"。总之，各有各的路子，学历的称呼也是五花八门，让人难辨真假。至于他们的真实水平是否也跟着提高了若干个档次，那就只有天知道了。问他们为什么花功夫去搞那些学历，他们说，这东西拿下来之后，还真起了大作用，提拔职务、晋升职称，都顺利多了——这是真正的"硬件"，比出什么成果都更重要。

假文凭为什么泛滥？问题的根源也正在于上级用人时"唯文凭是举"，没有文凭就没有出路，而文凭又不是每个人都能凭文化水平拿下的，那怎么办？当然造假了，这样来得快嘛！

这是用人以"学历"为第一要素所出现的情况。而如果用人时以年龄为首要标准呢？为了"脱颖而出"的人，当然不惜一切代价，在生日上做手脚。"今年二十，明年十八"，这还真不是开玩笑，我们身边就不难发现这样的越活越"年轻"的人，因为当下的政策往往强调多少岁之后不能提拔某级职务，那些上进心强烈而又不甘"岁月不饶人"的人，只好和自己的年龄对着干了。我担心的是，如果"上面"强调性别是第一重要的，不知有人是否会急得去学习东方不败、岳不群——做变性手术？

与这些相比，曹操那个年代的官员故意弄脏衣服算什么事？

可见，确定用人的标准是件大事，和洽说的，"贵处中庸"，稍有偏颇，就会冒出许多"伪"行来。可是，如果用人的标准纯粹取决于某一方面（特别是某个实权人物），又如何能有效避免伪行泛滥的弊端呢？所以，"标准"的产生，本身就存在问题，需要好好解决。

　　我想，在市场经济时代，用人的"标准"是否也可以运用"市场规律"来办事？市场（社会）需要的，就是人才，价值和使用价值无法结合的，只好让它暂时退出市场。重形式的"标准"，容易导致弄虚作假，而如果重真才实学呢？人们只好老老实实去学点真本事。比如现行的职称考核方式便存在很大的弊端，许多专业，评职称先要过外语关，否则你业务水平再高也是低职称，而与之相配套的是低工资、低待遇等等。于是，许多专业技术人员为了评上高职称，只好把大量的精力花费在与本职工作毫不搭界（往往是一辈子也用不上）的外语上面，而专业学习却完全可以忽略不计（因为基本不考核专业）。在这种"标准"的"指导"下，企事业单位学历与能力脱节、职称与称职不对等的现象越来越普遍。现在很多有自主权的单位为了事业的发展，打破职称制，实行以岗定酬，按工作业绩来衡量人，在这样的"标准"调节下，人们就只好把追逐花招的心思用到实干上来了。这种按需取才的做法，值得有关方面深入探索。

2007年5月28日之夜

表扬有时也坏事

　　是时，诸侯王皆寄地空名而无其实；王国各有老兵百馀人以为守卫；隔绝千里之外，不听朝聘，为设防辅监国之官以伺察之。虽有王侯之号而侪于匹夫，皆思为布衣而不能得。法既峻切，诸侯王过恶日闻；独北海王衮谨慎好学，未尝有失。文学、防辅相与言曰："受诏察王举措，有过当奏，及有善亦宜以闻。"遂共表称陈衮美。衮闻之，大惊惧，责让文学曰："修身自守，常人之行耳，而诸君乃以上闻，是适所以增其负累也。且如有善，何患不闻，而遽共如是，是非所以为益也。"

——《资治通鉴》第六十九卷

　　《资治通鉴》第六十九卷载：三国魏文帝时，诸侯王只保有封国的空名而没有实力，皇帝不允许诸侯王到京城朝见，朝廷还设置防辅、监国之类的官员监视诸侯王的行动，这些诸侯王虽说是皇帝的亲人，可他们虽有王侯名号，其实连平民百姓都不如。当时法律严苛，诸侯王犯错误之事常有，只有北海王曹衮勤奋好学，谨慎行事，没有过失。负责监察王国的官员文学和防辅商量，觉得应当把北海王的善行向朝廷汇报（给曹衮弄个"优秀王侯"之类的荣誉），于是二人联名上表陈述曹衮的先进事迹。曹衮知道后却吓得好苦，责备他们说："修身自守是做人的本分，而诸位却将这些上报朝廷，

这下可真是帮倒忙了！"

曹衮是魏文帝曹丕的弟弟。曹丕这个人，宽厚是谈不上的，做他的弟弟未必是什么幸事。曹衮应该算是个老实人了，却连优点都不敢向大哥亮出来，贵为皇弟又有什么乐趣？《资治通鉴》说他们连普通百姓都不如，此话实不为过。

以曹丕的所作所为，曹衮的担心并非多余。世上最残酷的事情莫过于政治斗争了，曹丕的皇位来之不易，所以对弟弟们都防得很紧。对他来说，根本不需要聪明能干的弟弟，这样多让人不放心！所以，兄弟们越平庸越好。曹衮以其不凡的表现而被报到朝廷，这种"表扬"只能让曹丕对这个不同一般的弟弟倍加戒备（有必要时当然可以出手加害）。所以，对曹衮来说，这种"表扬"就是毒药，有百害而无一利。

在上下级关系不和谐，互相提防、互相猜忌的情况下，在紧张的政治环境中，什么人才能过上相对幸福的生活？当然是庸才。庸才自己一无所长，而且没什么想法，"上面"说什么就听什么，说怎么做就怎么做，自己的脑子永远闲着，可以真心实意地永远跟着"上面"走，多让"上面"放心。当然，这种环境下的所谓"上级"，肯定是心胸狭窄、自身能力有限之辈，人们常说的"武大郎开店"现象，不就是这种情况的形象概括吗？

那么，没什么本事的"武大郎"何至于有这个能耐，让长得比自己高的下属服服帖帖？只因他这个店是私有制的，他这个老板不是由员工选举产生的。在这种私有制（专制）的店里打工，员工除非另有出路，否则你不老实还了得？老板一个人说了算，问题的根源恐怕就在这里了。

当"上面"不需要你"能干"时，如果你不想惹麻烦，要实现和"上面"和谐共处，那就只好选择做个庸人，至少你得学会装傻。在这样的环境之中，你稍微表现好一些，"上面"要防你功高盖主，同仁也怕你一枝独秀，于是，他们只好联合起来，把你突出的地方"修理"平整。民间不是流传这样的故事吗？某官民愤极大，群众多次告状，他自岿然不动。无奈之下，有人突发奇想，给"上面"写了一封表扬信，盛赞此官政绩突出，万民拥护，群众强烈要求"上面"提拔重用之……结果，此官没栽在无数封告状信之下，却倒在一封表扬信之下，嘿！

英国著名历史学家、政治学家诺斯科特·帕金森在 1958 年出版了著名的《帕金森定律》一书。帕金森在书中阐述了机构人员膨胀的原因及后果：一个不称职的官员，可能有三条出路——第一是申请退职，把位子让给能干的人；第二是让一个能干的人来协助自己工作；第三是任用两个水平比自己更低的人当助手。第一条路是万万走不得的，那将失去宝贵的权力；第二条路也不能走，因为那个能干的助手将成为自己的竞争对手。所以，他只能选择第三条路，找两个水平比自己差的人（之所以是两个，是还要让他们互相制约，没精力和自己竞争），使自己能够继续坐稳这个位子。然后，这两个助手既然水平还更差，他们当然也完成不了手上的工作，怎么办？只好上行下效，各自再找两个比自己差的助手……就这样，一个机构臃肿、人浮于事、效率低下的领导体系形成了。这就是"帕金森定律"，也叫"金字塔上升现象"。在这样的职场，只能是"三流上司，四流下属"，一级不如一级。

三国时期魏国的李康在他的《运命论》一文中说："木秀于林，

风必摧之；堆出于岸，流必湍之；行高于人，众必非之。""表扬"给人帮倒忙，还不就是这个道理？在这样的高压环境下，人们即使有出色的才能，也只能老老实实藏着掖着，这才可能实现"自保"。聪明的人，都会严格遵守那条叫作"人在屋檐下"的"定律"：决不要让你的上司知道你比他强。久而久之，人类的聪明才智也将一代不如一代，逐渐退化到类人猿时期……这种现象如果普遍存在，那么，这个社会肯定出现了病态。社会的病态需要全社会的人来共同医治，在"个体老板"武大郎掌权的时代，人们可能无计可施，在权力公有化的时代，人们是完全可以有所作为的。

2007年6月5日之夜

明白自己的职守

亮尝自校簿书，主簿杨颙直入，谏曰："为治有体，上下不可相侵。请为明公以作家譬之。今有人，使奴执耕稼，婢典炊爨，鸡主司晨，犬主吠盗，牛负重载，马涉远路。私业无旷，所求皆足，雍容高枕，饮食而已。忽一旦尽欲以身亲其役，不复付任，劳其体力，为此碎务，形疲神困，终无一成。岂其智之不如奴婢鸡狗哉？失为家主之法也。是故古人称'坐而论道，谓之王公；作而行之，谓之士大夫'。故丙吉不问横道死人而忧牛喘，陈平不肯知钱谷之数，云'自有主者'，彼诚达于位分之体也。今明公为治，乃躬自校簿书，流汗终日，不亦劳乎！"

——《资治通鉴》第七十卷

对诸葛亮的"事必躬亲"作风进行批评，并不是后人才有的事。早在诸葛亮在世时，他的部下杨颙就对他当面提出过批评。

《资治通鉴》第七十卷载：有一次，诸葛亮正在亲自校对公文，主簿杨颙径直跑进他的办公室劝说："为治有体，上下不可相侵（治理国家有制度，上下级的工作不能混淆）。"他打了个比方说，有一个人，让奴仆耕田，婢女做饭，公鸡负责报晓，狗负责咬盗贼，牛负责拉车，马负责代步，家里各项事务井井有条，自己只管吃饭喝酒就行了。忽然有一天，此人想改变一下工作方式，所有的事情

都由自身去做，而让奴婢、鸡狗、牛马闲着，结果自己累了个半死，反而一事无成。是这个人能力不如奴婢、鸡狗吗？当然不是，而是因为他忘记了自己作为一家之主的真正职责。所以古人说"坐而论道，谓之王公；作而行之，谓之士大夫"。

诸葛亮作为一国丞相，总理全国政务，在那时可真是日理万机。对他来说，国家重大事务已经够他忙了，可他连校对公文这种事也要亲自抓，这就只能说是精神可嘉，方法欠佳。杨颙的劝告很有道理，诸葛亮听后深表感谢，杨颙去世后，他哭了三天。

以诸葛亮这等超级能干之人，尚且不能很好地处理"上下不可相侵"这个问题，可见，让人们特别是各级官员真正读懂"各司其职"，未必是件容易的小事。

如果说国家是台机器，各个工作岗位上的人员就是这台庞大的机器上的零件。每个零件的作用是不一样的，零件之间若"相侵"，机器的运转只怕就要受到影响了。而要让这台机器高效运转，就必须有与之相配套的合理机制（制度）来确保"上下不相侵"。

几千年的历史早已证明，靠"人"治是管不好国家的（同样的道理，也管不好比国家更小的各种单位），科学合理的管理方式，应当是依靠先进的制度来管理，即杨颙所说的"为治有体"。在合理的制度管理下，每个岗位都应当有其具体的职责，这个岗位上的人，就必须明白自己的职守，做到既不"缺位"也不"越位"，工作局面才不会混乱。汉宣帝时的丞相丙吉，对管理的认识就比诸葛亮深得多。有一次，丙吉外出，遇到清道的人发生群殴事件，死伤的人横陈在路上，场面相当血腥。丙吉看到这一幕，却不闻不问，继续赶路，他的随从们都感到奇怪。再往前行，丙吉他们遇到有人正在追赶牛，牛气喘吁吁，还吐出了舌头。丙吉赶忙停下车，叫随从骑马过去问那个人："追牛走了几里路了？"随从们对丙吉的行为更加看不懂了，都觉得他不问群殴而问追牛太不像话，有人甚至出言相讥。丙吉解释道："老百姓互相争斗伤人，这是长安令、京兆尹管的事，我的职责不过是年终奏请实行赏罚罢了，宰相不亲自处理小事，不应当在路上过问打架斗殴之事。现在正当春天，不应当很炎热，可是牛行走不远却热得喘息，这就意味着气候可能反常，我担心将会对全国百姓造成影响，所以要问清楚牛喘气的原因。"随从们这才心悦诚服，知道丙吉关注的是大事。

可惜的是，在现实生活当中，"上下不相侵"不仅很难严格地做到，相当一部分的人（包括领导干部）甚至连这种意识都没有。"个人英雄"依然受到许多人的推崇，对于某些"带头"级的人物，人们还是习惯用"高大全"的标准来要求他，希望他"五项全能"，希望他包揽一切。特别是在管理工作上，对一个单位的最高领导，人们往往希望他什么都懂，单位上下什么都管，似乎只有这样才能体现他是称职的、优秀的。在这种思维的影响下，如果发生了工商局局长亲自去市场查病猪肉、公安局局长亲自上街抓小偷、企业老总亲自下车间操作之类的故事，就很容易成为"感动"读者的好新闻了（事实上，我们的媒体也的确常有类似的报道）。人们似乎忽略了：领导这样一插手，市场管理员、治安警察、车间工人该干什么呢？

按制度办事，当领导的当然不宜插手这类具体的"小事"（尽管是关系到群众利益的，但在职能设置上，这的确不是管理层直接做的事）。作为管理者，他们要做的应当是：市场出现病猪肉，工

商局长追究市场管理员的责任（如果他没及时处理的话）；街头小偷行窃，公安局长向辖区有关责任人问责；企业产品不合格，老总找相关主管人员，相关主管人员找具体生产人员。尽管这样做似乎"官僚"些，但如果各级管理者都能这样按制度问责的话，这种"官僚作风"一点也不可怕，相反，它会比"领导亲自抓"还让人放心。毕竟，如果领导什么都亲自抓，其他人的工作主动性就势必受到影响，长此以往，领导天天在家还好办，如果哪天不在家，岂不是导致单位什么事情都办不成了？

明白自己的职守，大家都能各司其职，严格按制度办事，这样的社会才是理性的，有保障的。以诸葛亮如此杰出的人物，尚且无法一个人包打天下，何况其他人哉！

2007年6月10日之夜

刘晔的巧诈

或谓帝曰:"晔不尽忠,善伺上意所趋而合之。陛下试与晔言,皆反意而问之,若皆与所问反者,是晔常与圣意合也。每问皆同者,晔之情必无所复逃矣。"帝如言以验之,果得其情,从此疏焉。晔遂发狂,出为大鸿胪,以忧死。

——《资治通鉴》第七十二卷

三国魏明帝时的侍中刘晔,不是个一般的人物。《资治通鉴》第七十二卷载:明帝很器重刘晔,刘晔也表现得很有胆识,看待问题常常能与明帝保持高度一致的意见。明帝准备讨伐蜀国,大臣们纷纷反对。刘晔入朝和明帝单独商议时,说"可伐";出来和各位大臣讨论时,则说"不可"。中领军杨暨也是明帝的亲信,他为了说服明帝不伐蜀,在向明帝汇报思想时,抬出刘晔的"不可"意见,而明帝则说,刘晔明明认为"可伐"。结果,刘晔被他们叫来当面对质。面对二人的争执,刘晔保持沉默。事后,刘晔单独晋见明帝,以伐蜀是国家高级机密为由,责备明帝不该泄露自己的意见,明帝听后向他道歉。告别明帝,刘晔又找到杨暨,以"放长线钓大鱼"的理由,批评杨暨不懂工作策略。杨暨也向他道歉。

在这件事上,刘晔堪称"通吃"的大赢家了,读者诸君想来也对此公感到高深莫测。然而,后来有人对明帝说:"刘晔为人不忠,

善于察言观色献媚迎合皇上。皇上不妨在和刘晔说话时全用相反的意思问他，如果他的回答与所问意思相反，则说明他是忠诚的，如果与所问意思一致，则说明他完全是在迎合。"明帝依计检验，果然发现了刘晔纯粹是在迎合自己，从此疏远他。结果，刘晔因精神失常，忧虑而死。

刘晔当然是聪明人，可惜这种聪明用错了地方，导致自己的才华变成了"歪才"，终于聪明反被聪明误，误了卿卿性命。

像刘晔这样的八面玲珑的巧诈之人，什么时候绝种过？他们自身毫无原则，纯粹是别人（特别是领导）的应声虫，而很多领导因为无暇或不懂鉴别，常常被他们骗得团团转，还以为他们忠心耿耿，正直厚道。被人耍了而不自知，真是可笑复可叹！某单位有两个年轻人，同一年大学毕业参加工作。其中一个，工作能力不怎么样，但无论在单位哪个部门工作，都极尽迎合之能事，专挑上司喜欢听的话来说，虽然其言行对上司的决策并没提供任何有效帮助，但上下级关系"和谐"。这个年轻人几年之内就"脱颖而出"，扶摇直上，成长为该单位最年轻的领导。另一个年轻人呢，业务水平明显比那个年轻人高出一筹，但遇事喜欢坚持己见，总是习惯实话实说。不管在哪个部门待着，干实事总少不了他的份，成绩也出了不少，但上司反而对他没有好印象。每次到了单位提拔干部的时候，上司不但不推荐他，甚至打他的岔，说他"不成熟"。结果，他干了十几年仍是普通员工，还差点成了单位机构改革时的"精简对象"。两个人的不同结局，让人嗟叹，发人深思。可无奈的事实是，许多领导，就是更喜欢那个总是顺着自己但又干不了实事的下属。

刘晔这种巧诈，放在上下级之间，很容易导致上级用人失察，

决策失误。这种人，为了自己的私利，实现不断往上爬的愿望（最起码可以长期巩固自己的既得地位），不惜摒弃独立的人格，完全仰上级的鼻息，没有主见，不分是非曲直，领导说什么就应和什么，而且总能千方百计找出"有力"的论据来证明上级永远是正确的。正是其深厚的"理论背景"，以及平时为自己骗来的"威信"，助长了上级的盲目自信，一些本可弥补的错误决策因此一错再错，一竿子错到底，而决策者往往到最后也不知自己究竟错在哪里。所以，这种人在工作关系上来说，其"有害性"要比普通的马屁精大得多，各级领导要做明智者的话，必须大防特防这种人！

刘晔这种巧诈，放在同事、朋友这种平级关系之间，也是有害无益，需要提防的。一个人要正确认识自己，不断提高自己、完善自己，需要听取多方面的真实意见，那种随声附和的言辞是没什么实用价值的。刘晔这种人，人缘估计是不错的，常常让不明真相的人觉得可亲可信，但这个形象毕竟是通过伪装手段骗来的，其本质上还是个见人说人话、见鬼说鬼话的"和稀泥"的人物。在这个提倡讲真话的时代，我们更需要的是货真价实的诤言，假话再好听又有什么用？

清朝雍正、乾隆年间，有个出将入相的直臣孙嘉淦（山西兴县人），他在给乾隆帝上的一篇奏疏中，专门说到"小人进而君子退者"这个问题。孙嘉淦说："语言奏对，君子讷而小人佞谀，则与耳习投矣。奔走周旋，君子拙而小人便辟，则与目习投矣。即课事考劳，君子孤行其意而耻于言功，小人巧于迎合而工于显勤，则于心习又投矣……于是乎小人不约而自合，君子不逐而自离。"君子只知道做事而不懂得周旋，小人则恰恰相反，所以君子常常不是小

115

人的对手，领导便很容易被小人包围甚至操纵。孙嘉淦的分析告诉我们，"小人"的力量一旦形成，其危害不容低估，需要引起人们特别是领导者的重视。

那么，如何识别刘晔这种"超级小人"的高级逢迎呢？方法很简单，就是对别人的意见平时多个心眼，随时保持清醒的头脑，留意其在时空上、在人前人后是否体现了"一贯性"。特别是对于那些时刻和自己保持思想高度一致的下级，适当时不妨像魏明帝那样轻轻巧巧地试探一番：拿相反的意思试试他，不就清楚了他的真实面目？这种做法似乎残酷了些，也很容易打破领导美妙的自我感觉，但了解真相总比受人蒙骗而不自知更好吧？当然，习惯甚至嗜好自我麻醉者除外。

2007年6月17日之夜

假话总是更中听

　　帝从容问散骑常侍薛莹孙皓所以亡，对曰："皓昵近小人，刑罚放滥，大臣诸将，人不自保，此其所以亡也。"它日，又问吾彦，对曰："吴主英俊，宰辅贤明。"帝笑曰："若是，何故亡？"彦曰："天禄永终，历数有属，故为陛下禽耳。"帝善之。

——《资治通鉴》第八十一卷

　　公元 280 年，吴国的暴君孙皓面对西晋的攻势，终于撑不下去了，乖乖投降，做了晋朝的"归命侯"。不久，晋武帝司马炎问散骑常侍薛莹，孙皓为什么会亡国。薛莹回答："孙皓亲近小人，滥施刑罚，大臣将领人人不能自保，这就是其灭亡的原因。"另一天，晋武帝又问了大臣吾彦同样的问题。吾彦说："吴王孙皓才智出众，辅佐的大臣贤能英明。"晋武帝笑起来："如果是这样，他怎么会亡国？"吾彦说，这是因为"天禄永终，历数有属"，所以吴王被晋帝擒获。晋武帝听了大为赞赏。（见《资治通鉴》第八十一卷）

　　吾彦的话无非是说，孙皓虽然非凡人可比，但司马炎更是"真命天子"（连老天爷也是要帮他的），通过抬高孙皓，使司马炎的形象更加伟岸高大，这个马屁拍得可真是神仙放屁——非同凡响。

　　孙皓是什么货色？酒鬼一个，而且是极其残暴的酒鬼。此人刚

从乌程侯升为吴国君主时，曾经有过一些体恤士民百姓的举措，被当时的人们赞为明主。可很快，其"得志便猖狂"的一面就暴露无遗：为人粗暴骄横，荒淫无度，特别令人发指的是杀人无数。薛莹所言一点也不夸张，当时，吴国大臣将领人人自危，朝廷上下人心相离，没人肯为孙皓卖力。晋灭吴的前一年，晋朝益州刺史王浚上疏："孙皓荒淫凶逆，宜速征伐。若一旦皓死，更立贤主，则强敌也。"王浚说得很白：碰上孙皓这样的人当权，正是灭吴的最好时机，真乃天助我也！现在不灭，等他死后换了别人接班，事情就不好办了！

了解了这些史实，薛莹和吾彦二人对孙皓大相径庭的评价，谁真谁伪，已是一目了然。那么，司马炎为什么反而赞赏说假话的吾彦？道理很简单：假话因其"假"的特点，总是比真话更中听，毕竟人家经过了"艺术加工"嘛。这薛莹也不想想：如果说孙皓如此差劲，怎能显示出司马炎的高明？这不是搞得领导连一点成就感也没有了？

薛莹和吾彦都是从东吴过来的降臣，对孙皓的为人当然是太了解了，可两个人提供的答案却完全不同，由此看来，这吾彦是个很能揣摩领导心思的人物，如果在现代某些单位混的话，肯定会青云直上，前途无量（薛莹就未必能混出什么名堂了）。唐朝武则天时期，有个叫杨再思的宰相，也是个特别能讨领导喜欢的人。《资治通鉴》第二百零七卷载，杨再思做宰相，专靠阿谀奉承来取悦于人。一次聚会，有人为了讨好武则天的情人张昌宗，称颂他长得漂亮，说："六郎（张昌宗）的脸长得像莲花一样。"大家正附和着，杨再思却说："不，话不能这么说！"众人少不了大吃一惊：这杨再

思是吃错了药还是怎的,竟敢得罪张昌宗?就连张昌宗也忍不住了,问杨再思为何要否定别人对自己的赞誉。却听得杨再思认真说道:"乃莲花似六郎耳!"——原来,杨再思卖了个关子,他要表达的是"应该说莲花长得像六郎才对"!怎么样,杨再思这个马屁拍得够有水平吧?说他是个"马屁宰相",一点也不冤枉。

人们更爱听假话,因为假话是掺了糖的,总是带着"甜"味。相比于酸、苦、辣,甜味往往更对人们的胃口。所以,一个人高兴时,心里总是"甜滋滋"的。

假话"甜"是"甜",可它毕竟是"加工"的,如果"糖精"过量,恐怕就会对听者带来损害了。就如一些伪劣食品,造假者为了迎合消费者的胃口,在加工时添加了影响人体健康但又可使人产生味觉快感的成分,嘴馋者对此不放在心上,理智者却是肯定不愿冒险品尝的。薛莹的真话是原生态的,尽管充分体现了"有用性"(至少可以让司马炎从中吸取孙皓亡国的教训),然而,并非"环保主义者"的司马炎听了没有感觉;吾彦的假话满足了司马炎的虚荣心,让他更加以为自己是了不起的,不过还好,这假话还没含什么严重的毒素——换个场合,如果是孙皓手下的人在他亡国之前炮制一番使孙皓增强自信的假话,使之主动挑战司马炎,只怕孙某人就会连"归命侯"都做不成了。

说到这里,不禁想起了这么一种现象:现在的教育界和职场似乎都在拼命地鼓吹表扬的好处,认为对学生、对职员应以表扬为主,甚至有人提倡让批评退出校园、退出职场。前不久,我和几位中学教师聊到这一话题,他们都认为,这种舆论导向使如今的学生越来越听不得批评了(由此导致的结果是经受不住挫折),而教师们则

感到工作越来越难做，甚至陷入了一种困境。表扬当然不等于说假话，但是我们必须承认的是，有些表扬之言是掺了大量假话的。长此以往，我们的耳朵每天习惯了装满表扬之言包括假话，不知是否会渐渐变得脆弱，甚至导致功能退化？

　　普通群众喜好听假话，自我麻醉一下，造成的后果或许不会太严重（大不了就是影响他自身的进步），但作为手上掌握了公器、公权的领导者，就不能对这种"爱好"听之任之了。对他们来说，受假话影响，就很有可能做出许多对公众不利的事情来，造成的损失就大了。所以，领导者必须时刻管好自己的耳朵，谨防它"爱"上那些中听但可能有害的假话。

2007年6月20日之夜

人一旦失去追求

> 春，三月，诏选孙皓宫人五千人入宫。帝既平吴，颇事游宴，怠于政事，掖庭殆将万人。常乘羊车，恣其所之，至便宴寝；宫人竞以竹叶插户，盐汁洒地，以引帝车。而后父杨骏及弟珧、济始用事，交通请谒，势倾内外，时人谓之三杨，旧臣多被疏退。山涛数有规讽，帝虽知而不能改。
>
> ——《资治通鉴》第八十一卷

公元 281 年春，刚平定东吴不久、实现三国统一的晋武帝司马炎发布诏书，挑选东吴最后一个皇帝孙皓的宫女五千人入宫。至此，晋武帝后宫妃嫔接近一万人。实现了统一"理想"的晋武帝，"颇事游宴，怠于政事"，开始把大量的时间用在玩乐方面，对行政事务则越来越懈怠。精于玩道的晋武帝还玩出了不少新花招，例如，后宫佳丽太多，晋武帝无所适从，于是想出个办法：乘坐羊拉的车子，羊把他拉到哪里，他就在哪里宴饮、入寝。宫女们为了得到宠幸，纷纷在门上插竹叶、在地上洒盐水，以吸引拉车的羊止步。朝廷那边，皇后的父亲杨骏几兄弟当权，互相勾结，被称为"三杨"。大臣山涛多次规劝，晋武帝心里明白他说得有理，但就是不改。（见《资治通鉴》第八十一卷）

在中国封建史上的主要朝代中，司马炎算是表现比较差的一个

开国皇帝（说来也怪，不知是否因为司马炎没带好头，两晋帝王当中，竟然几乎无一值得称道者，整体素质之差，在历朝历代都是罕见的）。司马炎于公元265年正式夺过魏国曹家的皇位，当时三国尚存东吴，统一大业任重道远。刚当皇帝不久的司马炎，表现倒还过得去，一上台便以仁厚节俭的作风来纠正曹魏苛酷奢侈的弊端，并立下灭吴大志。公元280年，司马炎总算实现了"三国归晋"的目标，结果，此后，他自己反而变成了一个只顾吃喝玩乐的人，以致有一次，当他问司隶校尉刘毅，自己可以和汉代哪个皇帝相比时，刘毅毫不客气地说他可能比把东汉搞垮的汉桓帝、汉灵帝还要差些。

司马炎本身并非庸才，他的变化，可能和他"功成名就"之后失去了追求有关。在国家统一大业尚未完成之前，司马炎要实现灭吴的奋斗目标，所以还是有所作为的。灭吴后，奋斗目标实现了，司马炎却没有考虑再为自己设计更新的、更高的追求，于是玩物丧志，此后毫无建树。

人在精神上一旦失去追求，就如同身体失去支架，是很难"立"起来的。追求是一个人上进的原动力，一个无所追求的人，生活肯定是空虚的，无聊的，很难在人生中找到真正的乐趣。人要有点精神，就必须有所追求。

无所追求的人并不少见。那些醉生梦死、浑浑噩噩，做一天和尚撞一天钟，今天不知明天该干什么（甚至连今天该干什么都不知道）的人，不就是没有为自己设定一个合理的奋斗目标吗？对这类人来说，人活着是为了什么？他的回答肯定是虚无的，消极的。

追求，并不见得要定个多伟大的奋斗目标。目标应当符合现实，有望实现；可以分阶段实施（比如分为近期、中期、长期），循序

渐进。只有如此，目标可以不断更新，追求可以不断升级，人的前进动力才会源源不绝。司马炎实现"三国归晋"的愿望后，以为从此"大功告成"，达到了人生的终极目标，于是沉醉于享受，荒废了政事，其实大谬也。他完全可以刷新一下自己的理想，比如建设一个强大的晋国，让天下百姓过上富裕生活……这样，他就可以像东汉的开国君主刘秀那样，一辈子勤政，干起工作来"乐此不疲"。可是，司马炎毕竟不是一个心里装着天下、装着百姓的政治家，他只是一个为实现个人权欲而奋斗的封建统治者，因为这些局限性，所以他没这样做，他甚至没有考虑为自己的王朝打下扎实的根基。在他死后，西晋仅经历了三个皇帝（惠帝、怀帝和愍帝，合计二十多年历史）就灭亡了，其中，晋惠帝是历史上有名的低能儿，晋怀帝和晋愍帝则先后做了异族的俘虏。

　　作为一个普通人，一旦失去了追求，人生将变得淡然寡味，无所作为；而身为领导者，如果失去了积极向上的追求，将会导致什么结果？其后果当然比普通人严重得多。我们不妨再了解一下晋武帝失去追求后，为西晋倡导了一种什么风气。晋武帝一改上台之初的俭朴作风，做了奢侈纵欲的"表率"之后，西晋的达官贵族们纷纷效仿。他们以骄奢淫逸为荣，过着挥金如土、醉生梦死的日子。这些"大佬"们还争相斗富，造成的浪费堪称空前绝后。大臣何曾，每天花费一万钱伙食费还说"无处下箸"，而他儿子何劭就更"牛"了，每天要吃掉两万钱。史上最著名的"斗富"者当数大臣石崇和晋武帝的母舅王恺：这两人为了炫耀财富，使尽浑身解数，让后人叹为观止。王恺饭后用糖水洗锅，石崇做饭以蜡烛为柴火；王恺用赤石脂涂墙壁，石崇则用花椒；王恺做了四十里的紫丝布步障，石

崇做了五十里的锦步障把他压下去……晋武帝知道他们的荒唐行为后，不但不制止，不追究，反而给予支持——为了让母舅更有面子，晋武帝暗中给了王恺一株高二尺许的珊瑚树，让他作为"王牌"去向石崇挑战。不料，石崇一把将珊瑚树打碎，然后轻描淡写地让手下从家里搬出六七株高三四尺的珊瑚树，叫王恺尽管挑。石崇他们的财富哪里来的？当然不是从天上掉下来的，而是利用职权强取豪夺来的（这就不难想象当时的官场乱成了什么样子）。西晋为什么会成为一个短命王朝？"奢侈之费，甚于天灾"，可见晋武帝带的这个头造成了多大的危害。

人的一生，是行走的一生，只要还在路上走着，就有新的目标、新的追求。失去追求是件可怕的事情，其后果甚至比迷失方向还严重。一劳永逸的美事是没有的，而正是因为没有，世界才变得缤纷多彩。

2007年7月7日之夜

贾充的"后顾之忧"

鲁公贾充老病，上遣皇太子省视起居。充自忧谥传，从子模曰："是非久自见，不可掩也！"夏，四月，庚午，充薨。……及太常议谥，博士秦秀曰："充悖礼溺情，以乱大伦。昔鄫养外孙莒公子为后，《春秋》书'莒人灭鄫'。绝父祖之血食，开朝廷之乱原。按《谥法》：'昏乱纪度曰荒'，请谥'荒公'。"帝不从，更谥曰武。

——《资治通鉴》第八十一卷

晋武帝司马炎的宠臣贾充，早在曹魏时期，便是司马炎之父司马昭的心腹，曾经果断地帮司马昭除去了当时的魏国最高领导——魏帝高贵乡公曹髦，为司马氏日后夺取政权立下了大功。司马炎成为司马昭的太子，贾充也起了很大的作用，所以，司马炎即位后，贾充更加受宠，高居宰相之位，而且成为司马炎的儿女亲家。

据《资治通鉴》记载，贾充"为人巧谄，朝野恶之"——用后人的话来说，简直是全国干部群众的公敌了。侍中裴楷曾经对司马炎说："陛下之所以比不上尧、舜，就是因为朝廷中还有贾充之徒。"这话说得够严重了，然而，司马炎是个能听批评之言但坚决不改正的君主，说了也是白说。

有意思的是，贾充坏事做绝，到了晚年却有一桩心病。《资治

通鉴》第八十一卷载：晋武帝太康三年（公元282年），鲁公贾充年迈病重，晋武帝派皇太子去看望他。贾充对自己死后的谥号以及修史者对他的记载很是忧虑，他的侄子贾模说："是非之事日久自见，是无法掩盖的。"不久，贾充死了，有关部门商议给他定谥号之事，博士秦秀认为贾充违反礼法，沉迷私情，开了朝廷败坏变乱的根源，按照谥法规定，应当封谥号为"荒公"。可惜这个建议没获得司马炎的批准，司马炎为了关照这个亲家公，抛弃"原则"，将贾充的谥号更改为"武"。

贾充的"后顾之忧"，现代人不一定能理解，这就需要了解一下中国古代的谥号制度。谥号始于西周，是对死去的帝王、大臣、贵族（包括其他地位较高的人）按其生平事迹进行评定后，给予或褒或贬或同情的称号（相当于盖棺定论）。谥法制度有两个要点：一是谥号要符合死者的为人，二是谥号在死后由别人评定并授予（"行出于己，名生于人"）。君主的谥号由礼官确定，由新即位的皇帝宣布，大臣的谥号则是朝廷赐予的。谥法规定了若干个有固定含义的字，大致分为表扬、批评、同情三类。从"理论"上来说，获谥者无法控制后人对自己谥号的评定。事实上，在早期，人们执行谥法还是较严格的，甚至连皇帝也左右不了（据说，曹操就很想自己的谥号为"文"，可是后人偏偏不买账，让他做了"武帝"，倒是他儿子曹丕成了"文帝"）。从这个意义来说，这也是一种"舆论监督"机制，有的人在位时作威作福，可两腿一伸，权力没了，就不知道后人对自己是怎样的评价了。北宋时，有的官员去世之后，其子弟知道他们在世时表现不佳，顾虑在定谥号时会指斥他们的错误，便不请求谥号。宋仁宗天圣六年（公元1028年）二月，同知

礼院王皞专门为此上奏，认为谥号制度的目的是对一个人一生的是与非做明确评价，以便惩恶劝善；现在如果任其改变、回避这一传统制度，为恶的人就会肆意妄为而不改正。因此，王皞建议今后凡有大臣去世，不必等他们的家人请求谥号，即令有关部门按规定办理，以阻止劝勉那些行为不端的人，宋仁宗表示同意。你看，古时当官到了一定级别，不要谥号也不行了。

贾充的担心，正是由于自己在有生之年无法控制谥号，生怕"遗臭万年"。当然，人治社会的"产品"毕竟"保质期"有限，后来，谥号也经常受到权力的干预（司马炎的上述做法便是一例），"溢美"倾向就越来越明显了，有的根本就是绝妙的讽刺。

贾充这人虽然不做好事，不过，看在他竟然会为谥号担心的份上，我倒觉得这人还没有完全坏透，至少在心里尚存一丝廉耻感。真正坏透了的人，才不管死后别人怎么评说呢！而这种人，因为无所顾忌，更是什么事都干得出。

古人说，头顶三尺有神灵，说的是要对神灵有敬畏感。换一种脱下迷信色彩的说法，其实，是劝人要敬畏良心，积极向善。一个良知未泯的人，即使误入歧途，也是还存在挽救价值的（当然，还要看是否有挽救的机会）。而如果这个人根本无视舆论的力量，打心眼里漠视道德，不在乎别人对自己的恶行所发的议论，那么，这个人基本上就无可救药了。

世界上什么东西最重要？我以为是脸皮。其实，许多人行事之所以不敢为所欲为，不仅是因为有法制的约束，更重要的是"脸皮"在管着自己。而"脸皮"的支撑者，其实就是"道德良心"。因为顾及"脸皮"，所以不做违法乱纪之事，不做践踏人格之事，不做

伤天害理之事。"有志者，事竟成"这句话是不一定成立的，相对而言，我倒觉得"撕下脸皮者事竟成"的"成功率"更高些。一个人一旦撕下脸皮，无所顾忌，什么事情会干不成呢？想发财，一天到晚坑蒙拐骗，从熟人、朋友骗起，或者到闹市区强讨，都很容易来钱，何况还有我等平凡人一辈子也想不出的更高明的点子？想当官，把人格踩到脚下，一门心思去巴结钻营，总有一天能"感动"上级而"步步高升"的。如此一来，人们还有什么事情不敢干，世上只怕只剩下"恶"，不再有"善"矣！

还好，连贾充这样的人都在乎身后事，对"舆论"有所畏惧，可见，世上绝大多数的人，还是把"脸皮"看得无比高贵的，否则，这个世界岂不是太可怕了？

2007年7月10日之夜

碰上了"好政策"

是岁，天下所举贤良、秀才、孝廉皆不试，郡国计吏及太学生年十六以上者皆署吏；守令赦日在职者皆封侯；郡纲纪并为孝廉，县纲纪并为廉吏。府库之储，不足以供赐与。应侯者多，铸印不给，或以白板封之。

——《资治通鉴》第八十四卷

西晋惠帝永宁元年（公元301年），相国司马伦强取豪夺，把晋惠帝的皇位给占了。刚刚夺得皇位的司马伦，大肆提拔干部，任意越级提升者不可胜数。当时的高级官员要戴插貂尾，由于高升的人数大大超出正常计划，找不到足够的貂尾，有的便以狗尾充数，于是史上有了"狗尾续貂"这个成语。据《资治通鉴》第八十四卷载，这一年，全国举荐的各类候选官员均没有经过考试，各郡和封国掌管簿计的官员和十六岁以上的太学生都转为国家正式干部；正月初九全国大赦这天，在职的郡守县令全部封为侯，由于受封的人太多，来不及铸印，有的就干脆用无字光板代替。

晋朝是个盛产荒唐事的朝代，司马伦这样随心所欲出台的"好政策"，对那些受惠者来说可真是喜从天降。如此随意地提拔干部，不仅是司马伦特有的行为。据《资治通鉴》第九十卷载，西晋灭亡后，东晋的第一个皇帝晋元帝司马睿在江南即位，文武官员都晋升

二级爵位；晋元帝还打算对所有曾经投帖建议自己接受皇位的人再给一些优惠政策：干部身份的加爵一等，平民身份的则提拔为干部，这样一来，总共有二十多万人获益。

看来，在人治社会，碰上诸如此类的"好政策"并不是稀罕之事，只要看最高统治者高兴不高兴就是了。不过，事物总是有两面性的，"好政策"来得容易、来得快，其保险系数也就不保险了（这倒是和"便宜没好货"的道理相通）。以司马伦为例，此人显然不是做皇帝的料，没过几个月，就在政治斗争中乖乖下台了，皇帝宝座回到晋惠帝屁股下。很快，司马伦父子几人全被处死，文武百官中被司马伦任用过的全部罢免，结果，朝廷各部门留下的官员所剩无几。

当权者随心所欲捣弄出的"好政策"，常常莫名其妙地成全一批人（另一方面则可能莫名其妙地害了一批人），这简直是历史上一道奇异的"风景线"。这种现象产生的根源，就是当时的行政没有合理的章法，完全是一个人说了算，朝令夕改乃是家常便饭。体制之弊，使中国封建史总是在不停地绕圈子，以致社会发展长期停滞不前甚至"开倒车"，后人读史，常常能发现历史有惊人的相似之处。

时至今日，这种随心所欲出台"好政策"的情况恐怕也还没绝迹。比如说，在讲究学历的环境下，有些地方走到了唯学历论的极端，于是出台政策使一批拥有"理想"学历的人一步登天，扶摇直上，也不管他们的实际工作能力是否达标；在讲究年轻化的环境下，一些年轻的干部应运而生，这些人当中，有些完全是资历浅、能力有限、工作经验欠缺的人，可是就因为"年龄是个宝"，所以可能

仅靠组织部门一顿饭式的简单"考察"，就从普通人员变成了一级领导干部，让了解其底细的人大跌眼镜……而与此同时，另一些具备真才实学的人，却可能因为某项条件不在"政策阳光"的普照范围之内，原本拥有的发展机会也失去了。

这种突如其来的"好政策"好不好？对于受益者（他们当然只能是少数人）来说，当然好极了，无异于发了一笔横财嘛。然而，放在全局的范围来看，这种"政策"，只能说是在刺激了少数人的兴奋点的同时，挫伤了大多数人的积极性，甚至导致人心涣散、秩序混乱的局面。以现在的职称评定政策为例，很多参加了评职称的专业技术人员恐怕就深有体会。外语、论文是许多专业必需的条件，可在某些地方，这条件的"标准"却经常变来变去，让人无所适从。前些年，某省的外语政策就莫名其妙地变了几下：先是职称外语考试成绩当年有效，于是很多人都是到了晋升职称时才去考外语；次年，省人事部门突然下文说，职称外语考试成绩当年无效，要次年以后才生效，结果，这一年本来够条件的人一下子就得不够格了（只好等明年考了外语再说）。到了第二年，这政策又变了：外语成绩还是当年有效。于是，这一年，该省参评人员猛增（等于两年的人员积压到一起来了），而职称职数又有限，人们只好"八仙过海，各显神通"了，其中当然也就少不了出现些不公平不公正的事儿。同是这个省的某个行业，还在职称论文上大做文章，一忽儿要求某某刊物发表的才有效，一忽儿要求某某研讨会获奖的才算数，让从业人员每到申报职称时总是提心吊胆，神经高度紧张。这样的政策，劳民伤财，根本无助于衡量人才的水平、提高从业人员的素质，不是害人是什么？

　　真正的"好政策"，应当是"普及型"的，对大多数人有利的，而且是经得起时间考验、实践检验的，有利于推动时代发展的。政府部门作为公共机构，出台的政策牵一发而动全身，涉及方方面面的利益，关系到社会的健康发展，所以，在政策制定的过程中，必须认真研究，统筹考虑，以确保政策出台后的稳定性，避免"朝令夕改"的结果。如果一个人的成功，只能依赖于在不经意间碰上"好政策"这种偶然性因素，那么，对大多数人来说，成功的希望就如同买彩票——全靠运气，这样的社会，当然也就是让人生活得不放心的社会，无法做到人尽其才的社会。

2007年7月18日之夜

伯仁这样的朋友

司空导帅其从弟中领军邃、左卫将军廙、侍中侃、彬及诸宗族二十馀人，每旦诣台待罪。周顗将入，导呼之曰："伯仁，以百口累卿！"顗直入不顾。既见帝，言导忠诚，申救甚至；帝纳其言。顗喜饮酒，至醉而出，导犹在门，又呼之。顗不与言，顾左右曰："今年杀诸贼奴，取金印如斗大，系肘后。"既出，又上表明导无罪，言甚切至。导不之知，甚恨之。

——《资治通鉴》第九十二卷

伯仁这样的朋友，是朋友中的珍品。

东晋元帝永昌元年（公元 322 年），大将军王敦叛乱，在武昌举兵公然和元帝作对。王敦的堂弟王导当时担任司空，为了和王敦"划清界线"，率领堂弟中领军王邃，左卫将军王廙，侍中王侃、王彬，以及宗族子弟二十多人，每天早上到朝廷等候定罪。一天，仆射周顗（字伯仁）正要入朝见元帝，王导和他素有交情，于是对他呼喊："伯仁，我把王家一百多人的性命托付给您！"伯仁却头也不回，直接进去了。见到元帝后，伯仁大讲王导的忠诚，极力为他辩白，说服了元帝区别对待王敦、王导。元帝听进了伯仁的意见，还请伯仁小酌一番。伯仁高兴之下，多喝了几杯，走出宫门，王导还在等候，见他出来，又呼喊起来。伯仁却并不与他交谈，环顾左右，

自言自语："今年杀掉这些乱臣贼子,弄个斗大的金印到臂肘挂挂!"回到家里,又打了书面报告给元帝,客观地辩明王导无罪。然而,惶恐中的王导并不知道这些,反而对伯仁的不理不睬怀恨在心。

战争的形势却发生了变化。王敦兵临城下,元帝战败,双方"和解",元帝还是皇帝,但实权基本到了王敦手上。伯仁因为是王敦的反对派而被逮捕,随后被杀(死时,伯仁还表现了铮铮傲骨)。在这个过程中,王敦曾经几次征求王导的意见,王导却始终保持沉默。后来,王导清理档案时,才发现伯仁救护自己的书面报告,不禁流下眼泪说:"吾虽不杀伯仁,伯仁由我而死,幽冥之中,负此良友!"(详见《资治通鉴》第九十二卷)

伯仁这样的朋友,是那种不会把胸膛拍得嘭嘭响,却会尽心为朋友办事的人。这样的人,在世上并不多见,所以,王导请他帮忙,见他不仅不拍胸膛,甚至头也不回,就认定了此人一定是不肯帮忙(甚至还怀疑他会在元帝面前说自己的坏话呢)。事实上,那些喜欢当面大拍胸膛夸海口的人,有多少却是事到临头袖手旁观甚至落井下石,这样的人,功夫只在嘴皮上,不费吹灰之力甚至卖了人家还能赚到一份感谢。两相比较,助人只重行动不重"形象"的伯仁,可真是亏大了。

伯仁这样的朋友,替人出了力也不会邀功示好,而是当作没事一般。为救王导,伯仁出了大力,是当之无愧的"恩人"。事情没办成之前不好意思说倒也罢了,事情既已办成,伯仁完全可以把自己的好处告诉对方,即使不图回报,也可让他领一番人情,为自己赚个乐于助人的好名声,这是一般人都能接受的做法。可是伯仁偏不,他宁愿让事情的经过烂在心里,始终不向王导示好。这样做的

结果，是王导压根儿没有背上"人情"负担，没有影响到自信和自尊。你看当今有些人，利用自身优势为某些弱势群体做了点好事，就迫不及待地在媒体大张旗鼓地宣扬，甚至拉上被救助者在镜头大做陪衬，不惜牺牲他们贫弱的隐私甚至人格尊严。诸如此类的"善行"，在伯仁面前全都黯然失色。

伯仁这样的朋友，能做到成人之美而完全不图回报。当政治形势发生逆转后，伯仁成了阶下囚，他想活命的话，完全可以把拯救王导的经过说出来，相信王导也不是那么没良心的人，总得伸出援手吧。可是伯仁没有这样做，到死也没向王导说破真相，或许，他根本没把救王导一事记在心上，当然更不屑于把昔日的救助行为变成一场交易。施恩而不图回报，这才是一种真正的境界，绝对不是嘴上说说就能做到的。

伯仁这样的朋友，看待"友谊"已经走出了"小我"的圈子，发自内心地把这种情感上升到了相当的高度。我想，伯仁救王导，并非出于私心，而是出于公心（如果他王导真的对朝廷有异心，伯仁也就犯不着在晋元帝面前为他多说什么了），所以，他根本不希望王导领自己的情，也就根本没考虑过"回报"之事。可惜，王导太不了解伯仁了，在他心里，只有一种寻常的人情观，也就根本无法读懂伯仁的不寻常了。王导虽是东晋政坛风云人物，一生中的憾事却也不少，错失伯仁，完全可以算得上其中重要的一件。

伯仁的故事，对我们今天如何选择朋友颇有启示。在这个行事讲究"策划"、注重"运作"的时代，友谊也被一些人套上了华丽的"包装"。书店里，关于人际交往的书刊特别走俏，其中一大主题就是关于交友"艺术"的。交朋友，已经成了一门"高深"的"学

问"，这门"学问"研究的，不是如何识别真假友谊，而是如何把自己打扮成各种人群的"朋友"，使自己左右逢源，走到哪里都能团结一批"自己人"。说白了，就是如何以"友谊"为手段，充分利用好"朋友"这种工具，使自己实现"利益最大化"。当交友的"艺术"越来越高超，"技巧"越来越复杂，那种真正意义的朋友，会不会随之从我们的生活中消失？古罗马哲学家西塞罗在《论友谊》中说："友谊的基础是美德。"两千多年前的孟子也说过："不挟长，不挟贵，不挟兄弟而友。友也者，友其德也，不可以有挟也。"交朋友首先交的应该是品德。古罗马另一位哲人恩尼乌斯说："在命运不济时才能找到忠实的朋友。"看看伯仁吧，他正是在王导倒霉时出手拉了一把，从前前后后的过程来看，没有夹杂一点为自己谋利的目的；更让人咋舌的是，伯仁毫无"交际学问"，全然不懂展示友谊的"技巧"，以致做了好事也等于白干。可是，尘埃落定之后，我们又不得不承认：交朋友，还是这种天然去雕饰的"拙友"更可靠！

2007年7月23日之夜

人贵"自知"

　　赵主勒大飨群臣，谓徐光曰："朕可方自古何等主？"对曰："陛下神武谋略过于汉高，后世无可比者。"勒笑曰："人岂不自知！卿言太过。朕若遇汉高祖，当北面事之，与韩、彭比肩；若遇光武，当并驱中原，未知鹿死谁手。大丈夫行事，宜磊磊落落，如日月皎然，终不效曹孟德、司马仲达欺人孤儿、寡妇，狐媚以取天下也。"

　　　　　　　　　　　　——《资治通鉴》第九十五卷

　　公元 332 年春季的一天，后赵国主石勒大宴群臣。席间，石勒问中书令徐光："朕可以和古代哪个等级的君主相比？"徐光回答："陛下的神武谋略超过汉高祖，后世没有哪个能和你相比。"石勒笑道："人哪能不自知！你的话太过头了。朕如果遇上汉高祖，应当向他北面称臣，与韩信、彭越并列；如果遇上汉光武帝，应当和他逐鹿中原，但不知鹿死谁手。大丈夫行事，应当光明磊落，不能像曹操、司马懿那样，靠欺负人家孤儿寡妇来夺取天下。"（见《资治通鉴》第九十五卷）

　　石勒是十六国时期后赵的建立者，羯族，有过从奴仆到将军、皇帝的特殊履历。当时的华夏大地，建立政权者众多，石勒是其中的佼佼者，其称帝的经历和治国措施在历史上产生过不小的影响。

　　身居高位者听到别人的吹捧，往往会信以为然、深以为然。在《资治通鉴》中，很多皇帝也向部下问过类似的话题，他们大多数听到好话就沾沾自喜，听到批评就不以为然甚至大发雷霆。石勒在乱世建立自己的政权，自我感觉好一些是不足为奇的。可是，在徐光的评价中，他却仍能分辨出其中的水分，保持清醒的头脑，这份"自知"是相当可贵的。

　　权威人士两耳灌满溢美之词，这是非常正常、非常普遍的现象。《资治通鉴》同一卷即有一段提到这么一件事：东晋司徒王导征召王昶的曾孙王述为中兵属。王述曾经见到王导只要一说话，满座的人就无不赞美，于是严肃地说："人非尧舜，怎么可能每件事都是完全正确的！"王导对他表示感谢。

　　人贵有自知之明。作为有一定社会地位的人，平时受人恭维，听到的假话比真话多，这并不可怕，重要的是，其自身要时刻保持清醒的头脑，能够正确地认识自己。

　　正确认识自己，需要以谦虚为本。那些自我感觉太好的人，往往是离谦虚较远的人。自我感觉太好，势必使一个人过高地估计自己，导致眼高手低，最终因对时势判断失误而遭遇失败。"骄必败"的内在原因，就是对自己的实力认识不清，由此做出了错误决策。荀子说："不登高山，不知天之高也；不临深溪，不知地之厚也。"自以为是，见识浅陋者，当然无法正确认识自己。

　　正确认识自己，需要听得进不同意见。兼听则明，偏信则暗。一个人如果只听得进顺耳的好话、赞美词，听不得逆耳的诤言，那么，谈何自知之明？纵是天才，也无法"自知"了。身居高位者要像石勒那样，听到溢美之词，不必顾及自己和对方的脸面，不妨公

然点破，起到一个"引导"作用。这样，相信以后听到的真话就会多些。如果一个人自身不具备勇于听批评、听真话的胸怀，在他身边要出现真话，当然是缘木求鱼了。

现实生活中，我们常常看到这么一个令人感到遗憾的现象：某位领导者，自身素质相当不错，头脑聪敏，知识渊博，可就是目空一切，喜欢一意孤行，听不见任何反对意见，以致常常在决策中犯上些低级错误，让不了解他的人以为这个人本来就毫无学识，完全是靠关系上来的。这种领导者身上为何会出现这种反差？其中一个原因，我觉得是他走上领导岗位之后，逐步把自己孤立、封闭起来了。以前，他可以听到各种不同的声音，有赞同自己的，也有批评自己的，这样，他就可以好好反思，仔细辨别哪些是客观的评价，哪些是恭维附和。而当他地位越来越高之后，和"圈外"的人接触少了，身边的几个人又因为看中了领导的权势，希望能够和领导"长期共处"，于是说话过分小心，甚至专挑好听的说，久而久之，领导长时间没听到逆耳的忠言，就以为自己地位高了，水平也"水涨船高"了，真的没有缺点了，偶尔再听到"挑刺"的话，就感到很不舒服了，旁人也就更加不敢"挑刺"了……就这样，一个恶性循环圈自然形成，这个原本颇有自知之明的聪明人，要想回归到清醒状态就比较困难了。

可见，一个人要有自知之明，除了需要自己具备相应的素质，还需要远离阿谀奉承的小人。如果一个人周围尽是些这样的小人，再冷静清醒的人，也会被迷魂汤灌得犯晕。南北朝时期，宋朝彭城王刘义康与其兄宋文帝刘义隆本来情同手足，宋文帝多年患病，刘义康一度独揽朝政大权，深受文帝信任。刘义康聪明能干，他身边

的亲信，只有谢述经常规劝他要头脑冷静，学会谦让，急流勇退，可惜谢述很早就去世了；而长期在刘义康身边的刘湛、刘斌等人则阴险谄媚，唆使刘义康恣意妄为，以致刘义隆、刘义康终于失去兄弟之情。受到沉重打击后的刘义康说："刘湛活着，谢述却死了，我身败名裂也是理所当然的了。"宋文帝刘义隆也说："谢述如果活着，义康一定不会落到这个地步。"（见《资治通鉴》第一百二十三卷）像这种因亲近"小人"而被教坏的事例，在史上、在今天都很容易找到，所以，一个人的清醒，和身边人的素质也是关系密切的，除了"自知"，还应"知他"。

2007年8月5日之夜

"不为虚让"真美德

王述每受职，不为虚让，其所辞必于不受。及为尚书令，子
坦之白述："故事当让。"述曰："汝谓我不堪邪？"坦之曰："非也，
但克让自美事耳！"述曰："既谓堪之，何为复让！人言汝胜我，
定不及也。"

——《资治通鉴》第一百零一卷

《资治通鉴》第一百零一卷载：晋哀帝兴宁二年（公元364年）
五月，东晋任命扬州刺史王述为尚书令。书中顺便提及王述的处事
风格："王述每受职，不为虚让，其所辞必于不受。"意思是说，
王述每当接受任命，都不虚情假意地辞让，而他表示推让的，则肯
定不会接受。王述这次被任命为尚书令（尚书令在当时是皇帝身边
的重要人物，级别虽然不如三公，但分量不输于三公，相当于现在
的秘书长吧），他的儿子王坦之告诉他："根据惯例，您应当表示
辞让。"王述说："你觉得我不能胜任这个职位吗？"王坦之说：
"当然不是，但辞让一下的话可以成为美谈，自然就是一件好事。"
王述说："既然觉得能够胜任，何必又要辞让！大家都说你比我强，
我看你肯定赶不上我！"

王述，字怀祖，晋阳（今山西太原市）人，晋朝东海太守王承
之子，袭封蓝田侯。刘义庆的《世说新语》中有一篇《王蓝田性急》，

说的就是王述的故事。这则小故事说，王述性情急躁，有一次，他吃鸡蛋时，用筷子夹，夹不住，就一怒之下将鸡蛋摔到地上。这鸡蛋似乎跟他对着干，掉在地上仍打滚，王述一看，更生气了，跑上前用脚去踩，偏偏又没踩中，于是他一把抓起这个鸡蛋，塞进嘴里嚼烂后才吐出来解恨。

《世说新语》中的王述，行为虽好笑，但可以看出这人是个直性子。而《资治通鉴》第一百零一卷的寥寥数语，则使王述"不为虚让"的形象跃然纸上。

谦让，历来被人们视为一种美德。孔融让梨，"让"出了千古佳话，使后世的小朋友想吃大梨都不好意思，也只好违心地跟着"让一让"。其实，按史书记载，孔融长大参加工作后，却是个性格刚直的人，估计也不善于"虚让"（所以，我倒觉得他小时候的"让梨"很有可能是发自内心的"让"），后来终因得罪曹操而死于非命。另有一个故事说的是，古时有个人在京城做官，一次，接到家里人的来信，说家里盖房子为一堵墙的事和邻居发生争执，希望他出面和地方官打个招呼。这个京官接到家书，只回了一首诗："千里修书只为墙，让他三尺又何妨。万里长城今犹在，不见当年秦始皇。"家里人接到回信后，深受教育，主动退让，结果还感动了邻居，大家各让数尺……这些故事，说的都是货真价实的谦让，表现的是一种真正的美德，值得我们尊重、钦佩。

更多的时候，我们却可以看到许多含了水分的"虚让"，它和"谦让"完全是两码事。历史上很多权贵人士，在获取尊贵地位时，总是要像王坦之说的那样，按惯例客气一下。王莽称得上是最善于假客气的人了，我写过一篇《"作秀"谁堪比王莽》，随便举了他

"虚让"的几个事例，这里就不多说了。事实上，很多权臣，不管忠奸，在任职或受赏赐之前，哪怕心里多么渴望得到这个职位或赏赐，事到临头都是要推辞一番的，这样的记载，在史书上频频出现，构成了一种有趣的现象。

谦虚受人推崇，于是有人为了获得这种"美名"，不想谦虚也假意谦虚，甚至不该"谦虚"的时候也强行谦虚，结果便有可能适得其反，坏了事情。过分的谦虚会带来什么效果？不妨看看我国古代那则"黄公好谦"的寓言故事。齐国有个黄公，生了两个女儿，都是国色天香的绝代佳人，可是黄公为人太"谦虚"，见人就说自己的女儿长得丑陋无比，结果，两个女儿养在深闺无人识，年纪很大了也嫁不出去。女儿的青春就这样被耽误了，黄公懊恼也没办法。后来，卫国有个丧偶的老光棍勉强娶了黄公的大女儿，却发现是个绝色美女，于是推断黄公的小女儿也是如此，人们这才纷纷前往黄公家提亲。你看，谦虚过头了，照样没有好结果，人家还以为你真的不行呢。

中国是礼仪之邦，这礼仪，不知怎的就要求人们把自己的真实想法藏起来，玩几招形式上的"谦虚""客气"？也不管这样是否浪费时间、累不累。在一些农村，以前还有这样的习俗：迎来送往时，面对礼物，一定得互相推让几个回合，虽然彼此都知道最终是要接下来的，但不这样做就不行，失了礼节嘛。小孩子去做客，看到自己想要的东西，主人送给他，他肯定按家长教的说"不要"，虽然这边眼巴巴地盯着，甚至手也伸过来了。人哪，从小就被弄得言不由衷，"程序"上的东西特多，真是既辛苦又滑稽（现在这种情况似乎更少见了，这也是一个不小的进步呢）。

正是在这样的文明环境下，王述的做法显得特别可贵、可敬。"不为虚让，其所辞必于不受。"这是一种高度的言行一致，是一种真正的美德，在史书上，敢于如此坦率行事的人还真不多见。其实，中国老早就有个成语叫"当仁不让"，说的是遇到应该做的事，就要积极主动地去做，不应推诿。这个成语是从《论语》里流出来的，可见比王述更早的古人，也不是一味地强调"谦让""客气"，只不过是后来的人越来越聪明，越来越注重自己的"光辉形象"，于是淡化了言行一致，把自己的鲜明个性掩蔽起来了，大家都乐于做个"谦谦君子"（尽管有的人内心根本不"谦"），久而久之，能不形成"惯例"吗？

2007年8月15日之夜

不关音乐的事

尚书殷仲文以朝廷音乐未备，言于刘裕，请治之。裕曰："今日不暇给，且性所不解。"仲文曰："好之自解。"裕曰："正以解则好之，故不习耳。"

——《资治通鉴》第一百一十四卷

东晋从来就不是一个阳刚的朝代。到了晋安帝时期，这个王朝已是日薄西山，气息奄奄。

晋安帝义熙元年（公元405年），尚书殷仲文因为朝廷音乐设施不完备，告诉大臣刘裕，请求重建。刘裕说："现在没空做这样的事，况且我也不懂这东西。"殷仲文说："如果你喜欢它，自然就会懂了。"刘裕说："正因为懂了就会喜爱，所以我才不去学习这东西。"

刘裕是当时东晋朝廷的"实力派"。在这前两年，晋安帝的皇位一度被大臣桓玄夺去了，是刘裕等人打败桓玄，把皇位还给了晋安帝。刘裕当然不是所谓的"忠臣"，十多年后，他亲自将司马家的江山改为姓刘。

武将出身的刘裕，小时候是个穷人家的孩子，读"义务教育"都成问题，家里绝对不可能送他去"特长班"培养琴棋书画之类的爱好；更何况，这时的刘裕"野心"已经很大，不再满足于给人家

145

打工，所以，他没时间听音乐，而且连这种爱好也懒得培养，省得浪费时间、牵扯精力。从这一点来看，这是个不容易沉湎玩乐、玩物丧志的人（《资治通鉴》第一百一十九卷在刘裕当了皇帝去世后，也评论他"清简寡欲，严整有法度，被服居处，俭于布素，游宴甚稀，嫔御至少"。可见，这是个清心寡欲，不怎么爱玩的人，当了皇帝之后，不但应酬少，后宫也不热闹，这种皇帝在史上不多见）。

刘裕拒绝重建音乐设施，这事载于《资治通鉴》第一百一十四卷。而翻到第一百一十五卷，开头又是一件和音乐有关的事：晋安帝义熙五年正月初一，北方的一个少数民族国家南燕，其国主慕容超在会见群臣时，感叹御用音乐不完备，商议掳掠一些晋人来充实歌伎力量。马上有一位大臣出来反对："陛下不计划让天下士民休养生息，积蓄力量，以便向魏国报仇，恢复失去的国土，反而要再去侵扰南方的邻国，增加仇敌，这怎么行呢！"慕容超说："我的计划已定，不必和你废话！"二月，慕容超即出动军队进犯东晋，然后从掠夺的俘虏中挑选了男女青年二千五百人，交给管理王室音乐的有关部门培训。

事情当然没有就此了结。很快，不爱音乐的刘裕为了这事，和热爱音乐的慕容超干起来了。这样的战争是没有悬念的，后人光是看看双方领导的为人，便大致可以想到它的结果了。第二年，慕容超被东晋部队抓获，押往东晋都城建康斩首。

刘裕和慕容超，对待音乐的迥然态度真有意思。

正处于"创业"时期的刘裕，不愿学习音乐是有道理的。一个人如果想做一番大事业，兴趣太广泛未必是好事，特别是对于玩乐方面的兴趣，太多的话肯定要影响办正事。许多玩乐项目，你没接

触时不知它的乐趣，一旦接触，陷进去了，如果没有相当出色的自控能力，就可能不可自拔了。比如打麻将，为什么有些人的赌瘾会那么大，一旦上桌就六亲不认，荒废事业甚至债台高筑也不管？又比如电子游戏，为什么会有那么多青少年成为网吧的"迷途羔羊"？都是因为爱之太深，几近"忘我"啊。更糟糕的还有某些人的不良嗜好，比如吸毒、赌博，一旦沾染，麻烦可就的确大了。那些痛不欲生、悔不当初的人群告诉我们，对于不良嗜好，要避免这种后果，最好的办法，就是根本不去懂它。

慕容超为了音乐之事不惜发动战争，可见他对这项爱好已陷得很深。娱乐方面的事，往往就是这样，陷得太深就容易让人头脑发昏，以致本末倒置，做出傻事来。当今不是有些人活着就是为了娱乐，为了追星可以放弃谋生、放弃自己或亲人的生命吗？热爱音乐不是罪，爱到这个份上就不对。

"玩物丧志"是人们熟知的一个成语，也是一个有着几千年历史的"资深"成语。周武王灭商后，西方有蛮夷之邦进贡了一头通晓人意、威猛善斗的獒犬，被中原人视为异物。时任太保的召公奭担心周武王会因为这条獒犬而影响工作，便写了一篇《旅獒》提醒他不要"玩人丧德，玩物丧志"。周武王是一代明君，当然没有迷上一条狗而玩物丧志，但后世玩物丧志的高层人士却不计其数。五代十国时期的后唐庄宗李存勖，刚登上皇位时，励精图治，威震四方，"举天下豪杰，莫能与之争"。然而，就是这么一个本来可以大有作为的人，后来却宠信伶人，把听歌看戏当成人生的头等大事，最后落得个国破人亡的结局。慕容超的悲剧，和这还不是同一回事？

人生在世，当有所为有所不为，有所爱有所不爱。娱乐当然是

生活的一部分，但娱乐也不是生活的全部。正确对待娱乐，摆正业余爱好的位置，把握一个"度"，轻松的娱乐就不会反过来成为沉重的负担。从这个意义来说，刘裕和慕容超他们的事，其实不关音乐的事。

2007年8月21日之夜

缺少的不是人才是发现

兴命群臣搜举贤才。右仆射梁喜曰："臣累受诏而未得其人，可谓世之乏才。"兴曰："自古帝王之兴，未尝取相于昔人。待将于将来，随时任才，皆能致治。卿自识拔不明，岂得远诬四海乎？"群臣咸悦。

——《资治通鉴》第一百一十六卷

东晋安帝义熙七年（公元411年），北方的后秦王姚兴给大臣们下达"指标"，要他们寻找荐举贤能的人才。右仆射梁喜说："臣几次接受诏命，但没有得到一个那样的人，可见当今世上确实缺乏人才。"面对没有完成"任务"的梁喜，姚兴毫不客气地批评道："自古以来的帝王在干一番大事业的时候，从来不曾在古人当中借用宰相，也不曾等待在将来出生的人当中招聘大将，他们都是在当世随时随地选任人才，结果照样能把国家治理得好好的。你自己缺乏识才拔才的眼光，怎能诬蔑说四海之内都没有人才呢？"（见《资治通鉴》第一百一十六卷）

姚兴批评梁喜不能识才的这句话（原文是"卿自识拔不明，岂得远诬四海乎？"），和法国雕塑家罗丹那句名言"这个世界缺少的不是美，而是发现美的眼睛"异曲同工，当然，姚兴说这句话时，比罗丹早了1400多年。姚兴的驳斥很有力度：照你梁喜这么说，

我们要做点事业，岂不是要请死去的古人"还魂"或者等到若干年后"人才"出生、长大了再说？

人才的降生，在理论上来说，是不会受到时空影响的（正如姚兴所言：有志之士可随时随地用人）。至于有的历史时期人才辈出，有的历史时期"万马齐喑"，这不是人才自身的原因，而是人才成长的外部环境所致。"万马齐喑"的年代，是环境把人才埋没了，使他们根本没有崭露头角的机会或愿望，所以，在这种时期，看得见的人才会显得少些。然而，即使是在这种环境下，具备"人才"素质的人还是很多的，问题的关键所在，是用人者或用人单位缺少发现人才的眼光、途径，缺少给人才施展十八般武艺的舞台。

人才不可能一出生就在额头上打上了"人才"标志，等待用人者来挑选，他们是在实践的过程中逐步成熟的。历史上，从一介草民而成为杰出人物者不计其数。汉朝的开国君臣刘邦、萧何、韩信等人，大多数在发迹前也是混得很差的；南北朝时期刘宋政权的创立者刘裕，更是"贫下中农"出身；人们非常熟悉的诸葛亮，参加"革命工作"之前，不过是个乡野农民，日子过得也不怎么样。事实证明，只要有机会，很多不起眼的小人物都能成就大事业的。

天涯何处无芳草，人间怎会缺英才？四处寻觅而不见其人，要么是眼力太差，要么是方法不对，责任当然在自己而不在人才。

当然，也不能只怪姚兴的部下梁喜。实际上，梁喜所说的情况，在今天也还是普遍存在的。"人才难得"的感叹，我们仍时常听得到，而在这感叹的周围，是否真的缺了人才？

前不久，我在某单位听到一句话，仔细品味，觉得太有意思了。这家单位的人们叹道："我们这里真是个'出生入死'的地方！"

此话妙就妙在"出生入死"这个成语的活用。原来，这家单位多年来有这么一种现象：从这里跳出去的职工，一个个都生龙活虎，无论在哪个单位、哪个地方，都是出类拔萃；而从外面引进来的"人才"，进来以后无一例外"水土不服"，最终偃旗息鼓，一事无成。这只能说，这家单位的用人机制出了严重的故障，事实上，类似的情况何止存在于某一家单位、某一个地方？

还有一个现象也值得关注。有些地方很注重借助外力，向外招聘人才，这当然是好事。然而，另一方面，他们却无视于本土人才的发现、培养，其引进来的人才，其实在本地也有的是。人们形容这种现象为"外来的和尚会念经"，其结果往往是引进来的人才成了"花瓶"（这种用人者其实是"叶公好龙"），本土人才的积极性、创造力也完全被扼杀，甚至本土人才因为看不到发展的前景而只好去做别人的"外来和尚"（就如一句俗话说的"迎来女婿气走儿子"）。这真是得不偿失。我当然并不反对从外面引进人才，但我觉得，比"外引"更重要的，是多些"发现"的眼光，从身边看起，充分用好内部人才、现有人才，这样才不会造成人才浪费。

在信息发达的今天，我认为，"栽好梧桐树"——营造良好的用人环境比"发现"人才更重要。今天的人才是会自主流动的，哪里有更好的发展空间，他们就会选择往哪里跑。前些年，人们常常谈起"孔雀东南飞"的现象——中西部地区许多人才纷纷奔向东南沿海经济发达地区。为什么会出现这种现象？原因非常简单，东南沿海地区不仅经济发达，可以提供优厚的物质生活条件，而且机制灵活，在用人方面相对公平，能够做到"能者上，庸者让"，有能力的人尽管在此地放手一搏，实现自己的人生价值。而在经济落后

地区呢，物质上的劣势自不必说，更要命的是用人政策呆板，而且任人唯亲现象严重，有些掌权者根本不把人才当回事，逼得他们想在事业上有所作为的话就必须另寻出路。我曾经在珠江三角洲走访过一群背井离乡的创业者，他们都表示，如果家乡"软环境"与沿海差不多的话，他们宁可选择回乡就业——物质上的差距并不重要，重要的是让人干得舒心的工作环境。可见，只要"栽好梧桐树"，何愁"凤凰"不来栖？

给每个人提供应有的机会，使社会做到"人尽其才"，这才是用人的最高境界。我相信，只要用人者不但善于"发现"，更善于"种树""筑巢"，"六亿神州尽舜尧"还真不是夸张的说法。

2007年8月29日之夜

范晔是这样上钩的

初，鲁国孔熙先博学文史，兼通数术，有纵横才志；为员外散骑侍郎，不为时所知，愤愤不得志。父默之为广州刺史，以赃获罪，大将军彭城王义康为救解，得免。及义康迁豫章，熙先密怀报效。且以为天文、图谶，帝必以非道晏驾，由骨肉相残，江州应出天子。以范晔志意不满，欲引与同谋，而熙先素不为晔所重。太子中舍人谢综，晔之甥也，熙先倾身事之。综引熙先与晔相识。

——《资治通鉴》第一百二十四卷

南北朝时期宋朝的范晔，因为著有《后汉书》，可以说是个货真价实的历史文化名人。然而，这个才华横溢的文学家、史学家，却因谋反罪死得很惨，而且是咎由自取，怨不得别人。

范晔是怎样走上"反革命"道路的？《资治通鉴》第一百二十四卷有较详细的记载。

事情发生在宋文帝刘义隆执政时期。刘义隆与弟弟彭城王刘义康反目之后，刘义康被贬到豫章。这时，鲁国人孔熙先因为刘义康曾经救过他那贪赃枉法的父亲，决心报效落魄的刘义康。孔熙先这个年轻人，"博学文史，兼通数术，有纵横才志"，才华还是有的，可惜心术不正。他为了拉拢范晔一起来谋反，可谓费尽心机。

当时，孔熙先担任员外散骑侍郎，级别不高，而范晔时任太子詹事，是宋文帝最宠信的红人之一，当然不可能把小干部孔熙先看在眼里。为了接近范晔，孔熙先"曲线救国"：先从范晔的外甥、太子中舍人谢综身上寻找突破口。孔熙先极尽巴结之能事，总算和谢综搞好关系，时候一到，谢综便将孔熙先引荐给了范晔，使他们相识了。

接下来，孔熙先投其所好，和范晔把关系搞"铁"。孔家很有钱，而范晔好赌，孔熙先就常常和范晔一起赌博，而且故意赌输，让范晔老是赢钱。范晔既爱其财，又喜其才，两个人就这样越走越近，成为"知己"了。

图穷匕见。孔熙先已经是范晔的"哥们"了，就该深入主题了。孔熙先开始游说范晔推翻刘义隆，拥立刘义康当皇帝。一开始，范晔听到这些话，非常吃惊（"甚愕然"）——毕竟，此公身居高位，虽然有时难免在最高领导刘义隆那里惹点小小的不愉快，但日子总的来说过得挺滋润的，在此之前根本不可能产生这样的念头。孔熙先当然不是等闲之辈，他进一步施展出色的嘴上功夫，直说得范晔犹豫不决（"犹疑未决"）。孔熙先趁热打铁，再烧一把火，范晔虽然不吭声，但造反的决心已经定下来了（"默然不应，反意乃决"）。

范晔谋反当然以失败告终。当这些人全部被宋文帝抓起来后，有意思的是，范晔试图隐瞒抵抗，孔熙先他们却早已"竹筒倒豆子"，交代得一清二楚。听说范晔还在顽抗，孔熙先大笑起来："我们所有的计划、文件信函都是出自范晔之手，他还抵赖干吗？""逼"得范晔不招也得招了。此后，孔熙先一边向宋文帝写"悔过书"，一边不断地嘲笑范晔，弄得范晔临死前还狼狈不堪。

要不是孔熙先的挑唆，范晔虽然人品欠佳，但以他的性格，谋反的胆量是没有的。从一个大有知名度的高级干部沦为阶下囚、死刑犯，范晔的下场是悲哀的，而他在孔熙先那里一步步上钩的经历，我怎么看都觉得不像是在看史书。

这也难怪。现在很多落马的官员，身边不是也有过孔熙先这样的"朋友""哥们"吗？这些"孔熙先"们，本来和自己所要投靠的官员毫无渊源，可是，他们独具慧眼，看上了某个官员有"使用价值"，于是像老祖宗孔熙先那样无孔不入，想方设法接近他（少不了也走"曲线"，从该领导身边的人如秘书、亲友开始结交，再由他们引荐）；然后，瞄准领导的爱好，火速把感情距离拉近；成为其贴心人之后，就放开手脚狐假虎威，把领导拉下水，大肆贪赃枉法……随便点几件最近十年发生的事儿看看吧——

江西奥特汽车租赁有限公司老板周雪华，通过他人介绍，在酒桌上结识了当时任江西省省长助理的胡长清。一直都想寻找靠山的周雪华感到这下找到目标了。为了钓住胡长清这条"大鱼"，周雪华以女色、金钱为重饵，很快如愿以偿。在胡长清收受的544万余元的巨额贿赂中，周雪华占了310多万元。起初，胡长清当然想不到，这个"小兄弟"会成为把自己送上刑场的最关键人物。

原广西银兴实业发展公司总经理周坤，由一名包工头成为独霸一方的房地产商，最重要的一环是认识了成克杰的情妇李平，然后通过李平认识了"广西王"成克杰。成克杰和周坤"互利互惠"之际，也没意识到自己走的是一条不归路。

安徽双轮集团总经理刘俊卿为了靠上省委副书记王昭耀，先花几十万元请王昭耀的儿子王伟到双轮集团"视察"。然后，王伟怂

恿母亲说服父亲到双轮集团"调研","成功"地将父亲拉下了水……

雷同的事例太多，回过头来再看范晔与孔熙先的故事，这"现代味"真是越看越浓，简直让人分不清什么是历史，什么是现实了！

道高一尺，魔高一丈。心怀不轨的人想把身居高位者拉下水，总会想尽一切办法，寻找一切可能的"突破口"。糖衣炮弹的威力是不可估量的，多少人虽然曾经抵抗过，可最终还是倒下了（上述这几个古今高官，你能说他们自身素质不高吗？可还是没能经受住考验。至于那些从来不设防的人就根本不值得提起了）。面对"孔熙先"这样的对手怎么办？苍蝇不叮无缝的蛋，要想不上他们的钩，唯有时刻把牢防线，不给对方任何机会。

2007年9月6日之夜

范缜的风骨

缜又著《神灭论》，以为："形者神之质，神者形之用也。神之于形，犹利之于刀；未闻刀没而利存，岂容形亡而神在哉！"此论出，朝野喧哗，难之，终不能屈。……子良使王融谓之曰："以卿才美，何患不至中书郎；而故乖剌为此论，甚可惜也！宜急毁弃之。"缜大笑曰："使范缜卖论取官，已至令、仆矣，何但中书郎邪！"

——《资治通鉴》第一百三十六卷

中国历史上著名的无神论者范缜，是南北朝时期齐朝竟陵王萧子良的好朋友。当时的宰相级大人物萧子良，高朋满座，有权有势，还是个虔诚的佛教信徒，坚信因果报应。作为朋友的范缜，难免经常出入萧家，参加萧子良主持的各种重要与不重要的"座谈会"。然而，和其他人不同的是，范缜总是同萧子良唱反调，大谈世上没有佛，常常驳得萧子良无言以对。为了捍卫自己的思想成果，范缜还写了中国古代哲学史上里程碑式的著作《神灭论》。他的"无神论"一提出，朝野哗然，大多数人都接受不了（这也难怪，那是距今一千五百年前的时代，迷信思想正在盛行），很多人对范缜屡加诘难，可是他们所说的"道理"却总是无法让范缜屈服。萧子良见硬的不行，便派人去劝范缜："以你这样的才华，还愁当不上中书

郎？何必故意发表这种荒谬的理论耽误自己的前程，这真是太可惜了！你还是赶快毁弃自己的文章为好。"范缜大笑道："我范某人要是愿意出卖自己的理论换取官位，早已做到尚书令、仆射了，何止是个中书郎！"（事见《资治通鉴》第一百三十六卷）

范缜这个人，体现了一个真正的学者的铮铮风骨。在专制社会，学术在权力面前，往往是不堪一击的，姑且不要说有些不爱学术爱权术的所谓"学者"本身就喜欢依靠卖弄学问来换取权力，就是那些有意捍卫学术尊严的学者，有时迫于行政权势的威力，也只好委曲求全，放弃自己的主张（否则，生存都可能成问题了）。后一种情况，相信世人会对其给予同情、理解，毕竟对芸芸众生来说，生存乃头等大事。正是在这样的社会背景下，范缜能做到矢志不移，就显得特别难能可贵，已经完全达到了孟子所说的富贵不能淫、贫贱不能移、威武不能屈的"大丈夫"标准了。

作为一个严肃的学者，理应有特立独行的处世风格，有勇于捍卫真理的牺牲精神。范缜的故事，其实很多年前我们在中学历史教科书中就已经接触了，今天在史书重新读到这一节，联系起现在的某些现象，更是忍不住"有感而发"。

现在的社会背景，比范缜所处的那个年代当然是进步了许多个台阶。按理说，在今天这个已经走上文明轨道的社会，学者们更有条件抒发自己的学术主张了，更能坚持独立的人格了。然而，此间有些情况，却又实在是让老百姓失望。说得不好听，某些学者的所作所为，简直让普通百姓打心眼里瞧不起。

比如说，经济学界的某些学者，因为得了某个垄断集团的些许好处，便昧着良心说假话，充分运用自己所掌握的经济理论，强扭

角度，以权威的面孔，为这个行业的既得利益者鼓与呼，为此牺牲亿万群众的根本利益也毫不在乎。在房价虚高的今天，便有人为了使某些开发商继续牟取暴利，发表一篇又一篇的"高水平"文章，断言房价还将进一步高涨，诱导不明真相的老百姓老老实实勒紧裤带，多花一笔冤枉钱，做一辈子的"房奴"。

比如说，文化界的某些学者，评价文艺作品、文化人物时，出于某种目的，放弃了文艺自身的标准，信口开河，哗众取宠，颠倒黑白，以丑为美，结果，一些白开水式的平庸之作被宣传成了精品，一些毫无建树的所谓"文化人"被包装成了"大腕"。面对如此"权威推介"，圈外人只剩下一片迷茫，诸多不解。当作为"观众"的人们实在无所适从时，也许，"离场"是他们最后的选择。

又比如说，科学界的某些专家，受行政长官的意志所左右，明知政府出台的某项措施违背了事物发展的客观规律，将导致不良后果，可为了个人前途，他还是做了个别领导的代言人，借用寻常百姓不清楚的所谓科学理论来论证这个项目的可行性。某市便曾经发生过这样一件事：有关部门拟在中心城区绿化带改植某种其实不服当地水土的植物，在个别领导的授意下，某些林科专家便煞有介事地论证其可行性，使这个方案最终获得通过。结果，后来的事实无情地证明：政府花了大笔冤枉钱，绿化根本不成功。

当物质的诱惑力大于一切时，当权力的威望被人无条件地仰视时，我们便不难看到，一些以出卖唾沫为生的"专家学者"，频频穿梭于各地的各式"论坛"，按"需"服务，为主办方提供强有力的"理论支撑"。而事实上，这些人在数过"出台费"之后，自己也没把自己所说的话当回事，说不定在另一个场合，他们又抛出了

和自己大唱反调的另一套"理论"……学术的尊严，需要学者们用人格来维护，而如果大量的伪学者混进了学术队伍，必将直接影响学术的生命力。一千五百年前，人家范缜的理论可以卖到尚书令（这可是朝廷高级干部，实权大得很，可以说是"真宰相"）这个价尚且不干，现代某些学者只为了区区一点"阿堵物"（甚至只是为了无偿地讨好某个级别并不高的领导），便忘记了自尊、自信等治学的基本道德要求，将自己连学术带良知一起打折卖了，这个贱价呀，真是惭愧啊。

2007年9月18日之夜

梁武帝与唐太宗的"爱心"比较

上敦尚文雅，疏简刑法，自公卿大臣，咸不以鞠狱为意。奸吏招权弄法，货赂成市，枉滥者多。大率二岁刑已上岁至五千人；徙居作者具五任，其无任者著升械；若疾病，权解之，是后囚徒或有优、剧。时王侯子弟，多骄淫不法。上年老，厌于万几。又专精佛戒，每断重罪，则终日不怿；或谋反逆，事觉，亦泣而宥之。由是王侯益横，或白昼杀人于都街，或暮夜公行剽掠，有罪亡命者，匿于王家，有司不敢搜捕。上深知其弊，而溺于慈爱，不能禁也。

——《资治通鉴》第一百五十九卷

梁武帝萧衍（公元464—549年），字叔达，南兰陵中都里（今江苏常州万绥）人，年轻时便有异才，公元502年"受禅"于齐和帝，建立梁朝，在位时间长达48年。然而，盖棺论定，这个人虽然在政治、军事、文学方面都有一定造诣，却实在难以称为"成功人士"。

从表面上看，梁武帝是个颇有"爱心"的人物。《资治通鉴》第一百四十七卷说，梁武帝对同姓的亲族非常亲近宽厚，对朝廷官员也非常优待，他们即使有违法犯罪的行为，梁武帝也往往网开一面。当然，对老百姓就不同了，"百姓有罪，则案之如法，其缘坐则老幼"——不仅要处置其本人，还要株连不论老少的亲属。有一

次，梁武帝去郊祀，一个老头拦住他劝告：这样执法不是长远之计，应当颠倒过来才对。梁武帝这才考虑对老百姓放宽些，然而，对自己所亲近的人，却依然"关爱"得很。

梁武帝的弟弟临川王萧宏是个才能低下且贪财的人，既奢侈又暴敛。此人在前方打仗，全军覆灭，但是敛财却很有一套。他有近百间库房，储存了三亿多万钱，还有不计其数的物资。梁武帝起初以为库房里藏的是兵器，对萧宏猜忌、讨厌起来，当他找了个机会"视察"以后，发现萧宏收藏的全是钱财，不仅没问他通过什么办法弄来的钱，反而高兴地说："阿六，你的生计挺不错啊！"后来，不但没追究他打败仗、乱捞钱的责任，还对他委以重任。对这件事，司马光说，梁武帝的做法，从兄弟感情的角度来说是非常诚厚的，可是作为帝王的法度又在哪里呢？

《资治通鉴》第一百五十九卷还记载：梁武帝年间，王公贵族的子弟，大多骄奢淫逸，不遵守法律。梁武帝年纪已老，专心研究佛教戒律，每次裁决了重大罪犯，就整日感到不高兴。有人密谋造反而事发，梁武帝也只是哭泣一番而原谅他。这样一来，王公贵族们更加专横，有的光天化日在街上公然杀人、抢劫，有的王侯在家中窝藏逃犯，官吏也不敢去搜捕。梁武帝虽然深知这些弊端，却因沉溺于慈爱，不能禁止这些现象。

按说，梁武帝这样婆婆妈妈到处做老好人，应该受到干部群众的热烈拥戴才是。然而，事与愿违，此人偏偏以80多岁高龄而不得善终：由于梁武帝姑息养奸，后来梁朝发生了侯景之乱，梁武帝这个老人家被反复无常的部下侯景控制，最后竟被活活饿死。

说穿了，梁武帝的所谓"爱心"，是一种非常狭隘的"爱"，

小市民心态的"爱"。这种"爱心",放在市井小人物身上,或许可以为自己在小圈子里挣得个好名声,方便自己处理各种人际关系,放在"管理者"角色(特别是高层人物)身上,就非常不宜了,于国于己都没好处。

帝王当中,和梁武帝形成鲜明对比的,当推唐太宗李世民。《资治通鉴》第一百九十二卷载:秦王李世民当上大唐皇帝不久,与群臣当面议定开国元勋们的功绩,论功行赏。秦王府一些未能如愿提拔重用的老部下对此有意见,认为自己跟随李世民的时间长,却不如以前在李世民的政敌前太子李建成、齐王李元吉手下工作的人提拔得快。对此,李世民说:"王者至公无私,故能服天下之心……设官分职,以为民也,当择贤才而用之,岂以新旧为先后哉!"意思是说,君主因为大公无私,所以天下人服气。任用干部是为了老百姓,理应选择贤能之士,怎么可以论资排辈?同一卷还提到,唐高祖李渊为了加强皇室宗族力量,将与自己同曾祖的远房堂兄弟及其儿子都封为王。唐太宗李世民即位后,就此事征求大臣意见。右仆射封德彝认为封王过滥,加重了百姓负担,不是大公无私的表现。李世民认为他说得有道理,对这些宗室郡王除了几个功勋卓著者,都降为县公。

李世民对身边的人居然一点也不给予"特殊关照",在某些人看来,真是太没"人情味"了,这样的领导"不好玩"。然而,他这样做的结果,却是下属们都在努力工作,涌现了多名可载入史册的"先进工作者",以李世民为"班长"的这个集体也成了历史上当之无愧的"先进集体"。

管理是门大学问,它必定遵循相应的规律、原则。管理国家如

此，管理一个单位也是同样的道理。制度面前人人平等，对于大多数人来说，看重的正是"一碗水端平"。这碗"水"如果端不平，施舍再多的小恩小惠都是起不了大作用的——获得小恩小惠的"少数人"未必领情，正当权益都受到影响的"多数人"更是怨声载道。光靠"有限"的"爱心"，是解决不了大问题的，更重要的是用"公心"来说话。管理者把握好这一点，才不会陷入"剪不断，理还乱"的人情纠葛中，才可以避免梁武帝的那种"好心没好报"。

两种做法，两种结果。梁武帝走向衰败，唐太宗成为封建史上卓有影响的"千古一帝"，这哪里有什么"偶然"因素呢？

2007年10月12日之夜

当不得"乌鸦嘴"

魏主引丞相、令、仆、尚书、侍中、黄门于显阳殿，问之曰："今寇连恒、朔，逼近金陵，计将安出？"吏部尚书元修义请遣重臣督军镇恒、朔以捍寇。帝曰："去岁阿那瑰叛乱，遣李崇北征，崇上表求改镇为州，朕以旧章难革，不从其请。寻崇此表，开镇户非翼之心，致有今日之患；但既往难追，聊复略论耳。然崇贵戚重望，器识英敏，意欲还遣崇行，何如？"仆射萧宝寅等皆曰："如此，实合群望。"

——《资治通鉴》第一百五十卷

"乌鸦嘴"是指人们嘴无遮拦，直言直语，说出不中听不"吉利"的话。一般情况下，人们都爱听顺耳的好话，所以，大煞风景的"乌鸦嘴"，虽然表达的意思是真实的，但由于"声音"难听，往往是不受欢迎的。

南北朝时期，北魏大臣李崇做过一次"乌鸦嘴"。公元523年，李崇的部下魏兰根出于国家安全考虑，建议把边境的六镇改为州，分别设置郡县，以安抚当地百姓。李崇也认识到六镇地处边远，贼寇密布，治安形势严峻，为了防患于未然，专门为此打了个报告给北魏孝明帝。然而，报告交上去后，不知道是领导太忙还是别的什么原因，事情被搁置下来，没有下文。

165

第二年，北魏边境造反的人越来越多，北魏孝明帝在朝廷召开维稳紧急工作会议。会上，孝明帝想起了李崇的那个报告，说："去年，李崇上表请求改镇为州，朕因为旧章程难以改变，没有听从。现在看来，李崇这个报告，开启了镇上那些人的非分之想，以致形成今日之患。"并责令李崇带兵前往边境平叛，以"将功赎罪"。

面对李崇所受的冤枉气，《资治通鉴》主编司马光沉不住气了，特地在书中发表评论。司马光说，李崇上表，是为了"销祸于未萌，制胜于无形"。北魏孝明帝自己不采纳建议，待到祸乱产生，不但没有丝毫愧谢之言，反而把这当作是李崇的罪过，"彼不明之君，乌可与谋哉！"（那个不明智的君主，怎么可以和他共同谋事！）《诗经》所说的"听言则对，诵言如醉，匪用其良，覆俾我悖"，说的就是这个意思。（见《资治通鉴》第一百五十卷）

李崇这样的情形，以前我们在农村倒是常常碰上。一些迷信思想浓重的人，往往很忌讳人家"把好事说坏，把坏事说准"。比如，某人家的破房子快倒了，别人提醒他要及早维修，这家人却认为房子未必会倒，当然不愿维修；而房子真的倒塌后，他不但不自我检讨，客观地分析原因，反而认为这房子就是某某人的嘴"说"倒的，进而怨恨人家一辈子。所以，老于世故的人，就懂得从这样的小事中吸取教训，奉行"闲事莫管"的处世原则。从李崇的遭遇看来，这种毛病，远远不止存于乡野小民身上啊。

像北魏孝明帝这样的人，诚如司马光所言："乌可与谋哉。""乌鸦嘴"不是随便当的，面对讳疾忌医，听不得别人意见的人，这"乌鸦嘴"还是不当为好。给别人提意见，一定要首先看清楚对方的为人，千万不要知其不可为而为之，这样做是徒劳无益的，说不定就

要给自己惹来大麻烦。这类教训在历史上比比皆是。

还是南北朝时期，南朝的最后一个皇帝陈后主陈叔宝荒淫无度，亲信奸邪，国将不国。吴兴人章华上书劝他说，隋朝大军压境，还不改革自新的话，国家很快就会灭亡。结果，自我感觉良好的陈后主龙颜大怒，当天就斩了这个"乌鸦嘴"（见《资治通鉴》第一百七十六卷）。你看，章华为了提这么一个和自己切身利益并无多大关系的意见（这国家又不是大家的，而是他陈家的），把命都丢了，而且是丢在一个不识好歹之徒的手上，多不值。西汉改革家、汉景帝时的御史大夫晁错，也是个历史上著名的"冤大头"。此公被汉景帝尊为老师，帮助汉景帝顺利登上皇位后，为了巩固中央集权，提出削藩建议。汉景帝欣然接受了晁错的建议，然而，此举影响了诸侯王的利益，直接导致了"七国之乱"。面对叛乱，汉景帝生怕自己的皇位坐不稳，不但不积极镇压，反而怪罪晁错出错了主意，将他一家处斩，希望以此和叛乱的诸侯王妥协。结果却是，叛乱的诸侯王以为汉景帝软弱可欺，气势更加逼人，最后，还是靠了名将周亚夫出征，才平定了"七国之乱"。事实证明，晁错的削藩论并没错，错的是不该和汉景帝这样的主子相谋。

唐太宗时期的民部尚书裴矩是个很有意思的人。此人是隋朝有名的佞臣，然而，在唐取代隋，做了唐朝的干部之后，却变成了个大忠臣。唐太宗李世民经常这样表扬他：在位敢于力争，而不一味地顺从领导。是什么缘故促成了裴矩的巨大转变呢？司马光认为，君主贤明则臣下敢言。裴矩在隋朝是佞臣而在唐朝则是忠臣，不是他的品性发生了变化（而是"大环境"变了）。君主讨厌听人揭短，大臣的忠诚就转化为谄谀；君主喜欢听到直言，则谄谀又会转化为

忠诚。所以君臣的关系是"表"和"影"的关系，表动则影随（见《资治通鉴》第一百九十二卷）。隋炀帝杨广曾经公然表示最不喜欢听批评之言，李世民则是中国最能接受批评的皇帝，由此看来，关于裴矩的转变，司马光所言确有道理。

表动则影随，可见，是否拥有利于批评生存的土壤，"表"的问题至关重要。如果"表"不是"好表"，你就算一厢情愿要理想化地做个"乌鸦嘴"，但结果往往是要失败的，对自己并无好处，对事情也没什么帮助，只不过是做了无谓的牺牲而已。人性的局限，不是一朝一夕之间就可以改变的，对于成年人特别是身处高位者，指望旁人的几句提醒、批评来"改造"其素质，基本上接近幻想。在"说了也白说"的情况下，有志之士当然可以坚持"白说也说"，但对于那保持缄默的人，也不必过于苛求了。事实就是这么残酷无情。

2007年10月20日之夜

司马子如"办案"

勃海世子澄通于欢妾郑氏，欢归，一婢告之，二婢为证。欢杖澄一百而幽之，娄妃亦隔绝不得见。欢纳魏敬宗之后尔珠氏，有宠，生子浟，欢欲立之。澄求救于司马子如。

——《资治通鉴》第一百五十七卷

《资治通鉴》第一百五十七卷记载了一则"办案"的故事，读来有点意思。

事情是这样的。公元535年，东魏丞相、渤海王高欢（此时已是东魏实际上的最高领导）家里出了一件丑事：嫡长子高澄与高欢的妾郑氏私通，一个婢女把这事报告给了高欢，还有两个婢女做证。高欢大怒，打了高澄一百大棍，把他关起来，还想撸去他的继承人地位。高澄之母娄妃也被隔离。在这"紧急关头"，高澄赶忙向尚书左仆射司马子如求救。司马子如来到王府拜见高欢，开导他："女人轻如草芥，没必要为此闹得家庭不和，况且婢女的话也没必要相信。"高欢于是让司马子如重新查问这件事。且看司马子如是如何"办案"的。

司马子如先把"被告"高澄叫过来，责备他："你身为男子汉，怎能这样随意诬蔑自己！"高澄见"主审法官"已经定了调，听懂了他的"潜台词"之后，心里有数了，立马翻供。然后，司马子如

将"证人"（两个婢女）叫过来，教她们推翻自己的证词（具体用的什么手段，书上没说，但后人应当猜得出就是那么回事吧）。最后，"原告"（那个告状的婢女）走投无路，在他们的逼迫下自缢身亡。如此一来，此案很快便办成了"铁案"，司马子如向高欢报告："果虚言也！"——高澄与郑氏通奸查无此事。高欢于是非常高兴，一家人和好如初，专门设宴谢谢"办案"大功臣司马子如，还赠送黄金一百三十斤。

从司法的角度来看，司马子如这种先设定罪名是否成立，再来根据需要，"论证"罪或非罪的办案方式，是典型的未审先定、先定后审。这种颠倒司法程序的做法，在后世还颇有些传人呢。

两年前，闹得沸沸扬扬的湖北荆门佘祥林"杀妻冤案"，便是典型的一例。由于办案方主观臆断，实行"有罪推定"的做法，佘祥林在狱中待了11个春秋后，才因为偶然因素使案情真相大白，被宣布无罪。事后，湖北省高级人民法院有关人士认为，佘祥林冤案一个不可忽视的重要原因就是政法委未审先定，干预司法机关独立办案和独立审判。与此相类似的辽宁本溪周澄案，则是"上面要判几年就是几年"——都是采取了司马子如的"办案模式"。

还有，近年来发生的多起"处女卖淫案"，也可以说是办案人员用司马子如的方式办出来的。否则，按正常理解，这种事情怎么说也有点天方夜谭吧？

除了司法办案，另一种情况也与此有异曲同工之妙，那就是群众常见的某些价格"听证会"。有的地方，"听证会"被人们戏称为"涨价会"，涨价成了"听证"的唯一结果，群众的声音基本被忽视了，这其实也是"先定后听"，打死狗来讲价钱。前几年，有

媒体报道，兰州市物价局举行公交车票价上调听证会，结果，"各界代表在听证会上达成共识：公交车票价调整方案通过"。那么，这个"共识"是如何达成的呢？原来，在 31 名代表中，绝大多数是专家学者、人大代表、政协委员、公务员，以及学校校长等，在这 26 名有身份的代表同意调整票价后，仅有的 5 名普通消费者代表保持了沉默。在南方某市，还出现过这样的情况：听证会刚结束，涨价方案刚宣告将从某日起正式生效，物价局的工作人员已在报纸上发稿为这家申请涨价的企业造势，说他们如何如何不容易，说他们虽然涨价了但在同类企业中仍是最实惠的（让人感觉这物价局哪像是"中间方"，倒像是涨价企业的吹鼓手）……另有报道说，有些地方还出现了"职业听证人"，专门出席各类听证会（不知他们代表了谁？）。这种听证会，能代表多少真正的民意呢？难怪，听证会在群众的心目中变得越来越不算一回事，很多人甚至明确表态根本没兴趣参加这样的会，因为"听证"的结果早在"听证"前已经出来了。

像司马子如"办案"一样，未审先定、先定后审（以及"先定后听"之类）的特点，就是结论已经在事先定好了，所谓的审判（或听证）只是一场"表演"，完全是走过场，玩形式。前些年，笔者曾经旁听过一些案件的开庭，有时竟然发现主审法官心不在焉，昏昏欲睡，根本不在乎原被告双方如何陈述、辩论。当时心里就嘀咕：案件情况都不听明白，这案子怎么判决？现在想来，恐怕判决结果早在开庭前已在那个法官心中生成了，所以对他来说在法庭上听不听都不要紧。公开审判是保证司法公正的关键，而如果在"公开"的过程中耍手段，使之完全异化为一种徒有其表的形式，那就是严

重践踏法律，最终将使人们对法制不再信任。同样，听证会本来是属于"阳光操作"的，"先定后听"以阴霾遮蔽阳光，最终丧失的是政府公信力。

有趣的是，司马子如这样"能混"的人，晚年却没有好结局。公元544年，已是尚书令的司马子如因为位高权重，既傲慢自大，且大肆贪污国家财物，受到众人的弹劾，结果被自己曾经帮助过的高澄投入监狱，只过了一宿，司马子如的头发就白了（和当代的某些贪官一样）。尽管他的老朋友高欢写信吩咐儿子高澄要对他从宽处理，司马子如还是被朝廷撤销官职和爵位。在今天这个法治社会，那些徇私枉法之徒，按理更应受到法律的制裁吧？

2007年11月4日之夜

书籍何罪

帝入东阁竹殿，命舍人高善宝焚古今图书十四万卷，将自赴火，宫人左右共止之。又以宝剑斫柱令折，叹曰："文武之道，今夜尽矣！"乃使御史中丞王孝祀作降文。……或问："何意焚书？"帝曰："读书万卷，犹有今日，故焚之！"

——《资治通鉴》第一百六十五卷

爱读书的人对书总有特殊的感情。古往今来，热爱读书的人不计其数，对读书的说法也有种种，列宁说"书籍是巨大的力量"，高尔基说"书籍是人类进步的阶梯"，陈寿说"一日无书，百事荒废"，孟子则说"尽信书，则不如无书"。读书的乐趣无穷尽，走进书的世界，每个人都有各自不同的感受。

书籍帮助许许多多的人获得了智慧，走向了成功，但是，也有一些读书人没能真正认识到读书的意义，自己没长进，反而厌恨书籍坑害了自己。南北朝时，梁朝的梁元帝就是这么一个。

梁元帝萧绎是个爱读书的人，常常让身边的人昼夜不停地为他读书，即使睡着了，他手里也还拿着书卷。而如果为他读书的人读错了或者故意漏读欺骗他，他就会马上惊醒——可以说，此人的确是个超级书迷了。

梁元帝承圣三年（公元554年），北方的西魏军队进攻江陵（梁

元帝即位后，不肯回都城建康，江陵成为事实上的都城）。江陵眼看难保了，梁元帝命令舍人高善宝把自己收藏的古今图书十四万卷全部烧毁，又把宝剑折断，叹道："文武之道，今晚全完！"有人问元帝为什么要烧毁书籍，元帝说："我读书万卷，还落个今日亡国的下场，所以烧了它们！"（见《资治通鉴》第一百六十五卷）

梁元帝萧绎是梁武帝萧衍的第七个儿子，梁朝的第三个皇帝（梁朝共历四帝，历时 55 年，其中梁武帝萧衍占了 48 年），在位三年。江陵失陷后，梁元帝落入西魏军队手中，很快被处死。梁元帝落得如此下场，原因是多方面的。他可以责怪老爹梁武帝晚年行事糊涂，把国家弄成了个烂摊子；可以责怪自己性格残忍，不得人心，而且当初不肯听从多数大臣的意见，回建康定都；甚至可以责怪历史发展到南北朝这样的乱世，自己能力有限登上皇位实在是吃不消……但是，他就是不应该责怪书籍。

从小瞎了一只眼的萧绎，少年时便很聪颖，尤其擅长五言诗，表现了良好的文学才华。萧绎一生著述颇丰，作品凡二十种，四百余卷，是中国文论史上值得一提的人物。梁元帝读书写作这么勤奋，如果他不当皇帝，做个文人学士，在那个年代找个工作混口饭吃估计是不成问题的。然而，他毕竟是个出身皇家的政治人物，而且由于种种机缘，有幸（或者是不幸）成了能在历史上留名的皇帝。在"命运"面前，对于自己的职业，梁元帝还真未必做得了主。

既然读了那么多的书，缘何会落得如此下场，甚至产生"书籍误我"的感觉？分析起来，梁元帝读书不外乎两种情况：要么读书方法不对头，要么读错了书。

读书方法不对头，读了再多也是消化不良，无以致用。书或许

是好书,可惜读书的人只带了眼睛没带上大脑(或者大脑容量不足),然则再好的书也是耳边风一般,什么痕迹也没留下。这种情况在所谓的"读书人"当中并不鲜见。比如,当年高考还是"千军万马过独木桥"的时候,不乏这样的学生:每天起早摸黑苦读狠读教科书,拿起书本可以倒背如流,答起试卷却无从下手或离题万里。众多的事实表明,读书是讲究方法的,没有好的方法,书籍中的营养不会自动跑进你的大脑。刘向说:"书犹药也,善读之可以医愚。"读书,需要的是"善读"。陶行知也说过:"用活书,活用书,用书活。"而没有方法的"死读书,读死书",只会把人读成毫无实际能力的书呆子。

读错了书的情况,也是不鲜见的。比如,梁元帝是个政治人物,应该饱读的是治国平天下的经典,然而,他可能只把读书当作娱乐休闲,也许看的只是大量的风花雪月或者玄谈之类,根本就无益于施政。如此,你不可否认梁元帝是读了万卷书,然而,这些书又的确没有使他改变什么。事实的确如此,梁元帝读书,追求的是华丽的文辞,为的是让自己的诗文更富文采,为的是让自己在那些博学之士面前长长脸,以此"压倒"他们,让世人知道自己是个"才华横溢"(而不是"治国有方")的君主。然而,梁元帝似乎全然忘记了:当时他的国家内忧外患,危在旦夕,作为一国之主的他,最需要考虑的,并不是写出大量的风花雪月,也不是卖弄那些仅供闲谈的"学识",而是如何抵御外敌,安抚百姓……和梁元帝相类似,历史上有些亡国君主,诗文写得特别好,治国却一塌糊涂(比如大名鼎鼎的南唐后主李煜),你能说他不读书吗?这样的读书,其实已沦落到"不务正业"之列,哪里值得提倡?这就好比现代某个高

中生，读了万卷武侠、言情，却在高考中失利，你能怪罪书籍都是无用的吗？在什么山唱什么歌，干哪一行就该认真读好哪一行的书（其他只能当业余爱好处理），这样才能让书籍有个"致用"的机会。

读书多不等于知识多，更不等于各方面能力都很强。一个人能力的提高，一部分得益于书籍，一部分得益于实践（所谓"读万卷书，行万里路"，说的也就是这个道理）。以为多读了几本书就可以包打天下，成为"万能之士"，那可真是冤枉了书籍。那种以为读了几本书就必须达到某种效果，万一不如意就迁怒于书籍的人，我看还不如别去读书——书可担当不起这个罪责。

2007年11月7日之夜

原来是一丘之貉

齐定州刺史南阳王绰，喜为残虐，尝出行，见妇人抱儿，夺以饲狗。妇人号哭，绰怒，以儿血涂妇人，纵狗使食之。常云："我学文宣伯之为人。"齐主闻之，锁诣行在，至而宥之。问："在州何事最乐？"对曰："多聚蝎于器，置蛆其中，观之极乐。"帝即命夜索蝎一斗，比晓，得三二升，置浴斛，使人裸卧斛中，号叫宛转。帝与绰临观，喜噱不已。因让绰曰："如此乐事，何不早驰驿奏闻！"由是有宠，拜大将军，朝夕同戏。

——《资治通鉴》第一百七十一卷

某次与朋友聚会，在乡下公安派出所当民警的 A 先生说起一件"趣事"，听者无不捧腹。

A 先生说，事情发生在多年前，执法部门权力比较"宽泛"的年代。那天，他们派出所为了完成"创收"任务，来到国道上对过往车辆进行"检查"。结果，在一辆外地轿车的后备厢里，他们发现了一条珍贵的野生蛇。吃惯了山珍野味的所长是识货的，不由分说，将这条难得的山珍扣下，挥挥手让轿车去了。

不料，那辆轿车上坐的也不是省油的灯，一个投诉电话打到当地纠风部门。很快，纠风部门的领导，一个级别比派出所所长高出几格的官员出现在派出所。纠风领导声色俱厉，对派出所横挑鼻子

竖挑眼，甚至对墙角的几缕蜘蛛网也大做文章。看这架势，非得把派出所当典型来抓了。所长和民警们（整个派出所也就三四个工作人员）低声下气，好话说尽，纠风领导仍不给好脸色。最后，所长豁出去了，将那条好不容易缴获的山珍送到附近餐馆，炖了一锅香喷喷的蛇汤，拉着纠风领导入席。杯来盏往之际，大家很快亲如旧友。停杯止筷之后，纠风领导回味无穷地揸着嘴，嗔怪派出所所长："以后缴了这么好的东西，一定要记得叫上我，不能偷吃了！"一伙人嘻嘻哈哈地去了，不打不成交，从此双方成了常来常往的好朋友。

最近读《资治通鉴》，翻到第一百七十一卷，居然发现了这个发生在身边的故事的另一个版本。书中说，南北朝时期，北齐定州刺史南阳王高绰，以行残暴之事为乐。该国皇帝北齐后主知道他的暴行之后，将他抓起来。北齐后主问高绰："你在定州干什么事情最快乐？"高绰说，捕捉许多蝎子放在容器里，再放进一只猴子，看蝎螫猴非常可乐。北齐后主一听，兴致大发，立即令人连夜捉来一斗蝎子，放在澡盆里，叫人裸身躺进去（"改进"了高绰所说的玩法）。那人被螫得哭天喊地时，在一旁观看的北齐后主和高绰却开心不已。北齐后主还责备高绰："如此乐事，何不早驰驿奏闻！"——怪高绰没有早些派驿使向他奏报天下还有这么好玩的事。结果，高绰一度因祸得福，被北齐后主拜为大将军，与北齐后主"朝夕同戏"，成了领导身边的红人。

监督者与被监督者臭味相投，成为一丘之貉的故事，在很多时候恐怕都不少见。这几年不是出现了一个新名词"封口费"吗？这个说法在新闻界尤其流行。何谓"封口费"？新闻记者发现了某个单位、某个地方存在这样那样的问题，正要运用舆论监督工具使之

曝光于大庭广众之下，被监督者知道了此事，赶快奉上红包一个，于是双方握手言和，记者们从此对存在的问题装聋作哑，任凭群众如何呼吁也不再理睬。"封口费"最流行的地方，可能当数山西某些矿区了，每当有矿难发生，正是"封口费"大显神通之时。据报道，在当地甚至还有若干无业人员假冒记者，专门收取"封口费"，而矿主们不管其身份真伪，来者不拒，见者有份（否则的话，假记者可能引来真记者）。"封口费"已成为新闻界的一大公害，那些未能抵制诱惑的记者，在金钱面前乖乖投降，从此与黑心矿主之类的不法之徒狼狈为奸，而真正有良知的记者对这种"生态"除了愤慨，更多的是无奈。

我曾经认识一个习惯偷税漏税的商人，有一年，税务部门好不容易逮到了他，天天找他的麻烦。可是，过了一段时间，大家却发现这个商人和那些找他麻烦的税务干部成了"铁哥们"。问到原因，这个商人不无得意地说，他已经摆平了自己的对手，现在不但高枕无忧，税务部门的"哥们"还教他如何巧妙逃税呢。

之所以出现这种"猫鼠同窝"的情况，一方面固然与监督制度本身存在的缺陷有关，另一方面则是监督者自身素质所导致的。

监督制度的缺陷，使监督者与被监督者很容易一拍即合，结成同盟。在利益面前，有些人难免见利忘义，把本该坚守的原则丢在一边，此时，光靠"自觉"显然是远远不够的。传统的"单线纵向型"的监督机制，在这个时候破绽百出，导致"猫鼠一家"的结果也就很"正常"了。在这种机制下，监督者在监督别人的同时，自己所受的限制非常有限，他自身的"被监督"便成了个很现实的问题。要解决这个问题，必须设置循环型的监督模式，比如 A 监督 B，B

监督 C，C 监督 A，环环相扣，互相制约，使大家都对制度心存敬畏，这样就不易形成小圈子的利益共同体。

　　而说到监督者个体的素质问题，则需要重视职业道德教育。这并不是空洞的说教，而是很有必要做的一件事，只要做得好，是完全可以取得实效的。每个行业都有自己的"行规"，职业道德教育，就是要让行业内的人都能将"行规"奉为圭臬，并以此为荣（也就是具备执着的敬业精神）。在这个前提下，才能保证从业人员在私利面前不会轻易"叛变"。如果一个人在进入某个行业时，对这个行业根本没有责任意识、使命感，私利面前随时准备出卖大义，这怎么能指望他真正把职责履行好呢？

2007年11月13日之夜

如此"水涨船高"

辛巳,周宣帝传位于太子阐,大赦,改元大象,自称天元皇帝,所居称"天台",冕二十四旒,车服旗鼓皆倍于前王之数。皇帝称正阳宫,置纳言、御正、诸卫等官,皆准天台。尊皇太后为天元皇太后。

——《资治通鉴》第一百七十三卷

秦始皇以前,中国的历代最高统治者称"王"。夏商周三代,全国只有一个王,下面的诸侯国,国君的称呼只是"公侯伯子"之类。到了战国时期,天下失去"共主",诸侯国在实际上已成为完全独立的单位,国君都随意称王了。秦王嬴政统一全国后,感到"王"的称呼太滥,已不足以体现他这个全国"一把手"应有的威严与尊贵,于是想出了个新名词:皇帝(意思是"德过三皇,功高五帝",传说中的三皇五帝加起来才有自己这么伟大)。这个时候的"皇帝",名称虽然响亮,其实就是"王"的改名而已。

秦很快灭亡了,刘邦这个并非出身干部家庭的农民的儿子有幸成为新的皇帝。为了平衡各种关系,方便自己的统治,刘邦在"皇帝"之下设了若干个王,而对自己的子孙更是大肆封王。从此,"王"正式成为低于"皇帝"的"职位"。后世的人造反或篡位,如果事先"级别"不够,便往往先称一下"王",条件成熟后才敢称"皇

帝"。此时的"王"，相比于秦朝以前的"王"，那是大大地贬值了。

从秦始皇直到清末宣统帝被赶下龙庭，"皇帝"基本上是中国封建史上的至尊称号。但也有例外——偶尔，"皇帝"之上居然还有"级别"更高的职位。

公元 579 年，正是南北朝时期。这一年，当皇帝不到一年的北周宣帝宇文赟将皇位传给太子宇文阐（北周静帝）。皇帝让位之事在历史上常有，不过，这个宇文赟，让出皇位后，并非退居二线养老去也，而是设了个比原皇帝更高的职位"天元皇帝"——其实就是进一步"提拔"了自己。成了"天元皇帝"后，宇文赟居住的地方称为"天台"，车服旗鼓的规模比皇帝增加一倍。宇文赟不仅随意更改国家典章制度，而且自比上帝，不准别人的名字出现"天""高""上""大"等字眼，姓高的改为姓姜，九族中称高祖的改称"长祖"。静帝在他面前名为皇帝，其实只是一名随从。（见《资治通鉴》第一百七十三卷）

自我膨胀到了极点的宇文赟不但提高自己的规格，还大量增加"皇后"的"职数"，搞出了天皇后、天右皇后、天左皇后等多个皇后。《资治通鉴》第一百七十四卷载：天元皇帝准备册立五位皇后，征询小宗伯辛彦之的意见。没有好好领会领导意图的辛彦之认为皇后与天子同样尊贵，不应该有五位（也就是"物以稀为贵"的道理）。结果，"不懂事"的辛彦之被罢官，宇文赟还是正式册立了五后。

正常情况下，"退居二线"的皇帝，一般称为"太上皇"，是不再拥有实权的，纯粹是一种荣誉称号。如唐高祖李渊，把皇位让给儿子李世民之后，实权也交出去了，自己只管吃喝玩乐。当然，

也有的"太上皇"（或称"太上皇帝"），"退居二线"后仍掌实权，如清高宗乾隆。但再怎么说，他们也不至于像那位天元皇帝那样，完全行使皇帝的职权而且搞得下面职数膨胀。

宇文赟的做法，其实还是当皇帝，只不过是更专制，比皇帝还"皇帝"而已。他把自己提拔为"天元皇帝"后，下面管到的皇帝其实就不是通常意义上的皇帝了，实质上只是一个属官。还好，后世那些皇帝没有学他的样，也在"××皇帝"之下设置皇帝，否则，"皇帝"的称谓肯定也像当年的"王"一样贬值了，说不定会弄得全国上下到处可见"皇帝"呢。

宇文赟的"水涨船高"，倒很容易使人想起当今某些单位的"机构升格"现象。一些本来不该有"级别"的企事业单位，因为受到的"重视程度"不一样，纷纷升格，科级变处级，处级变厅级，虽然事情还是那么多，本质上什么也没改变（社会效益、经济效益还是"一如既往"），但是名称变了，单位领导的头衔更响亮了，排场也跟着上去了；另一种情况甚至是机构其实"级别"不变，只不过是换了个更"大气"的名字，乍一听规格上去了，其实却是这个名称越来越不值钱了。例如，这些年许多高校纷纷将"系"改成"学院"，于是学院（有些高校本身就只是个学院）下面管学院，院子里到处都是"院长"，人们一不小心碰上个"院长"，也就不再像以前那样肃然起敬了；还有，一些单位将科长改称处长、股长改称科长……这种改名情况，听是更好听了，可是事实却没有得到任何改变，除了造成概念混乱，还便宜了刻图章、制招牌的，他们倒是可以借此机会大发一笔，真是！

从另一个角度看"水涨船高"，其实是降低门槛，放大水船，

影响行业整体质量。这些年高校教授成堆现象便是一例。小时候在农村，提起"教授"二字，大家可是肃然起敬，这头衔，比乡长、县长还扎眼啊！我们上大学时，教授头上的光环也是耀眼的，因为评上教授职称实在不容易（要求高得很）。可现在呢，随便一个三流的院校，都有一大把的教授，而且许多是年纪轻轻，涉世不深。是大学教师的水平普遍提高了吗？我看未必。许多拥有"教授"头衔者，相比于老一辈的教授们，不但学术成果差得远，本身的学识也是远远不如。真正的原因，恐怕是由于教授评审权下放后，某些高校自动降低了标准，给一些原本不够教授水平的教师也戴上了教授的帽子。如此，只能混淆了大家的水平，让人光看头衔根本无法判断谁是英才谁是庸才。

事情本身没发生变化时，名称的改换能说明什么呢？把大量的心思花在"名"上，实在是意思不大。

2007年11月15日之夜

文风浮华也成罪

隋主不喜词华，诏天下公私文翰并宜实录。泗州刺史司马幼之，文表华艳，付所司治罪。治书侍御史赵郡李谔亦以当时属文，体尚轻薄。上书曰："魏之三祖，崇尚文词，忽君人之大道，好雕虫之艺。下之从上，遂成风俗。……今朝廷虽有是诏，如闻外州远县，仍蹈弊风：躬仁孝之行者，摈落私门，下加收齿；工轻薄之艺者，选充吏职，举送天朝。盖由刺史、县令未遵风教。请普加采察，送台推劾。"……诏以谔前后所奏颁示四方。

——《资治通鉴》第一百七十六卷

《资治通鉴》第一百七十六卷有一段关于文风的记述，说的是隋文帝讨厌浮华文风的事，写文章的人不妨看看。

隋文帝杨坚是个不喜欢读书的人。他当上皇帝后，因为不喜欢文章用词华丽，专门下发文件，要求全国的公私文书做到行文朴实。泗州刺史司马幼之的文章奏表都写得很浮华（估计有堆砌辞藻的嫌疑），结果，隋文帝把他交给司法部门治罪。

当时的治书侍御史李谔也讨厌华丽文风的盛行。针对这种情况，他特地给隋文帝打了个报告，说一些边远的州县没有执行朝廷要求文风朴实的命令，仍在选拔任用一些擅长花拳绣腿式文章的人，建议文帝派人下去普查，将这种人送御史台定罪。

　　李谔认为，当年曹魏的三个君主注重文辞优美，忽视治世之道，于是下面的人纷纷效仿，终于成了风尚。到了东晋、齐、梁时期，这种文风的危害到了极点，很多人的文章连篇累牍，积案盈箱，洋洋洒洒写下来，却只是描述了月升露落、风起云涌的情景，而这种人偏偏能得到重用。于是，全国上下，从王公子弟到乡野孩童，竞相追求这种没有实用价值的"雕虫小技"，而忽视学习实用知识。结果，文笔日繁，其政日乱，产生了恶劣的影响。隋文帝看后，做出重要批示：将李谔的报告下发到全国各地。

　　文风浮华也成罪，在今天来说，简直可算"奇闻"了。那些文章写得"漂亮"的笔杆子们，得庆幸没有碰上那样的时代才是。

　　隋文帝所讨厌的，也许主要是实用性文体的华丽文风（不过，那时文章、文学未分家，没有什么职业作家之类，人们看重的还是文章的实用功能，所以，写"闲文"的也要一并遭殃了）。除了文学作品，其他文章都应是实用型的。实用型文章，理应行文简洁，通俗易懂，讲究效率，让人在最短的时间内了解它的意思，获取有用信息。那些玩弄辞藻、叙述过分铺张曲折的文章，把有用信息埋藏在大量的废话中，有意无意地浪费了别人的宝贵时间，的确该打屁股。在朱元璋手上，据说有个叫茹太素的大臣还真的因为写长文章被打屁股。据明朝《礼部志稿》载，明太祖洪武九年（公元1376年），刑部主事茹太素上了一份长达一万七千字的奏章，读到六千多字，尚未进入正题。朱元璋大怒，先把茹太素杖打一顿再说。第二天，令人继续读这份奏章，当读到一万六千五百字时才进入主题。朱元璋嘲笑道：这道奏折五百字就可，何须万言？打屁股是活该。而进入 21 世纪，有一则精短的演讲词被人们广为传颂，那就是美国耶

鲁大学三百年校庆上的校长致辞，这则致辞仅150多字，全文如下："今天，我们不要说耶鲁的历史上出过五位美国总统，包括近几十年来接踵入主白宫的老布什、克林顿和小布什；也不要说耶鲁是造就首席执行官最多的摇篮。我们更应该记住，耶鲁的毕业生有三位诺贝尔物理学奖、五位诺贝尔化学奖、八位诺贝尔人文类和八十位普利策新闻奖、奥斯卡电影奖、格莱美等奖项的获得者。耶鲁，我们的耶鲁，自始至终坚持为人类文明和社会进步服务的理念！"如果耶鲁大学的校长也像茹太素那样写文章，以耶鲁的成就，这校庆致辞没有三天三夜哪里说得完？

撇开实用型文体，来说说文学作品吧。文学是一门艺术，语言的艺术。既然如此，文学作品的语言当然是需要精雕细琢的，要让人读了产生审美的愉悦（所以，相比于其他文体，文学作品除了认知功能，还具备审美等功能，在语言上的要求就高得多了）。那么，文学作品是否就应追求浮华的文风呢？

应该说，千百年来，的确有人是这样认为的。远的不说，就说当代吧，我们便经常可以从报刊读到这样的作品：文章的每一句话都相当漂亮，甚至动辄可以看到平时几乎没见过的字、没听过的词，让人乍一看，感到高深莫测，好不佩服。然而，这一个个华丽的句子串起来之后，再三品味，却始终不知所云，就是闹不明白作者想告诉我们什么（正如李渔说的，洋洋洒洒几大段下来，说的不过是一朵白云）。对于我辈文学的门外汉来说，这种文风只能让人从此不敢亲近"文学"，做出"惹不起躲得起"的选择。这样的"有句无篇"的作品，在普通读者看来，不过是一场文字游戏罢了。

文学作品中，优美的语言固然很重要，但厚实的内容才是第一

位的。文章终究是写给读者看的，如果让人看不下去，或者看了之后一无所获，则文辞再华美又有什么作用？语言只是作品形式的一方面，形式与内容相比，打个不尽恰当的比方，就好像人的外表和内在气质，一个人的气质太差的话，怎么刻意打扮恐怕都是那么回事。同样的，一个气质颇佳的人，淡妆素裹也能引人注目，而如果浓妆艳抹的话，说不定还倒人胃口呢。明白了这一层道理，再回头看古时那些无视文章内容刻意卖弄文字而获惩罚的人，又觉得他们并不是特别"冤"了。

2007年11月18日之夜

隋文帝的不图虚名

贺若弼撰其所画策上之，谓为《御授平陈七策》。帝弗省，曰："公欲发扬我名，我不求名；公宜自载家传。"

——《资治通鉴》第一百七十七卷

生活就是名利场。自古以来，身居高位者尤其注重留名。于是，在官场就不乏这样的现象：官大文章好，当职位达到一定级别时，粗通文墨甚至大字不识一箩筐的也能留下几篇署名文章作为宝贵的文献资料、精神财富了。这些文章是怎么回事，想来大家都知道，自然是捉刀者的功劳。有的是捉刀者把文章弄出后，直接署上领导大名；也有的是以联合署名的形式发表，领导在前，真正的作者在后面心甘情愿地做"拖斗"。许多领导对这种做法心安理得，久而久之便在圈内成为"惯例"，人们也就习以为常多见不怪了。当然，历史上也有位居天下之尊而不追求这种"署名"文章的。隋朝开国皇帝杨坚便有一例。

《资治通鉴》第一百七十七卷载：隋文帝开皇九年（公元589年），杨坚手下的开国元勋贺若弼撰写了自己在隋灭陈之前提出的计策，却冠上《御授平陈七策》的题目，献给隋文帝（用现在的话来说，就是明明是贺若弼自己的理论成果，却说成是领导隋文帝杨坚的思想，自己只担当个"整理者"的角色——至少相当于"联合

署名"吧）。没想到，杨坚看也不看，就对贺若弼说："你想为我扬名（提高我的理论知名度），出发点是好的，可是我并不想追求虚名，你还是把它记载到你自己的家史中去吧。"硬是没让贺若弼拍成马屁。

杨坚这个人，史书上说他不爱读书，估计文化程度不是很高。然而，不爱读书并不妨碍他坐天下（就像现在很多人不读书并不影响其成为大领导、大老板一样，可见读书并不是万能的，哪个以为读了书就应比不读书的人强，就应什么都会什么事都能办成，那就很有可能到头来像梁元帝那样怪罪书籍了）。作为一代帝王，杨坚的业绩虽然不如秦皇汉武、唐宗宋祖，但总的来说，应该算是过得去的一位。此人的优点之一就是做人低调，不图虚名。

杨坚统一南北方，结束了持续几百年的分裂局面，这个功绩可是非同一般。《资治通鉴》同一卷还提到：公元589年，隋朝平定江南的陈朝后，乐安公元谐进言："陛下的威德流播远方，我以前曾建议任用突厥可汗为候正，陈叔宝（陈朝最后一个皇帝）为令史，现在可以采纳我的建议了。"隋文帝说："我平定陈国，是为了除去叛逆，而不是为了向世人夸耀功绩。你说的根本不合我意。况且，这两个人怎能胜任那样的工作？"这一年，朝野上下都请求隋文帝去泰山举行封禅大典（这可是劳民伤财的大型庆典活动），隋文帝下诏说："怎么可以因为我灭了一个小国，引起远近的注意，就说现在天下太平呢？以这点薄德去封禅泰山，用虚言祭告上天，这不是我想听到的建议。今后谁都不能再提这种事了。"正是因为如此，隋初短短数年，国家迅速富强起来了。

不图虚名的表现，在唐太宗李世民身上也有。《资治通鉴》第

一百九十五卷载：贞观十二年（公元 638 年），著作佐郎邓世隆上表请求收集唐太宗写的文章（相当于现在的出个"文集"）。李世民说："我的辞令，对老百姓有用的，史官都记录下来了，足可以不朽；如果没有用处，收集了又有什么用呢？梁武帝萧衍父子、陈后主、隋炀帝都有文集传世，哪能挽救他们的灭亡呢？作为君主，应该担忧的是不施德政，光靠文章有什么用？"

唐太宗不出文集，和隋文帝不要"署名文章"颇有异曲同工之处。这二位都是政治人物，而不是文学家，当然不必也不应热衷于搞这些务虚的名堂。"署名文章"，如果是自己写的，发表一下倒也无可非议，拿到人家的东西据为己有，就没这个必要了，而且容易带出不劳而获、贪图虚名的风气。唐太宗不出文集，这个考虑也是自有他的道理：他作为全国最高领导，毕竟和普通文人不同，此事一旦"操作"不慎，便有可能加重群众负担，而且让官吏们重文章而轻实绩。当然，如果他不是领导，只是一个文人，条件允许的话出上几本书又是另当别论的事了。

雁过留声，人过留名。一个人在世上走了一遭，希望给后人留下些许自己曾经存在的证据，这是很正常的心理，如果把握得好，也可以说是一种积极的人生态度。留名的方式有多种：比如创造丰功伟绩，名垂青史；比如留下思想财富，让后人传颂；比如修身立德，成为后人学习的楷模；等等。只要做到了其中一条，都足以让后人记住自己（当然，也有人以遗臭万年的形式让自己被后人记住，这种无耻行为就不足道了）。相对而言，以文字成为自己的代言，是简捷有效的途径。于是，没写过文章而让人代笔者有之（这种人当然是有一定权势的），不会写文章而铤而走险抄袭者有之（这种

人太多了，有的人，仅仅是为了让自己周围的人认可自己是支"笔杆子"，便一篇接一篇地抄袭文章发表于各大报刊，结果却是骗了别人一时，害了自己一世）。也有的从文者，不注重写出好作品，却专注于披戴那些华而不实的头衔，试图以那些貌似惊人的"身份"（比如"宇宙级专家""世界级大师""亚洲级名人"之类，其实都是一些草台班子以收费的形式卖出的廉价称谓）扬名立万，结果，外行人被骗得一愣一愣，内行人却在心里暗笑，在岁月的冲刷之下，他的身后其实一无所有，什么也没留下。

有心栽花花不成，无意插柳柳成荫。如果真想留名，还是像杨坚、李世民他们那样，多干实事，以事实说话，让历史自然地把自己记下吧——弄虚作假追求虚名在历史老人身上是不管用的。

2007年11月20日之夜

李世民的处境（经济版）

上之起兵晋阳也，皆秦王世民之谋，上谓世民曰："若事成，则天下皆汝所致，当以汝为太子。"世民拜且辞。及为唐王，将佐亦请以世民为世子，上将立之，世民固辞而止。太子建成，性宽简，喜酒色游畋；齐王元吉，多过失；皆无宠于上。世民功名日盛，上常有意以代建成，建成内不自安，乃与元吉协谋，共倾世民，各引树党友。

——《资治通鉴》第一百九十卷

大隋集团总公司的部门经理李渊，有个年轻能干的儿子叫李世民。那时，大隋公司的第二任老板杨广忙于用公款游山玩水吃喝玩乐，而且丝毫不尊重公司董事会的意见，实施盲目扩张政策，在收购高丽公司的过程中惨遭投资失败，致使公司效益严重下滑。在公司日子越来越难过的情况下，跳槽、反水的员工层出不穷。

面对这种形势，年轻的李世民转动了他那非凡的经营头脑，决定利用老爸手上的那点本钱干一番大事业。当然，李渊是个谨小慎微的人，面对市场风险，未必肯把这点本钱抛出来。当时，李渊和同事裴寂关系特别好，常常通宵达旦地喝酒、侃大山。李世民为了让裴寂劝说父亲同意投资，拿出了自己的几百万私房钱，叫人陪裴寂赌博，慢慢地把这些钱输给了裴寂。裴寂见老同事的这个后辈出

手这么大方，心里高兴，经常和他玩，感情就越来越深。水到渠成之后，李世民图穷匕见，提要求了。裴寂心想，如果老李家的公司做成了，自己或许可以弄个副总什么的干干，于是满口答应劝说李渊。在他们的努力下，李渊想想也是，万一成功了，自己当个绝对权威的"一把手"岂不比做个部门经理爽多了？于是决定放手赌一把。

当时，李渊的资金并不是特别雄厚，面对激烈的市场竞争，他在加大积累的同时，还向少数民族突厥公司贷款，有效地壮大了自己的实力。

此后，李世民带着一帮伙计，走南闯北，不断开拓市场。在他的努力下，大隋公司终于宣告破产，李渊正儿八经地成为大唐集团董事长，李世民兄弟几个则顺理成章成为董事，其中的大哥李建成虽然市场业绩平平，却占到了出生早的优势，被立为公司法定继承人。本来，李渊刚开始投资时，因为经营思路都是出自李世民，便对他说："如果事业成功，就应该立你做继承人。"李世民不想坏了行规，当然表示谦让。后来，李家的事业越做越大，李渊还有几次想立李世民做接班人，但都被他推辞了。

正是在这种情况下，李世民的处境就变得尴尬起来了。李建成虽然作为接班人已经写进了集团的章程，可他知道自己能力一般，业绩平平，而且好色懒惰，在员工当中的威信比不上老二。李世民的弟弟老三李元吉也是董事，因为老是犯些小错误，不受董事长喜欢。于是，才能突出的老二成为老大、老三的公敌。

李渊晚年，因为功成名就，成了一方大老板，宠幸的二奶三奶之类就很多了。李建成、李元吉知道这些二奶三奶们得罪不起，于

是用心逢迎巴结她们。李世民是个凭本事吃饭的人，当然不愿做这样的事，平时不和她们打成一片，每次出差回来也从不给她们带纪念品什么的。结果，这些二奶三奶们也和李建成、李元吉站在同一战线上，大家一起诋毁李世民。众口铄金，积毁销骨，听得多了，李渊对已是集团高管的裴寂说："这孩子长期掌管公司经营部门，被手下的营销人员教坏了，已经不是我当年那个儿子了。"再发展下去，李世民的处境变成了这个样子：每当集团要开辟新市场或经营、财务有困难时，李渊总是指定李世民负责；而一旦问题解决了，李渊对李世民的猜忌就又重了一层。

李建成、李元吉为了削弱李世民的实力，还试图拉拢李世民手下那几个最得力的高级员工尉迟恭、程咬金、房玄龄、杜如晦等人。拉拢不成，便向董事长诬陷他们，将他们下放到基层，使李世民越来越势单力薄。

在这种情况下，李世民那些铁杆哥们知道，李世民面临的选择只有两种：要么奋力一搏，获得董事长地位；要么坐以待毙，等待即将到来的下岗失业。于是，在长孙无忌、尉迟恭、房玄龄、杜如晦一干人的合谋下，李世民决定在最近召开的董事会上发难，揭发李建成、李元吉等人对集团公司犯下的种种大错，迫使他们下台。由于事情来得太突然，李渊措手不及，控制不了局面，为了防止集团出现大规模的罢工运动，只好同意李世民下了两个兄弟的班（包括户口）。会后，李渊知道自己负有领导责任，况且这份事业李世民本来就厥功至伟，便干脆主动提出退居二线，担任名誉董事长，把董事长的位子让给了年富力强的李世民。

李世民的确是个优秀的经营者。当上董事长之前，他就带着一

帮人屡创佳绩，陆续将市场上颇有一席之地的刘武周、薛仁杲、窦建德、王世充等人的公司兼并。更不得了的是，当上董事长后，不可一世的突厥公司也被李世民拿下了（该公司仗着当年曾经贷款支援李渊，逢年过节要李渊送礼，而且态度非常无礼，李渊对此实在是伤脑筋但又没办法）。名誉董事长李渊从报纸头条看到这条消息后，高兴得在凌烟阁连夜宴请李世民并召开联欢晚会，父子俩一个亲自弹琴，一个亲自伴舞，好不开心。李渊还动情地说："我的确没看错这个孩子啊！"

后世常有人拿那次董事会的事来诟病李世民。其实，了解李世民当初的处境的话，就没必要责怪人家了。一个能力这么突出的人，不上去的话竟然在公司将失去立足之地，这是何等残酷的事！不甘坐以待毙的李世民，除了上去，别无选择，否则，他当初就不该长个那么好使的脑袋，更不该老是把事情做得比别人更好。大唐公司这个家族式企业的体制之弊，发人深思。（"政治版"参见《资治通鉴》第一百八十三卷、一百九十卷、一百九十一卷、一百九十三卷等）

2007年11月23日之夜

结论别下得太早

十二月，癸丑，帝与侍臣论安危之本。中书令温彦博曰："伏愿陛下常如贞观初，则善矣。"帝曰："朕比来怠于为政乎？"魏徵曰："贞观之初，陛下志在节俭，求谏不倦。比来营缮微多，谏者颇有忤旨，此其所以异耳。"帝抚掌大笑曰："诚有是事！"

——《资治通鉴》第一百九十四卷

李世民当了几年皇帝后，政绩斐然，朝野有目共睹。贞观六年（公元632年），大唐秘书少监虞世南呈上《圣德论》一文，为这位杰出的领导人歌功颂德。结果，李世民就此做出重要批示："卿论太高。朕何敢拟上古，但比近世差胜耳。然卿适睹其始，未知其终。若朕能慎终如始，则此论可传；如或不然，恐徒使后世笑卿也！"意思是说，虞世南在文中对本领导的评价太高了，本领导只是比近代的帝王稍强些，比上古帝王可就差远了。而且，虞世南看到的只是本领导开头的表现，还不知道后面是什么结局。如果本领导能善始善终，这篇文章就能流传后世，否则的话，恐怕就成了后世的笑柄！（见《资治通鉴》第一百九十四卷）

李世民不愧为"千古一帝"。作为一个优秀皇帝，李世民取得"贞观之治"的政绩并不让人感到十分难得，更难得的应是在成绩面前还能保持这份清醒。按理说，李世民上台干了五六年（用现在

的概念来换算的话已满一届了），总结一下经验，在全国主要报刊开个系列报道的栏目，美美地自我表彰一番并不过分，毕竟此前的成绩是明摆着的嘛。然而，李世民显然对自己有更高的要求，他知道今后的路还长着，要一如既往地做个好领导并不是那么容易的事，所以，果断地拒绝了下属的"宣传"建议。而且，李世民的这一担心并非多余，这一年，魏徵批评李世民："贞观初年的时候，陛下志在节俭，求谏不倦。现在各种建设工程多起来了，行谏也好像没那么顺了。"李世民听了拊掌大笑："是有这么回事。"

李世民当了二十多年皇帝。虽然他早年叫虞世南结论别下得太早，还好，盖棺论定时，这个唐太宗基本保持了晚节，没有做出前后反差太大、让观众失望的表现来。魏徵说人主"有善始者实繁，能克终者盖寡"。李世民这个时代，君臣整体素质都是不错的，房玄龄、杜如晦、魏徵等都是历史上的名臣，李世民的功绩，既与自身素质有关，也离不开这些人的支持。

《诗经》说："靡不有初，鲜克有终。"历史上的政治人物（特别是帝王级别者），能够做到善始善终者的确不多。还说唐朝吧，另一个知名皇帝唐玄宗李隆基，业绩差点赶上李世民。李隆基前期，也像李世民那样懂得用人，励精图治，广泛听取批评，从严要求自己。唐朝最优秀的宰相有四个：房玄龄、杜如晦、姚崇、宋璟。刚好前二者是李世民任用的，后二人是李隆基任用的。李隆基在开元年间创下的政绩，可与李世民的"贞观之治"媲美。然而，晚年的李隆基，却不再喜欢听逆耳的批评，而且奢侈腐败，信任奸佞，终于使大唐盛极而衰，从此国运不可扭转，他自己也在"太上皇"的位子上郁郁而终。

　　与李世民相比，李隆基就不懂得"结论别下得太早"的道理了，要不然，怎么会说李世民比李隆基高明得多呢？虞世南是幸运的，因为他碰上的是李世民。如果他那篇大作是为李隆基写的，那这个丑就丢大了。

　　像李隆基那样"晚节不保"的人，在历史上一抓就是一大把，这也成为许多人一生的大憾。明末清初的大文学家钱谦益，原为东林党领袖人物之一，曾经是道德文章的"双楷模"，被当时的学子们尊为"宗伯"。明末天启年间，钱谦益勇敢地与阉党做斗争，明朝灭亡之后，他还积极参与反清复明运动。然而，明朝的福王朱由崧在南京成立小朝廷之后，钱谦益为了当上礼部尚书，投向了东林党的死敌阮大铖；清军攻下南京后，钱谦益更是抛弃先前的信仰，摇身一变，做了投降派的头头，成了清廷的高官。与他同时代的洪承畴，信誓旦旦忠于明朝，被捕后也曾经表示要以身殉国，可没坚持多久，便做了清军入关的向导。隋炀帝杨广，当上皇帝之前是个很有作为的杰出青年（和李世民差不多），一旦登上皇位，却成了一个昏庸的暴君。更让人大跌眼镜的当数汪精卫。此人早年参加同盟会，其革命热情同仁们有目共睹。1910 年，汪精卫携炸弹暗杀清廷实际最高领导人摄政王载沣不成，被清廷逮捕。在狱中，他仍是豪气冲天，写下"慷慨歌燕市，从容作楚囚；引刀成一快，不负少年头"的著名诗句，为时人称赞。然而，大家知道，此人最终成了投靠日本的可耻的卖国贼……所以，看一个人，还真得"盖棺"之后再说，说早了未必可靠。

　　李世民对虞世南做出的"重要批示"，放在今天来说，仍有警示意义。不说别的，单说我们的宣传工作吧，就应当从中获得借鉴。

这些年，新闻界不断地树了许多典型，有集体，也有个人，其中，有些典型为了"宣传"的需要或出于美好的理想，有关人员有意无意地把话说得满满的。另一方面，一个不容回避的话题是，许多曾经红极一时的典型，后来要么是"昙花一现"，无所作为（这个结果还不算差），要么就是从正面走向反面，令当年为之摇旗呐喊的"虞世南"们尴尬不已。

　　前不久，我在宁都县采访，聊起某些事情，该县一名资深新闻工作者说，干我们这一行的，最欣慰的事情就是自己写过的正面典型，最后没有一个"倒"下来。也就是说，自己当年的结论是下得正确的。而这，需要的是双方当事人长期保持谨慎、冷静。对被写者来说，要时时提醒自己做到善始善终；对写作者来说，一定要记得有一说一，不说过头话。

2007年11月28日之夜

"四毛"之类

易州刺史赵履温，桓彦范之妻兄也。彦范之诛二张，称履温预其谋，召为司农少卿，履温以二婢遗彦范；及彦范罢政事，履温复夺其婢。

——《资治通鉴》第二百零八卷

王跃文的长篇小说《国画》里面有个小人物叫四毛，是主人公朱怀镜之妻香妹的表弟。四毛本是乡下农民，进城找工作时和朱怀镜一家接上了头。后来，因为朱怀镜靠上了皮市长，所谓"一人得道，鸡犬升天"，四毛也在市政府机关大院做了个小包工头，一年下来虽然尽捣弄些"重复建设"之类的无聊事，收入却挺可观。在朱怀镜的"点拨"下，四毛前前后后"孝敬"了表姐一家10万元。

官场变幻莫测，没想到，随着皮市长的垮台，朱怀镜他们也跟着靠边站了。此时的朱怀镜已是市财政厅副厅长，一下子从分管预算等重要工作调整为分管机关工会和离退休工作。这边权力刚刚没了，那边风流韵事又被人捅出去了，老婆香妹在家和他打起了冷战。就在朱怀镜跌入人生最低谷之际，家里有人上门来了——刚刚在市政府丢了包工头饭碗的四毛。四毛有何贵干？他说，现在没事做了，想在市里租个门面做生意，算了一笔数，还差十几万元本钱，希望表姐一家借10万元给他。

　　朱怀镜一听就明白了，四毛是想一次性要回先后送给他家的钱，于是"真后悔自己帮了这个小人"。结果，没讨到钱的四毛，在朱家说了一些难听的话之后才走。

　　小说读到这里，我登时觉得，四毛这个角色写得太好了：这个人虽然不起眼，可在我们身边似乎时常能见到呢！

　　《资治通鉴》第二百零八卷也写到了一个类似四毛的人，那就是唐中宗时期的易州刺史赵履温。赵履温是宰相桓彦范的妻兄，桓彦范诛杀了武则天的"小白脸"张易之、张昌宗，迎立唐中宗复位后，声称赵履温也参与了这次行动，唐中宗便把他提拔到中央工作，任司农少卿。为了感谢妹夫，赵履温送了两个婢女给桓彦范。很快，由于武三思、韦后等人的挑唆，唐中宗把桓彦范等人架空，桓彦范被免去宰相职务而封为扶阳王。结果，赵履温马上夺回了那两个婢女。

　　这赵履温，做得比四毛还出格，妹夫还没倒台，只是失去实权，改任级别更高的非领导职务而已，他便如此迫不及待，瞧这嘴脸！

　　四毛这类势利小人，古往今来不计其数。你别看他们靠上某个具备利用价值的人物之后，出手大方，鞍前马后俯首帖耳，事实上，一旦这个人的利用价值失去了，他的脸变得比谁都快，不但过河拆桥，把先前这个"恩公"一脚踢开，抓紧机会把自己以前"奉献"出来的东西连本带利索回，有必要的话还可能落井下石，置人于死地——在这种人心中，其实是毫无"感情"可言的。

　　建立在利益关系上的"感情"肯定是最不牢靠的。可笑的是，有些充当"恩公"角色的人，却自我感觉良好，在发生"变故"之前，丝毫不能觉察这层利害关系，在职在位时一味地"赏识"、任

用这种小人。表面上看，这些人对自己最"尊重"，而且自己从他们手上获利不小，其实自己才是真正被人利用了。当自己有困难时，先前所任用的人不但不会伸出援手，甚至可能成为"掘墓人"。唐德宗年间，曾经当过宰相、后来靠边站的大臣朱泚反叛称帝，占据京城长安。后来，唐德宗的部队反攻得胜，朱泚逃离长安，来到泾州时，节度使田希鉴不让他进城。朱泚责备田希鉴："你的节度使的旌节是我授予的，怎能临危相负呢！"派人去烧城门。田希鉴倒也干脆，取出旌节冲着城下喊："还给你吧！"把它丢进火中（见《资治通鉴》第二百三十一卷）。这种"狗咬狗"的事，不值得同情，不值得赞赏，但值得旁观者引以为鉴。

互相利用的"礼尚往来"，纯粹是一种交易，难怪古人云：君子之交淡如水。真正的帮忙，是施恩不图报的；真正值得帮助者，又是知恩图报的。春秋时期的"管鲍之交"堪称友谊的典范：齐桓公时的著名宰相管仲，与鲍叔牙是好朋友。两人年轻时曾经合伙做生意，每次都是管仲出资少而取利多，但鲍叔牙从来不计较，因为他知道管仲的家境比他差，需要更多的钱赡养老母。后来，齐桓公即位，希望干一番大事业，四处求贤。鲍叔牙认为管仲管理国家的能力比自己强，因此力荐管仲为相，使其成就盖世功名。鲍叔牙死后，管仲在他的墓前叹道："生我者父母，知我者鲍子也。"这二人得以如此相知，正是因为他们的交往中从来没有掺进物质利益的成分。当代的季羡林和胡乔木也有着这种纯洁的友谊。他们既是老同学，又是老朋友。后来，胡乔木官越做越大，但对季羡林的友情不减，多次走访季羡林，还送过新鲜大米、大螃蟹等食品。一向讲究礼仪的季羡林，却从来没有回访过胡乔木。胡乔木逝世后，季羡

203

林饱含深情地写下《怀念乔木》一文，说他们"君子之交"六十年，他对胡乔木刻意回避，回避的是逢迎；如今撰文怀念，怀念的是真情。毋庸置疑，这种"物外"的感情是真正的感情，是牢靠的感情，它不会随对方的地位发生变化而变化，值得人们好好珍惜。

当前社会有一种"有趣"的现象：一个人地位越高，"亲戚""朋友"越多。海南省委书记卫留成曾经感叹：他当省长时，"亲戚"就比以前多出很多，现在当书记了，"亲戚"也许会更多，"亲戚"的数量与官职高低成正比。为了澄清越来越多的"七大姑八大姨"，卫留成专门在公开场合公布自己的亲戚情况。这些后天"粘"上来的"亲戚""朋友"到底是怎么回事？大家心里都有数。正是因为这种现象普遍存在，我们才有必要提起四毛之类的"亲戚"，让那些有能力做他人"恩公"的人好好思量：自己该当什么样的"恩公"，当谁的"恩公"？

2007年12月2日之夜

"斜封官"与"传奉官"

安乐、长宁公主及皇后妹郕国夫人、上官婕妤、婕妤母沛
国夫人郑氏、尚宫柴氏、贺娄氏、女巫第五英儿、陇西夫人赵氏，
皆依势用事，请谒受赇，虽屠沽臧获，用钱三十万，则别降墨
敕除官，斜封付中书，时人谓之"斜封官"。

——《资治通鉴》第二百零九卷

吏治腐败历来为群众所痛恨，从某个意义来说，其危害性有甚
于经济腐败。

中国几千年的专制社会虽然是"人治"的，但多数时期，在用
人体制上还是有一套章法可循，尽管这些制度具体操作时可能走了
样，变了形。不过，到了唐朝中宗时期，有一种叫"斜封官"的，
却可以称为干部任用制度的一项"创新"。

《资治通鉴》第二百零九卷载：唐中宗时期，安乐公主、长宁
公主及韦皇后的妹妹郕国夫人、上官婕妤、上官婕妤的母亲沛国夫
人郑氏、尚宫柴氏、贺娄氏、女巫第五英儿、陇西夫人赵氏等人，
大肆受贿，为人谋官。不管是屠夫酒肆之徒，还是奴婢之流，只要
向这些人送上三十万钱，就能绕开组织部门的考察，直接得到由皇
帝亲笔敕书任命的官位。由于这种敕书是斜封着交付中书省的，所
以这类官员被人们称为"斜封官"。当时的"斜封官"都是不通过

中书省、门下省而由皇帝直接任命，两省长官都不敢过问，只是将任命文件向有关部门传达而已。只有吏部员外郎李朝隐是个硬汉子，前后阻止了一千四百多名"斜封官"的任命，由此也得罪了许多人（李朝隐没能阻止的"斜封官"数量，由此可见有多大了）。由于政出多门，干部任用太滥，致使宰相、御史、员外官总量大增，办公室都坐不下人，被人称为"三无坐处"。

《资治通鉴》第二百一十卷又说，唐中宗的弟弟唐睿宗上台后，景云元年（公元710年），姚元之（姚崇）、宋璟及御史大夫毕构建议把先朝任命的"斜封官"全部废黜，获得睿宗同意。九月十五日这一天，睿宗罢免了几千名"斜封官"。然而，第二年，殿中侍御史崔莅、太子中允薛昭素及太平公主又对睿宗说，"斜封官"是先帝任命的，已经下过文件，现在一下子全部免职，会带来很大的民愤（其实应是"官愤"）。睿宗于是又下令：这些"斜封官"可以量材叙用。可见，这样的干部由于盘根错节的关系，反而能上不能下，要彻底解决这种问题是很不容易的。

到了安史之乱发生后，唐朝封官赏爵之滥，更是到了极点。《资治通鉴》第二百一十九卷载：唐肃宗至德二载（公元757年），当时朝廷已无积蓄，对于立功的将士只能赏赐官爵，诸将出征时，都发给空名委任状，自开府、特进、列卿、大将军至中郎、郎将，都可以临时填写名字。于是，官爵贱而钱货贵，一通大将军委任状，只能换一次酒醉。凡是被招募参军的人，都穿金紫色衣服（这在平时可是只有高干才可以穿的），有些穿着金紫色衣服、自称是大官的人，其实干的却是低贱的事情。——官位贱到这个地步，可真是空前绝后了。

　　历史常常有惊人的相似之处。唐朝出现"斜封官",数百年后的明朝,则出现了"传奉官"。何谓"传奉官"?原来,按明朝的祖制,大官的任命要经过廷推(相当于"常委会"讨论),小官的任命则由吏部铨选。到了明宪宗手上,他才不管这些"繁琐"的程序,为了确保那些不合格的人走上领导岗位,干脆让宦官"传旨",直接任命,对其资格、出身、学历、能力等等一概不论(真是"不拘一格降官才"了)。这些从官场"绿色通道"获益者,都是些和尚道士、江湖术士、优伶工匠之类,当时的人们将之称为"传奉官"。

　　明宪宗死后,儿子明孝宗继位,像唐睿宗那样,接受六科给事中与都察院各道御史的建议,撤销了几千个"传奉官"的职务。而没有被撤职处理的,也还有不少。

　　"斜封官""传奉官"之类的做法,教训是深刻的。从继任者对他们的处理情况来看,人事制度务必坚守原则,不能随意打开缺口。否则,这个口子一开,那就遗患无穷,几代人的努力都未必能够把负面影响消除干净。唐中宗、明宪宗的做法,明显是不负责任的,他们自己倒好,人情做足,好处捞尽,然而,在中饱私囊的同时,却把国家机器的结构给破坏了,把大量的历史遗留问题"赠"给了后人。

　　当历史结束了"家天下"的时代之后,类似于"斜封官""传奉官"的做法是否绝迹了呢?回答恐怕不能过于肯定。至少,在局部地区,在小范围内,用人不正之风还是客观存在的。有些人,按照干部任用条例,轮上轮下轮不到他头上,可人家偏偏一路绿灯,青云直上,还要回过头来嘲笑那些本来应该束缚他的"条例"。这是什么原因?还不是某些掌握了人事权的官员,私下里突破了组织原则,绕开了

相关的程序，采取唐中宗、明宪宗的"直接任命法"，给了这些人升迁的机会。唐中宗、明宪宗因为缺乏有效的监督机制，做出这种事来别人倒也拿他没办法，毕竟国家是他私人的（但也不是完全暗无天日，不是还有个李朝隐官不大却偏偏敢于顶住压力吗？）。在今天这个监督机制重重，权力在理论上不应也不可能过分集中的"公权"时代，再出现这种情况，是不是有些说不过去了？

不要以为历史上的腐朽东西已经过去了，就和我们没关系了。其实，有些腐朽的东西生命力也是很顽强的，稍不留意，你受了它的害还不自知。"斜封官""传奉官"之类，我们本想当笑话来看，可看完之后仔细想想，又觉得的确有些笑不出来。

2007年12月5日之夜

钟绍京的"昙花一现"

以钟绍京为中书令。钟绍京少为司农录事，既典朝政，纵情赏罚，众皆恶之。太常少卿薛稷劝其上表礼让，绍京从之。稷入言于上曰："绍京虽有勋劳，素无才德，出自胥徒，一旦超居元宰，恐失圣朝具瞻之美。"上以为然。丙午，改除户部尚书，寻出为蜀州刺史。

——《资治通鉴》第二百零九卷

唐睿宗景云元年（公元 710 年）六月初二，唐中宗的皇后韦氏想效法婆婆武则天过把女皇瘾，下毒害死了唐中宗。唐中宗的弟弟李旦（唐睿宗）是个老实人，但他的儿子临淄王李隆基却不甘心韦氏夺走李家的天下。李隆基和他的姑姑太平公主、西京苑总监赣县人钟绍京（现在由于行政区划变化，成了赣州市兴国县人）等谋划铲除韦氏集团。此事基本上是李隆基具体操办的，李旦事先毫不知情。钟绍京的职位当时不算高（从五品），放在平时，李隆基这个层次的人肯定没把他放在眼里，但这时李隆基身在宫外，要混进宫中，需要钟绍京帮忙，当然要对他相当客气了。双方说好了在钟绍京的住处集合。据《资治通鉴》第二百零九卷记载，钟绍京一度产生后悔之意，想拒李隆基于门外，倒是他妻子许氏更有胆识，劝他要坚定革命意志，将此事坚持到底。六月二十日晚上，他们动手了，

钟绍京带领二百多名工匠，手持斧头、锯子加入战斗，攻入宫中，将韦后一伙消灭。天亮后，李隆基出宫将此事告诉父亲李旦，把他感动得不行。

韦后毒死中宗后，不敢立即称帝，立了个过渡皇帝李重茂（温王）。六月二十一日，钟绍京被任命为守中书侍郎，二十三日，又被任命为同中书门下三品，这个职位就是今人常说的"宰相"了。二十四日，李重茂把皇位"让"给叔叔李旦，当回了他的温王。钟绍京则被任命为中书令（也是宰相）。然而，按《资治通鉴》的说法，钟绍京年轻时曾担任过品级很低的司农录事一职，一旦掌握朝政大权，任意行赏施罚，朝廷百官都对他有意见。于是，太常寺少卿薛稷劝他自己打个辞职报告以息事宁人，钟绍京听从了。薛稷便对唐睿宗说："钟绍京虽然立下了大功，但毕竟平时没什么才德，现在一下子提拔到宰相高位，恐怕会对朝廷的威信造成不良影响。"唐睿宗想想也有道理，二十六日，把钟绍京降为户部尚书，不久又下放到蜀州担任刺史。《资治通鉴》第二百一十一卷又提到：唐玄宗开元二年（公元 714 年），有人告发太子少保刘幽求、太子詹事钟绍京有不满言论，玄宗下令将二人交给紫微省审讯。还是姚崇等人劝谏玄宗说："他们都是功臣，现在突然担任没有实权的闲职，心里有点郁闷是人之常情。"于是，钟绍京被贬为果州刺史。同年，"果州刺史钟绍京心怨望，"因为心怀不满，又被贬为溱州刺史。

钟绍京（约公元 656—740 年），字可大，三国时期魏国太傅钟繇的十五世孙（在书法上，人们将之与其祖先钟繇相比，称为小钟），其先人在南北朝时期因避侯景之乱而迁居南方。作为赣南人氏，钟绍京是江南第一个在全国性政权登上宰相高位的人（比知名

度大得多的广东人张九龄早了二十多年），尽管由于种种原因，在学界没有引起足够的重视，但在赣南，还是具备相当影响的，曾经被列为赣南十大乡贤之一。遗憾的是，我们这位乡贤，在相位的时间满打满算仅仅四天而已（从六月二十三日至二十六日），然后就在仕途上江河日下，越当越小，真是"昙花一现"般的政坛明星。

钟绍京为何这么"背时"？史书所说的滥用职权激起公愤也许是一方面的原因，但肯定不是主要的。如果皇帝坚持要用他的话，不要说仅仅是出身不高、任意赏罚，即使他违法乱纪，也照样能当下去（这样的人多着呢）。更关键的原因，我看还是因为在没有坚强"背景"的情况下，提拔得太快，而自己的能力又偏偏适应不了官场的游戏规则。

钟绍京和李隆基他们并没有什么很"铁"的关系，在密谋铲除韦后之前，交情未必能深到哪里去，至少不是"四同"过的"死党"。没有先天性的关系网，自己的"适应"能力又一般般，在论资排辈的年代，在钩心斗角的官场，仅凭一时立功这样的偶然因素一下子登上高位，怎么可能坐得稳呢？

我们再来看看李隆基的情况。李隆基立下这个大功后，唐睿宗的嫡长子宋王李成器为了让父亲立李隆基为太子，"涕泣固请者累日"，接连哭着请求了好几天。李隆基当然也很客气，专门上表请求将太子之位让给大哥李成器，但唐睿宗没有答应。这一点，也许是唐睿宗、李成器吸取了唐高祖年间太子李建成的教训，不愿再出现"玄武门之变"。后来，唐睿宗把皇位让给李隆基，李隆基的能力果然不同一般，前期干得相当出色，简直可比唐太宗。和钟绍京相比，李隆基的成功，一是有良好的人际关系，二是本身能力确实

超过其他兄弟（否则，上去了也可能会被撵下来）。

一个人要真正走向成功，光靠偶然的机遇恐怕是不够的，打铁还得自身硬，练就一身扎实的"内功"是相当重要的。钟绍京真正不朽的是他的书法艺术才华（当年他正是因为书法上的造诣而得到武则天的器重，由此做了一名"业务干部"。据史书记载，钟绍京遍练行、草、楷、隶、篆各体，兼取众家之长，武则天时期的许多门匾都是由他书写的，小楷《灵飞经》尤其为后人所称道），走上官场，或许只能说是命运给他开了个玩笑。

2007年12月7日之夜

"伴食宰相"不算差

十一月，己卯，黄门监卢怀慎疾亟，上表荐宋璟、李杰、李朝隐、卢从愿并明时重器，所坐者小，所弃者大，望垂矜录；上深纳之。乙未，薨。家无馀蓄，惟一老苍头，请自鬻以办丧事。

——《资治通鉴》第二百一十一卷

唐玄宗开元年间，卢怀慎与姚崇同时担任宰相。姚崇，可以说是历史上的名相之一了，他曾经很自信地问紫微舍人齐浣："我和管仲、晏婴相比怎样？"齐浣说："管仲、晏婴奉行的法度虽然不能传于后世，但可以做到终身实施。您制定的法度却随时可以更改，所以，您好像比不上他们。"并且评论姚崇只能算一位"救时之相"。姚崇听了也很高兴，说："救时宰相也不容易找啊！"

姚崇可算"救时宰相"，那么，作为搭档的卢怀慎又被人如何评价呢？《资治通鉴》第二百一十一卷说："怀慎与崇同为相，自以才不及崇，每事推之，时人谓之'伴食宰相'。"原来，这位卢宰相，自认为能力比不上姚崇，干脆什么事都让姚崇处理，自己落了个"伴食宰相"的"雅号"。

不过，这个看起来在其位不谋其政、像个摆设的宰相，工作能力虽然不行，人品却并不差。开元四年（公元716年）十一月，卢怀慎病危，还专门向玄宗打报告推荐宋璟、李杰、李朝隐、卢从愿，

说他们是难得的人才，希望爱惜、重用他们（其中的宋璟，后来与姚崇齐名，与李世民时期的房玄龄、杜如晦堪称唐朝四大名相）。不久，卢怀慎去世，家中没有积蓄，只有一个老仆人请求卖身换钱为他办丧事，真是罕见的"廉政楷模"！

生活中，我们对一个人的最高期望是"德才兼备"，而在实际上，这往往只是一种"理想状态"。真正称得上"德才兼备"的人毕竟是少数。更多的人，要么是能力平常，但品德尚可；要么是德、才都不怎么样；更有甚者，才是不错的，德却很糟糕。很久以前就听过一种把人分为四等的说法：德才兼备是第一等，无才有德是第二等，无才无德是第三等，有才无德是第四等。那意思是说，社会对人才的要求是德才兼备，但德比才重要，无才无德的人固然不值一提，有才无德就更不妙了（这种人利用自己的才做起坏事来就麻烦了）。有家企业的领导曾经这样表达他的用人标准：有德有才的要重用，有德无才的培养使用，有才无德的限制使用，无才无德的坚决不用。后两条虽然与"四等人"的说法有出入，但总的来说，还是坚守着德重于才的原则。司马光则认为，情愿用"德才兼亡"的蠢人，也不能用"才胜德"的小人。他在《资治通鉴》第一卷说道："夫聪察强毅之谓才，正直中和之谓德。才者，德之资也；德者，才之帅也。云梦之竹，天下之劲也，然而不矫揉，不羽括，则不能以入坚；棠溪之金，天下之利也，然而不熔范，不砥砺，则不能以击强。是故才德全尽谓之圣人，才德兼亡谓之愚人，德胜才谓之君子，才胜德谓之小人。凡取人之术，苟不得圣人、君子而与之，与其得小人，不若得愚人。何则？君子挟才以为善，小人挟才以为恶。挟才以为善者，善无不至矣；挟才以为恶者，恶亦无不至矣。

愚者虽欲为不善，智不能周，力不能胜，譬之乳狗搏人，人得而制之。小人智足以遂其奸，勇足以决其暴，是虎而翼者也，其为害岂不多哉！夫德者人之所严，而才者人之所爱。爱者易亲，严者易疏，是以察者多蔽于才而遗于德。自古昔以来，国之乱臣，家之败子，才有馀而德不足，以至于颠覆者多矣，岂特智伯哉！故为国为家者，苟能审于才德之分而知所先后，又何失人之足患哉！"

"伴食宰相"这一类人，就是属于第二种，才能有限，但德行不错。当"德才兼备"只是少数人才能达到的高度时，对于我们大多数人来说，能够退而求其次，做好"第二等人"就不错了。毕竟，一个人的才能是可以培养、提高的，但德行的改变就没那么容易了（特别是要一个品德败坏的人改邪归正、弃恶从善，那更是难上加难之事）。

当然，在卢怀慎身上，更为可贵的还是能摆正自己的位子。这一点，在我们今天的职场中仍然很有借鉴意义。

卢怀慎的合作伙伴是谁？能力超强的姚崇（所以，认为卢怀慎完全没能力也说不过去，从上面说到的卢怀慎推荐干部的事例也可知，其人即使能力不突出，但绝对不会是草包、糊涂蛋）。唐朝的宰相，同时由几个人担任，大家地位相当，都是皇帝的主要助手。在一般情况下，互相抬杠的机会便多得很。到了后来，便出现了著名的朋党之争（牛党、李党互相倾轧数十年，"班子"不团结，成了消耗大唐元气的一个重要因素）。假如卢怀慎人品有问题，将出现什么情况？肯定是明知自己能力不如对方，却又不甘示弱，为了显示自己的同等重要地位，找碴子和姚崇唱反调，故意搅局捣乱。这样一来，姚崇再能干，受了这等干扰，业绩也要大打折扣了。卢

怀慎的优点就是有自知之明，而且不争权夺利，能做到甘当配角，成全比自己能力强的同志（也就是"讲大局"了）。如果说姚崇是大树、红花，卢怀慎就是小草、绿叶。赞美大树、红花，何必指责小草、绿叶？

今天的职场，也需要这种甘当配角的"小草精神""绿叶精神"。每个人在工作中都会遇到能力比自己强的合作伙伴，盲目提倡赶超别人是不现实的，至少，在未能赶超之前，我们应当摆正心态，虚心一点，学会做到不添乱、不拆台、不斗气。做不成"第一等人"，做个"第二等人"也是无可厚非的。从这个角度来说，"伴食宰相"虽然评不上优秀，但也不算差劲。

2007年12月10日之夜

"阳光"之功

贞观之制，中书、门下及三品官入奏事，必使谏官、史官随之，有失则匡正，美恶必记之；诸司皆于正牙奏事，御史弹百官，服豸冠，对仗读弹文；故大臣不得专君而小臣不得为谗慝。及许敬宗、李义府用事，政多私僻，奏事官多俟仗下，于御坐前屏左右密奏，监奏御史及待制官远立以俟其退；谏官、史官皆随仗出，仗下后事，不复预闻。……及宋璟为相，欲复贞观之政，戊申，制："自今事非的须秘密者，皆令对仗奏闻，史官自依故事。"

——《资治通鉴》第二百一十一卷

唐太宗李世民在位期间，政治清明，贤才辈出，是中国封建史上少有的"黄金时代"。世界上没有无缘无故的爱，事情的发生，总是有它的内在原因。李世民的成功经验在哪里？《资治通鉴》第二百一十一卷有一段话道出了其中重要的一点。

这段记载说，贞观时期有个规定：中书省、门下省及三品官入朝奏事，必须有谏官、史官随同，如有过失则及时匡正，不管善恶都记录在案；诸司奏事都在正衙，御史弹劾百官，要戴上豸冠，对着皇帝的仪仗朗读弹劾的内容。所以，李世民时期，大臣没办法单独控制或蒙蔽皇帝，皇帝身边的小臣也没办法进谗言。到了许敬宗、李义府（二人都是唐高宗提拔的宰相）执政时，朝政多在隐秘中策

划，官员奏事多是等仪仗撤下后秘密进行，谏官和御史也是随皇帝的仪仗一起退出，后面的事他们根本无从知道。唐玄宗时期，宋璟担任宰相，想恢复贞观年间的做法，玄宗批准道："今后凡事若非必须保密的，一律对仗奏闻，史官要按贞观时的旧例记录。"

我们知道，唐朝近三百年历史，真正给"唐人"带来荣耀的，正是唐太宗的"贞观之治"和唐玄宗的"开元盛世"。唐太宗时期和唐玄宗前期，朝廷议事、决策在公开场合下进行，所以取得了"大治"的成果。唐玄宗后期，情况发生了变化，自从他把直言的宰相张九龄撤职，改而信任"口蜜腹剑"的李林甫之后，"公开议政"便成了私下开小会，结果换来了大乱的局面。由此可见，伟大的政绩来之不易，其中"阳光操作"的方式功不可没。

兼听则明，偏信则暗，这已是老生常谈了。然而，即使是人们的耳朵听得起了茧，这句老话还是有常提的必要。现在的某些领导很容易被下属糊弄，不就是因为议事时没有让"阳光"照进来，一切都在阴暗的角落里由几个心术不正的人偷偷地运作吗？

由于体制的弊端，当前，"外行领导内行"的现象仍不鲜见。当然，从管理学的角度来说，某个行业、单位的领导人，未必需要精通本行业的专业知识，他只需要懂得宏观管理就行了。然而，就是在这个问题上，一些别有用心之徒就有了乘虚而入的机会。这些人大多是领导身边的人，或者是刚刚设法接近了领导的人，往往在本行业混过一阵子，多少有那么半桶子水（属于"在专业人士面前是外行，在外行领导面前是内行"的那种）。他们瞄准领导初来乍到完全不懂这一行的业务这一"优势"，为了达到个人的目的，以业务知识为幌子，冠冕堂皇地迷惑领导，引导其进入管理的误区，

从而做出错误决策，对整个行业（或单位）带来不可估量的损失，埋下难以根除的隐患。如果这个领导在刚上任时就能够开诚布公，广泛征求各方面的意见，并将大家的意见拿到阳光下晒一晒，个别小人的阴谋诡计就没那么容易得逞了。

有一段时间，国内曾经频频出现"假官员"事件。1992年，仅有小学文化程度的贵州省独山县农民周昌平，轻而易举地骗取了江西省吉安地区行署副专员职务。1995年，内蒙古自治区某单位普通工人郭爱宏，以"挂职"名义骗取内蒙古集宁市委副书记职务，两年后办理正式调动手续时，组织部门才发现其档案里的材料是假的。1996年，广东省韶关市的蔡登辉在短短一个多月的时间内，便由一名个体户火速完成入党、招工转干、提拔等手续，摇身一变，先成为乳源县经委副主任，随后"调"入普宁华侨管理区，坐上了区财贸办主任、区政法委书记的位子。进入21世纪后，又发生了"三假干部"曹忠武的故事。早在1995年，不具备干部身份的曹忠武就以伪造的北京财贸学院大专文凭和1万元现金，通过辽宁省铁岭市银州区某局长，假造干部档案，获得干部身份，随即以此调入辽宁省对外贸易总公司。此后，曹忠武"证书随时伪造，职位信手拈来"，两度骗到国家部委副司局级官位。2005年9月，伪造专业证书、干部履历、入党材料的曹忠武在北京被执行死刑。"假官员"这样的荒唐事缘何一再发生？其中一个重要原因就是某些地方的干部管理工作是背着"阳光"进行的。

比假干部更普遍的还有官员学历造假现象。前不久，《瞭望》新闻周刊报道，官员学历造假现象泛滥，2004年10月，中组部等四部委经过两年清查，发现67万名县处级以上干部中，每40名就

有一人的文凭有问题。在官员学历造假中，因腐败问题被处死刑的江西省原副省长胡长清是个典型，他托人在北京大学附近买了一个法学学士文凭，就以"北大才子"自居，甚至自称是"法学教授"。文章还说，据有关数据显示，截至2006年底，全国高等学校学生信息咨询与就业指导中心共接受社会各界近11万份高等教育学历认证，其中9.9%为"问题学历"。如果官员的文凭都要求经常拿出来晒一晒，发现问题及时查处，他们还敢如此大肆造假吗？

关系到大众利益的事情，没什么不可见"阳光"的。"公开"是监督的前提和基础，是公权得以正常行使的保证，是集思广益的有效途径，在今天来说，更是促进民主政治的重要手段和方法。这些年，"阳光政务""阳光工程"之类逐渐成为社会上的流行语，由此可见"阳光"的做法已越来越被人们重视、认可。阳光的确是重要的，阳光可以杀菌，可以照明，可以给人带来温暖。热爱阳光是人之常情。"白日一照，浮云自开"（苏轼《贺端明启》），李世民"贞观之治"的经验告诉我们，对于手上掌握一定公权的人来说，相信"阳光"，比相信自己的能力更重要。

2007年12月12日之夜

李林甫的升官术

吏部侍郎李林甫，柔佞多狡数，深结宦官及妃嫔家，侍候上动静，无不知之。由是每奏对，常称旨，上悦之。时武惠妃宠幸倾后宫，生寿王清，诸子莫得为比，太子浸疏薄。林甫乃因宦官言于惠妃，愿尽力保护寿王；惠妃德之，阴为内助，由是擢黄门侍郎。

——《资治通鉴》第二百一十四卷

唐玄宗李隆基是历史上的知名皇帝，曾经任用过多个知名宰相，如姚崇、宋璟、张说、韩休、张九龄等，都是各有所长的能臣，李隆基前期所取得的政绩，与他们的辛勤工作分不开。而促使李隆基从明君转变为昏君的，也是一个知名宰相，这就是被称为"口有蜜，腹有剑"的李林甫。

李林甫虽然官当得够大，但对于他的为人，稍有正义感的人都会感到很不屑。他是怎么升官的？《资治通鉴》第二百一十四卷载：吏部侍郎李林甫为人奸猾，深深结交宦官和后宫嫔妃，请他们暗中窥察玄宗的行动，因此掌握了皇帝的一举一动。有了这层关系，李林甫每次上朝奏事，所说内容常常正中玄宗下怀，由此博得领导欢喜。同时，李林甫重视和玄宗当时最宠爱的武惠妃搞好关系，专门托宦官转告武惠妃，说自己一定会尽力保护她的儿子寿王李清。武

惠妃被他的一片"忠心"感动了，于是吹了一下枕边风，李林甫就被提拔为黄门侍郎（相当于皇帝身边的"秘书长"）。很快，唐玄宗又任命他为礼部尚书、同中书门下三品，也就是登上宰相之位了。

当上宰相的李林甫，仍然常常用金钱贿赂唐玄宗身边的人，以及时掌握玄宗的一举一动。而对于朝中能力较强的人，则想方设法打压。有一次，唐玄宗在看戏时，远远地看到兵部尚书卢绚，对他的风度颇为赞叹。李林甫很快通过玄宗身边的人获取了这么一个细微的信息，生怕卢绚得到提拔，连骗带吓让卢绚主动要求退居二线，改任"非领导职务"（见《资治通鉴》第二百一十五卷）。

李林甫坏事做绝，却得以善终，死在宰相任上。《资治通鉴》第二百一十六卷在他死后评价说："林甫媚事左右，迎合上意，以固其宠；杜绝言路，掩蔽聪明，以成其奸；妒贤疾能，排抑胜己，以保其位；屡起大狱，诛逐贵臣，以张其势。自皇太子以下，畏之侧足。凡在相位十九年，养成天下之乱，而上不之寤也。"老李家的江山已被他搞得一塌糊涂，李隆基却还不省悟，把李林甫当作"哥们"看待，在李林甫病危时还执意要亲自前往探望，真是可笑复可叹。

李林甫最大的"成功之道"，就是懂得如何去讨领导喜欢。"逢迎"这样的道理，官场中人都是懂的，只不过是愿不愿为之的问题。李林甫不但知道要"为之"，而且知道如何"为之"，其中，他的"信息意识"足以让身处信息发达之世的今人"佩服"不已。

马屁不是那么好拍的，还要看领导的心情，搞清楚领导的心思。否则，便很有可能弄巧成拙，拍到马腿上。领导最近在想什么，领导现在的心情怎么样，这事谁最清楚？当然是不离领导左右的"身边人"。李林甫正是充分认识到了这一点，始终和领导身边的人搞

好关系，所以马屁屡拍不穿，官位越拍越大越拍越稳固。现在不是也有人还在这样做吗？这种人一天到晚不干正事，一门心思琢磨"领导意图"，满脑子记的都是领导及其家属（甚至情人）的爱好、生日、社会关系等，竭尽所能投其所好，"鞠躬尽瘁"只为升迁。与此同时，某些领导的司机、秘书甚至"二奶"之类的"身边人"，不是也被李林甫这样的人利用着吗？他们为了"李林甫"的那点小恩小惠，与之互相勾结，偷偷地把领导给出卖了，而这些领导，又有多少人对此有所觉察并意识到其中的利害关系？

唐朝发生安史之乱，并由此走向衰败，李林甫是直接责任人之一。这样的人，人品卑劣，面目可憎，应当为世人所唾弃，但放在今天来说，批判其本人的价值已经不大。我倒觉得，通过李林甫的所作所为，更值得后人反思的还是李隆基。发生在他身上的教训，才是更应让人引以为戒的。

李林甫之所以能得手，还不是因为李隆基糊涂吗？假如李隆基能保持清醒的头脑，能管好身边的人，能听得进张九龄他们的不同意见，能……那么，李林甫再有心机，再有胆量，又岂能轻易将一个原本素质不差的领导骗倒（这个曾经创下"开元盛世"的唐明皇，年轻时可是个知人善任、励精图治的一代名君，由此可见，小人的"穿透力"是不可估量的，千万不可小看！）？从这个角度来看，李隆基从政绩卓然的帝王落到晚景不堪的地步，真是活该啊。对一个领导者来说，"识人"是一项看家本领，看错了人、用错了人，造成的后果是不堪设想的，甚至是毁灭性的。

在李隆基和李林甫身上，我们真真切切地看到了"管好身边人"对身居高位者的重要性。从现代大量的反腐案例可以看出，许多腐

败官员的背后，往往有家人参政、秘书乱政之类的"副产品"，相当一部分官员走上腐败路，就是从这些最信任的身边人那里起步的。以秘书为例，有些领导人的秘书，利用自己的特殊身份，狐假虎威，欺上瞒下，通风报信，扰乱视听，而如果领导者对此不察，就必然产生错觉，难辨忠奸，最终被一群宵小之徒包围着而不自知。"身边人"如同守护城池的城墙，城墙质量可靠，城池才是安全的。

李林甫的"高招"，在今天、将来都不会轻易"失传"；李林甫的攻关对象是否会重蹈李隆基的覆辙，那就要看他们是否能以史为鉴，吸取李隆基的教训了。

2007年12月14日之夜

张象的"冰山"说

或劝陕郡进士张象谒国忠,曰:"见之,富贵立可图。"象曰:"君辈倚杨右相如泰山,吾以为冰山耳!若皎日既出,君辈得无失所恃乎!"遂隐居嵩山。

——《资治通鉴》第二百一十六卷

唐玄宗天宝十一载(公元752年。唐玄宗天宝三载正月初一,唐朝改"年"为"载",直到唐肃宗乾元元年即公元758年才改回"年"的称呼)十一月二十四日,唐朝那个人品最差的宰相李林甫终于病死了,随后,另一个小丑般的人物粉墨登场,坐上了宰相之位,他就是杨贵妃的族兄杨国忠。

杨国忠,本名杨钊,蒲州永乐(今山西芮城)人。此人从小喜欢吃喝玩乐,以喝酒赌博为最大爱好。不是出身大户人家的杨钊,选择了不该有的爱好,日子因此过得相当艰难,少不了经常向人借钱,这就难免为当时的人们所瞧不起了。后来,杨钊参军,做了一名小干部,前途依然不明朗。再后来,杨氏姐妹大受唐玄宗宠爱,将杨钊引荐给唐玄宗,从此,他靠着自己的钻营巴结,在仕途上平步青云,越当越大。天宝九载(公元750年),为了表示忠诚,杨钊请求改名,唐玄宗便为其赐名"国忠"。

杨国忠本是个不学无术的人,在当宰相之前,已因裙带关系,

大受唐玄宗李隆基的信任。当上宰相后，他同时还兼了40多个职务（真是"大忙人"了，如果印名片的话，头衔要好几页才能写完呢）。大权在握的杨国忠，对什么事情都是说一不二，还常常在朝廷上捋起袖子，冲着王公大臣颐指气使，朝臣没哪个不怕他。对于中央机关那些才能出众的人，如果不能为他所用，他就必定将其贬到地方上去任职。

《资治通鉴》第二百一十六卷载：有人劝陕郡进士张彖去走走杨国忠的路子，说："如果拜见了他，富贵马上就来了。"张彖却是个有骨气的人，他说："君辈倚杨右相如泰山，吾以为冰山耳！若皎日既出，君辈得无失所恃乎！"然后跑到嵩山隐居去了。

这个张彖，居然在杨国忠大红大紫的时候，把这座一般人心目中的大靠山看成了"冰山"，认为太阳出来后就会融化，因此不但不靠上去，还敬而远之躲起来，真是有个性。更"神"的是，没过几年，杨国忠还真的成了"冰山"：安史之乱发生后，公元756年，唐玄宗匆忙离开京城长安逃往四川，在逃亡的路上，将士们认为这场大乱是杨国忠一手造成的，愤怒地将他杀死，并且肢解了他的尸体，把头颅挂在门上示众——死得够惨的。

俗话说：当局者迷，旁观者清。关于杨国忠的情况，张彖作为旁观者，的确是"清"的，而其他大多数旁观者就恐怕未必"清"了，否则怎么会争先恐后地去巴结他？据史载，杨国忠掌权后，朝廷内外向他送礼的人络绎不绝，他家里仅收到的丝织品就有三千万匹。这些送礼的人，有些当然是迫于无奈，有些则恐怕认定了杨国忠就是稳如泰山，以为靠上去了就没错。趋炎附势的人总是短视的，他们只看到了杨国忠表面的风光，却想不到这座"大山"的骨子里是

什么货色，更想不到日后可能发生的变故。这样靠上去的结果是，一旦"靠山"崩溃了，即使自己侥幸没受到牵连，也会在世上留下笑柄。

有意思的是，在这件事上，杨国忠作为当局者，却并不"迷"，相反，他对自己倒颇有些"清"的表现。杨国忠曾经对客人说："吾本寒家，一旦缘椒房至此，未知税驾之所，然念终不能致令名，不若且极乐耳。"可见，他知道自己因为裙带关系爬得太快，而且做人也做得不大像样，未必有什么很好的结果，不过，由于其人毕竟素质不高，干脆来个死猪不怕开水烫，采取"及时行乐"的人生态度，能爽多久算多久，这就决定了他必然要成为"冰山"，总有被融化的一天了。

古往今来的官场，像杨国忠这样的"冰山"数都数不过来。横行一时而又凄惨收场的权贵，就是放在今天也不少见。这些人为什么会貌似"泰山"实为"冰山"？政治斗争的倾轧固然是一方面的因素，但我觉得，更重要的原因，还是出在他们个人素质上。"冰山"之所以最终会融化，是因为它的本质就是水。这种在官场得意一时而最终倒台的人，首先其升迁途径便不正当（如同一座地基有问题的房子，建造之初就埋下了倒塌的隐患），攀上高位后，又从不考虑好好地改造一下自己，使自己能够适应形势的发展，而是得意忘形，不知天高地厚，肆无忌惮地把自己那由"水"做成的躯体尽情地暴露在光天化日之下，这样不是加速了自己的灭亡吗？西方有句话说："上帝要他灭亡，必先使其疯狂。"我国古代也有一句与此意思相同的话："天欲其亡，必令其狂。"疯狂是灭亡的前兆，灭亡是疯狂的代价。像杨国忠那样的"冰山"越是狂热，其灭亡也

就来得越快。

身在官场的人士,要想自己不成为"冰山",千万莫学杨国忠哦。

2007年12月16日之夜

任人唯亲有理乎?

　　崔祐甫代之,欲收时望,推荐引拔,常无虚日;作相未二百日,除官八百人,前后相矫,终不得其适。上尝谓祐甫曰:"人或谤卿,所用多涉亲故,何也?"对曰:"臣为陛下选择百官,不敢不详慎,苟平生未之识,何以谙其才行而用之。"上以为然。

——《资治通鉴》第二百二十五卷

　　说到"任人唯亲",可真是个容易引起公愤的话题。自古以来,"一人得道,鸡犬升天"的现象屡见不鲜,通过裙带关系之类的"非智力因素"升迁者大有人在。某些领导提拔任用干部,基本上是从身边开始,从家里开始,于是,秘书、司机可以"坐直升机",凡是沾亲带故的都安排了好位置,这个领导本人则成为众人心目中的"好大一棵树"……

　　当人们批评这种现象时,任人唯亲者往往还振振有词:"别的人,我根本不熟悉,不了解,怎么能够放心提拔重用他们?!"而很多群众听了这个话,又觉得是有道理,于是不再深究,不再责难,渐渐习以为常,甚至认为用人的确应当如此才合理,不提拔身边的人才怪呢。

　　唐德宗时期的宰相崔祐甫就是这样做而且这样说的。崔祐甫担任中书舍人时,与宰相常衮矛盾很深。经过一番"较量",崔祐

甫胜了，取代常衮出任宰相。崔祐甫为了壮大自己的势力，网罗有声望的人，不断推荐提拔干部，当宰相不到两百天，各级干部任命了八百多名。唐德宗曾经对他说："有人指责你，说你老是用一些沾亲带故的人，为什么要这样？"崔祐甫答道："我为陛下选择人才，必须十分慎重，如果我不认识他，怎么知道他的才干、德行，又怎么任用他呢？"唐德宗听了，深以为然（见《资治通鉴》第二百二十五卷）。

按照崔祐甫的逻辑，放在今天来说，县里提拔科级干部，县委组织部部长（甚至县委书记）必须认识全县的普通干部，才算做到公正公平、对人民负责；市里提拔处级干部，市委组织部部长（甚至市委书记）必须认识全市的科级干部……依此类推。这样的话，就算组织部部长或书记们有三头六臂，也没办法真正胜任用人方面的工作了，因为光靠他们个人，根本达不到这个"要求"。而在崔祐甫所处的年代，交通、信息极不发达，崔宰相不可能常常到地方调研，地方的官员也不可能个个都有机会当面向崔宰相汇报工作，如此，他的选人范围之小，也就可想而知了。在身边几尺范围内遴选"人才"，居然还敢自我标榜是对上级、对组织负责，这人的脸皮真是够厚了。更可笑的是唐德宗，面对得了好处还卖乖的部下，居然还认为"该同志不错"。

任人唯亲的危害，平时似乎看不出来，经过时间沉淀之后，就越来越显眼了。洪秀全的太平天国之所以成为历史上的一颗流星，很大程度上与他的用人不公有关。洪秀全后期，经过杨秀清他们一折腾，对外人再难信任，一味提拔自己的亲人，将兄长洪仁发、洪仁达，未成年的外甥肖有和，女婿钟万信等人放在重要岗位，这些

人要么毫无工作能力，要么人品极其糟糕，引起广大将士的高度不满，导致人心涣散。为此，洪秀全后来只好靠滥发官帽来平衡关系，于是，太平天国封"王"简直成了历史上的一大笑话：所谓的"列王"竟有2700多人！忠王李秀成在他的《自述》中说："日封日多，封这有功之人，又思那个前劳之不服，故而尽乱封之，不问何人，有人保者俱准。司任保官之部，得私肥己，故而保之……有才能而主不用，庸愚而作国之栋梁。"战国时期秦国的名相范雎，也因为完全从私情出发，提拔重用王稽、郑安平两个老朋友而落得黯然收场的结局：范雎害死名将白起之后，以郑安平接替白起率兵攻打赵国，结果不但大败，郑安平还投降了赵国；王稽则里通外国，被秦王治罪。这二人的表现弄得范雎极没面子，只好自动引退，总算保全了性命。

从对自己有利的角度看问题，什么事情都是有道理的。任人唯亲（关键是那个"唯"字）该不该，有理乎？这根本就是个不值一辩的问题。今天我们需要解决的问题是，如何才能让这种现象真正成为历史。

根本的做法，当然是建立健全有关制度，通过设定科学合理的程序，让人才（不管领导认识还是不认识的）能够及时浮出水面，得到发现与任用。这是一个很系统的工程，当然不是三言两语能说清楚的，也不是一年半载能实现的。在具体操作上，首先应当实现用人制度公开化，改"伯乐相马"为"赛场选马"（现在许多地方都在推行公开选拔的做法，这是一种进步，但还有许多细节需要完善）。是不是人才，靠某一个人未必看得准，多几个人来看，总是更可靠些。

　　当前，导致任人唯亲的根源，还是权力过于集中，"家长制""一言堂"现象依然存在。解决这个问题，我觉得某些走向现代管理模式的家族式企业的做法值得借鉴。家族式企业在创业之初，由于主客观条件的限制，往往是典型的任人唯亲，但当他们"觉醒"之后，有意做大做强时，就会在用人政策方面做出重大调整。采取现代管理模式的家族式企业，对于那些沾亲带故但能力明显适应不了岗位需求的人，老板宁愿把他养在家中做闲人，也不让他到企业尸位素餐。这是因为，如果不这样做的话，一则这种人在岗位上由于工作做不好，直接影响企业的效益（这可是老板的切身利益），二则这种人出现在企业，极易在员工当中产生消极影响，扰乱军心。这笔账算起来，老板可就亏大了，所以宁愿白花一笔钱安置他，也比导致上述结果更合算。这种企业的做法告诉我们，要让用人者真正从内心深处乐意任人唯贤，只有建立一种机制，使用人者感到，用人不当，首先损害的是自己的利益！

2007年12月18日之夜

唐德宗访农家

　　庚辰，上畋于新店，入民赵光奇家，问："百姓乐乎？"对曰："不乐。"上曰："今岁颇稔，何为不乐？"对曰："诏令不信。前云两税之外悉无它徭，今非税而诛求者殆过于税。后又云和籴，而实强取之，曾不识一钱。始云所籴粟麦纳于道次，今则遣致京西行营，动数百里，车摧牛毙，破产不能支。愁苦如此，何乐之有！每有诏书优恤，徒空文耳！恐圣主深居九重，皆未知之也！"上命复其家。

——《资治通鉴》第二百三十三卷

　　唐德宗贞元三年（公元 787 年），全国农业形势大好，农民增产，政府增收。这年十二月初一，国家最高领导人唐德宗李适利用休息时间，轻车简从，前往新店打猎。李适在娱乐休闲之余不忘关注民生，打完猎后，来到农民赵光奇家中调研访问。唐德宗亲切地问赵光奇："群众的生活过得还愉快吧？"赵光奇因为事情来得突然，事前又没有地方干部教他怎么应答，居然脱口而出："不快乐！"德宗奇怪地询问："今年庄稼大丰收，国家还出台了系列惠农政策，怎么还不快乐？"赵光奇实话实说："国家政策不讲信用。以前说两税以外再没有其他徭役，现在不属于两税的收费摊派比两税还多；之后又说政府收购余粮，实际上却是强取豪夺，一个钱也没看到，

都是打白条；起初政府说收购粮食时实行上门服务，百姓只要将粮食送到路边就行，现在却要我们送到京西行营，动不动就是几百里路，车跑坏了，马累死了，家里也差不多破产了。日子过得这么艰难，怎么快乐得起来？上头的政策总是说要关心群众，优待百姓，执行起来却不过是一纸空文！恐怕圣明的皇上居住在深宫，全然不知道是这么回事吧！"德宗听了，觉得赵光奇的确不容易，下令免去他家的赋税和徭役（见《资治通鉴》第二百三十三卷）。

唐德宗深入基层，亲自走访农家的做法，当然是很了不起的，值得隆重表扬。可是，后世有一个人却公然批评唐德宗的做法太糊涂，认为他应当查处有关部门贪污政策、假公济私的行为（言下之意，唐德宗的工作作风还是浮在面上，没有"沉"下去），"然后洗心易虑，一新其政，屏浮饰，废虚文，谨号令，敦诚信，察真伪，辨忠邪，矜困穷，伸冤滞"。——这个不识好歹的人是谁？当然是那个在《资治通鉴》中动不动就"臣光曰"的多嘴多舌之徒司马光。

这司马光毕竟是没当过"一把手"的，看什么事情都想当然。说他"站着说话不腰疼"，还算是抬举了他，说难听点，这司马光才是不懂世事，太难醒悟（套用他自己的话，是"甚矣司马光之难寤也"），十足的"没睡醒"。

德宗访农家，只是休息之余（按规定要发加班费的），顺便路过而已（要不然，县乡干部还能不及早做好迎接检查的准备？），本来就不是纯粹带着关注民生的调研目的而来的。赵光奇这个觉悟不高的农民，没有看清全国的大好形势，毫不关心领导的鞍马劳顿，只盯着自己那点小小的感受，不讲大局，信口开河，差点打乱了随行记者的写稿思路，德宗不治他的罪，已是非常不错了（就是不知

事后有没有地方官打击报复），而且还让他得了实惠，这是何等的大度！

　　说德宗糊涂，有什么依据？德宗何尝不知道，赵光奇说的这个事，真要追究起来，牵涉面何其广也，工作量何其大也，全国有多少干部将会因此影响正常工作，万一没控制局面，事情不就麻烦了？从讲大局的角度出发，德宗完全应该对此事淡化处理（特别是离春节不到一个月了，怎么能让干部们过年都不安心呢）。

　　再说，什么人才是真正的"自己人"，唐德宗当然心里有数。是农民赵光奇之流吗？显然不可能，他们这个阶层的人，连边都挨不到（能当上一次领导访贫问苦的对象，已经是万世修来的造化了）。进入了自己这个"圈子"的人才是"自己人"，也就是那些贪污上头政策、给农民打白条、打完白条还糊弄上面的人。为了赵光奇这些非亲非故的人，"得罪"一大批"自己人"，使自己今后的工作陷于被动（甚至孤立），值得吗？唐德宗这么大的领导，这笔账还会算不清楚？

　　更重要的是，如果根据赵光奇提供的线索顺藤摸瓜查下去，到时牵出了一大串的"烂瓜"，唐德宗自己不负点领导责任的话，怎么也说不过去吧？到时候，弄得自己也要到报纸、电视上做个检讨才好交差，岂非脸上无光？为了这么点事而损害自己的光辉形象，那不是犯傻是犯啥？

　　有此种种缘由，唐德宗怎么可能按司马光说的那样去做？人家只是唐德宗又不是唐太宗，他司马光不分对象一派胡言，简直不值一驳！唐德宗对这件事的处理是无比正确的，作为新闻工作者，我们还要强烈建议《大唐日报》在贞元三年十二月初二的头版头条对

德宗访农家的亲民作风进行重点报道,并配发评论员文章,当年度的"大唐新闻奖"一等奖也就这样一锤定音了!

2007年12月20日之夜

种树的道理

> 橐驼之所种，无不生且茂者。或问之，对曰："橐驼非能使木寿且孳也。……为政亦然。吾居乡见长人者，好烦其令，若甚怜焉而卒以祸之。旦暮吏来，聚民而令之，促其耕获，督其蚕织，吾小人辍饔飧以劳吏之不暇，又何以蕃吾生而安吾性邪！凡病且怠，职此故也。"
>
> ——《资治通鉴》第二百三十九卷

作为一部官方正史，纯粹的文人在《资治通鉴》一书中是被忽略的。像李白这样的号称"诗仙"的大诗人，虽然是后世家喻户晓的人物，却因为身上的"政治色彩"不够，这部历史巨著对他也是只字未提。正是在这样的"背景"下，"唐宋八大家"之一的柳宗元能够有两篇文章被《资治通鉴》摘录，就显得难能可贵了。

柳宗元虽然官当得不算大，但和连"公务员"都不是的李白相比，怎么说也是个干部身份，更何况参与过王叔文领导的政治改革，所以在《资治通鉴》中也有亮相的机会。该书第二百三十九卷特别提及"宗元善为文"，并录下《梓人传》和《种树郭橐驼传》两篇寓言。其中的《种树郭橐驼传》，尤其值得今天的各级政府领导看看。

这篇文章的大意是，有个绰号叫郭橐驼的民间无名小辈，树种得特别好。他的经验之谈是，自己懂得树的天性：树根喜欢舒展，

喜欢陈土,树种下后不要挪动,不要看管,以保护它的本性,任其自然发展。而有的人种树,把根部合在一起,并更换新土,还不时地这里摸摸那里看看,甚至划破树皮看看是否成活了,摇晃树干看看枝叶的疏密情况如何,"虽曰爱之,其实害之;虽曰忧之,其实仇之"。这样当然种不活树了。郭橐驼还说,为政也是这个道理,有些当官的,喜欢频频指挥,看似关心百姓,其实是给百姓带来祸殃。一些官吏每天都来敦促百姓耕地收割,监督大家养蚕织布,老百姓只好把吃饭的时间都挤出来去接待这些官吏,哪有时间抓好生产?

　　读完此文,我不由得想起了自己当年在乡下生活时的情景(距今也就十几年吧)。有那么一段时间,我们农民种地,种什么都由乡政府说了算,农民几乎不能自主。于是,每到冬季农闲时,乡干部们便奔走于乡村。某年布置大家种油菜,按部就班,限时完成任务。村里经常听到村干部敲着铜锣扯开嗓门喊:"某月某日,大家出工锄'火土'!""某月某日之前,要完成播种!"然后,到了一定时间,又有县里的干部下来检查,直弄得干部群众如临大敌,该干的急事反而无暇顾及。然而,折腾了几个月,因为大家不是真心干农活(也不相信这些作物真的能产生经济效益),最后种的油菜多数并没产出油,倒是像野草一样,春耕时直接"化作春泥"肥田去了。第二年,类似的一幕又在上演,当然,作物的内容可能变成了生姜或萝卜什么的,"演出"程序则基本不变……

　　如此折腾的结果,就是后来农民们越来越不相信政府,越来越不尊重干部,甚至产生逆反心理:干部动员种什么,则这个东西肯定没出路。所谓强扭的瓜不甜,那些年,一些农村干部的做法(当然,他们也可能是执行上级指示而已),正是这句俗语的写照。它

导致的结果，就是"农村工作越来越难做"。

现在情况当然好多了，无论是干部还是农民，做事都更理智了，农民的自主权也大多了。然而，类似的瞎指挥、瞎折腾，在其他方面是否还存在？好好想想，也许话还不能说得太死。

某地有家企业化管理的事业单位，多年前就被要求适应形势发展，到市场谋出路。然而，这家本来可以在广阔市场大显身手的国有单位，却一直处于半死不活状态，甚至连同行业那些资历嫩、起点低的民营小单位也竞争不过。是这家国有单位的领导、职员无能吗？从这家单位走出去的专业技术人员，个个都成了外单位的骨干。那么，到底是什么原因使这个单位无所作为？原来，这家单位的上级主管部门太"敬业"，他们常常包办了这家独立法人单位的大小事情，连一个小小的投资计划，甚至具体到内部管理，该单位都不能做主，而要请示主管部门。更要命的是，主管部门的领导不是搞业务出身，却喜欢向下属单位发号施令，一忽儿要他们主攻这个项目，一忽儿要他们改抓那个方向，最终由于脱离实际，只能是徒劳无益，干一件失败一件，单位经营每况愈下，人心也慢慢涣散了。如果这个主管部门的领导懂得"种树"的道理，就不会出现这个结果了。

《孙子·谋攻篇》有一句话："将能而君不御者胜。"意思是说，将领有能力的话，君主不要干预他的行动，而应确保他能够充分发挥才干，这样也就能取得战斗的胜利了。在社会分工越来越细的今天，政府职能部门如果还是一心想着当"婆婆"，管得太宽，管得太死，就必然阻碍社会的进步。难怪有的企业说："不怕市场看不见的手，就怕政府'闲不住的手'。"

随着社会民主政治的发展，"有限政府"的观念越来越被人们接受。政府包办一切的做法显然是不科学的，政府的部分职能，应当分解给行业协会之类的组织。比如，发展脐橙产业，脐橙协会的规划可能比政府规划更现实可行；壮大物流产业，物流协会的意见可能更权威；评选优秀文艺作品，文艺界的专家比政府官员更有发言权……如果政府不顾实际情况，违背客观规律，硬要某项事业朝着自己设定的目标发展，那就很有可能出现南辕北辙、大相径庭的结果，到头来只能是事与愿违，徒增烦恼。

事物的发展总是有着它的客观规律。高明的人，只要掌握了这条规律，就可以做到无为而治、事半功倍了。

2007年12月22日之夜

唐宣宗这样"追星"

乐工罗程，善琵琶，自武宗朝已得幸。上素晓音律，尤有宠。程特恩暴横，以睚眦杀人，系京兆狱。诸乐工欲为之请，因上幸后苑奏乐，乃设虚坐，置琵琶，而罗拜于庭，且泣。上问其故，对曰："罗程负陛下，万死，然臣等惜其天下绝艺，不复得奉宴游矣！"上曰："汝曹所惜者罗程艺，朕所惜者高祖、太宗法。"竟杖杀之。

——《资治通鉴》第二百四十九卷

唐宣宗李怡（后来改名李忱），是唐宪宗之子，唐敬宗、文宗、武宗的叔叔。李怡年轻时为了免受政治迫害，韬光养晦，故意装傻，大家都认为他窝囊得很，唐文宗、唐武宗更是经常很无礼地取笑这个叔叔。唐武宗病危时，宦官们为了找个好控制的人当皇帝，选择了李怡。没想到，李怡改名李忱，登上皇位后，立即现出了他精明能干的一面，晚唐政治面貌为之一新。《资治通鉴》第二百四十九卷在他死后有评语："宣宗性明察沉断，用法无私，从谏如流，重惜官赏，恭谨节俭，惠爱民物，故大中之政，讫于唐亡，人思咏之，谓之小太宗。"唐宣宗成为晚唐一位难得的明君，被称为"小太宗"，直到唐朝灭亡，还有人思念歌咏他执政时的政治，可见其魅力不小。

执政能力不错的唐宣宗，还是个"追星族"。《资治通鉴》第

二百四十九卷记载了唐宣宗与"明星"的两件故事。

第一件：宫廷教坊有个叫祝汉贞的"笑星"，为人滑稽，表演出色，经常让听者捧腹，因此深受唐宣宗喜爱。一次，祝汉贞在表演诙谐戏时，内容涉及外朝政事，唐宣宗马上教训他说："我养你们这些人，只是让你们演戏以供娱乐罢了，怎能让你随意干预朝政！"从此疏远了祝汉贞。

第二件：宫廷乐工罗程，善弹琵琶，在唐武宗时期已受到皇帝宠幸。唐宣宗也是个音乐爱好者，更加宠着罗程。罗程因此脾气大长，有人瞪他一眼，他竟将人家杀死，京兆府于是将其逮捕入狱。罗程的同事们想恳求唐宣宗赦免他，在一次音乐演奏会上，专门为罗程设一虚席，还放声大哭。唐宣宗问这些乐工们为何哭泣，乐工们说："罗程虽然罪该万死，但我们惋惜他的琵琶演奏天下无双，以后在宫廷宴会中再也听不到了！"唐宣宗说："你们惋惜的是罗程的演技，我所珍惜的却是高祖、太宗的法度。"结果，罗程还是被判处死刑，得到了应有的惩罚。

唐朝自从安史之乱以后，就成了乱世，几乎天天在打仗。唐宣宗时期的清明政治，虽然是这个苟延残喘的大帝国的"回光返照"，最终没能改变它走向灭亡的命运，但对宣宗个人来说，有些做法还是值得称道的。

歌舞演出在封建时代绝对是贵族才享有的"特殊消费"。唐宣宗喜欢看戏、听音乐，加入"追星族"行列，这并无大碍，而且，只要把这种业余爱好和工作区别开来，就不会影响他成为一个在工作上有所建树的人。通过上述两件事例可以看出，唐宣宗做到了这一点。哪怕是在八小时之外，唐宣宗心里还是工作的分量更重，当

自己所钟爱的"娱乐明星"有非分之举时，他采取的是冷静、理智的态度，处理得很妥当。

说到这里，忍不住又想拿别人来比较一下（很多事情，不比较就看不出其价值）。唐灭亡后，进入五代十国时期。后唐庄宗李存勖也是个"追星族"，《资治通鉴》记录了他和"明星"们的几件事。这位后唐庄宗，对"明星"的态度可就比唐宣宗"客气"多了。一个叫敬新磨的戏子打了他一巴掌，他也不介意。不过，敬新磨这人看起来并不坏，有一次，后唐庄宗打猎时践踏庄稼，当地县令规劝时，他还大发雷霆，想把县令杀死，还是敬新磨出来打圆场说："你这个县令，为什么任意让百姓耕种，妨碍天子打猎？真是罪该万死！拉下去砍了！"一句话点拨了后唐庄宗，化解了危机，救了县令一命。问题是，更多的优伶就不像敬新磨了，他们仗着有皇帝撑腰，侮辱大臣，收受贿赂，害政害人。特别是一个叫景进的，经常干预政事，将相大臣都怕了他，简直要成为全国第二把手了。后唐庄宗还喜欢亲自演戏，自己取了个艺名"李天下"。因为对戏子们过分宠爱，当官职有空缺时，他不封将士封伶人。后唐庄宗"追星"追到这个地步，就委实说不过去了。后来，将士们拥戴其部将李嗣源为帝，后唐庄宗一手提拔的伶人郭从谦见他大势已去，趁机发动政变，一把火将他活活烧死在宫中，真是悲哉。

关于"追星"，更可气的事情可能还是今天更多。这娱乐界的"明星"，无非是唱几首歌，演几场戏而已，要说社会贡献大到哪里去，在下浅陋，认识不够。可是，这社会上偏偏就有那么一个队伍庞大的"追星族"，他们高度关注"明星"们的一举一动，好像生活离了他们就索然寡味，地球离了他们就找不到转动的方向。许

多报刊推波助澜，每天大版大版地对"明星"们的吃喝拉撒津津乐道，好像普天之下都是"追星族"，也不管读者是否反胃。最让人不可思议的是，在某些人的心目中，这些非亲非故的人怎的就比自己的父母还重要了呢？前不久，赣州有一场大型演出，据说外地有人为了一睹某"星"的风采，千里迢迢赶到赣州，提前几个小时在机场守候。我说，如果是他父母从乡下来看望他，叫他提前几分钟到车站接一下可能都嫌烦呢。而那些为了"追星"连工作也不干了，甚至连生命也不想要了的人，就更是让旁观者感到莫名其妙了，不提也罢！

2007年12月24日之夜

"圈子"的力量

　　郭崇韬初至汴、洛，颇受藩镇馈遗，所亲或谏之，崇韬曰："吾位兼将相，禄赐巨万，岂藉外财！但以伪梁之季，贿赂成风，今河南藩镇，皆梁之旧臣，主上之仇雠也，若拒，其意能无惧乎！吾特为国家藏之私室耳。"

——《资治通鉴》第二百七十三卷

　　物以类聚，人以群分。大千世界，芸芸众生，构成了一个个大小不一特色各异的"圈子"。别小看这个平时未必起眼的"圈子"，当它们达到一定规模时，形成的"核心竞争力"还真不容忽视。

　　读《资治通鉴》接近尾声时，捡起两个互不相关的故事，以此管窥一下"圈子"的力量。

　　《资治通鉴》第二百七十三卷载：五代十国时期，后唐庄宗刚刚消灭后梁，后唐重臣郭崇韬初到汴梁、洛阳时，收下了很多藩镇送来的厚礼。他的亲信劝告他不要做这样的事，郭崇韬说："我自己位兼将相，俸禄无数，怎么需要这种外财？问题是，梁朝末年贿赂成风，这些藩镇都是梁朝的旧臣，如果拒绝他们，他们岂不感到害怕，认为我不信任他们吗？所以，我只不过是先替国家收下这些东西而已。"

　　《资治通鉴》第二百九十卷载：后周太祖广顺二年（公元952

年），江南的南唐由于皇帝爱好文学，文艺事业繁荣，超过其他国家，但此前该国尚未设立科举制度，提拔干部主要靠上书言事。这时，南唐任命翰林学士江文蔚主持贡举（实行科举取士），庐陵人王克贞等三人考中进士。然而，由于当时的朝廷执政官员都不是经科举任职，大家一起阻挠诋毁科举制度，结果此事只好中止。

郭崇韬并不是个贪财恋物的人，而且他也知道，自己位极人臣，衣食无忧，财物对他并无现实价值（这个道理，现代某些官员应该好好领悟）。然而，他来到一个新环境（被后梁污染过的环境），却不得不违心地扮演一个受贿者的角色，因为不这样做的话，后果可能很严重，将涉及稳定问题呢——当后梁的旧臣们发现和新领导玩不到一块时，在那样的乱世，谁能保证他们不生异心？

由郭崇韬的做法，很容易让人想起当今官场的一个"黑色幽默"。某些落网的贪官或者没有落网的官员，他们对自己的受贿行为有一种看似有理的解释：收受贿赂是为了更好地开展工作，因为同僚们都在收，自己不收的话，大家会对自己产生误解，从此心生隔阂，甚至孤立自己，工作就很难做了。2005年，因受贿51万元而落马的四川省犍为县原县长杨国友就在法庭受审时说："县委书记'封嘴'后，我为了保住'乌纱帽'，不得不收下乐山市东能集团董事长王德军送的钱！"他还对记者说："我最初不敢收钱，怕东窗事发；后来不敢不收钱，因为如果不收钱，就是和其他收了钱的人过不去。我怕被田玉飞（犍为县原县委书记，2006年7月因敛财3000万元被成都市中级人民法院判处死刑，缓期二年执行）整倒，田玉飞让我收下，我只敢收下。"此话虽有狡辩的成分，但也并非完全没有道理，不可排除有一部分收礼的官员的确是处在这样的环

境当中，而且是出于这种考虑——咱这可不是给贪官开脱，而是希望哪个地方若出现了这种现象，人们应当好好地、深入地剖析一下当地的官场"生态"才是，而不要简单化地认识这个问题（据报道，前几年发生的厦门远华走私案，就有个别海关官员本不想同流合污，结果遭到恐吓，后来终于被迫"下水"）。前几年，国内多家有影响的媒体还报道了发生在江苏省泗洪县的一件"官场趣事"。曾任泗洪县委常委、县委宣传部部长的刘朝文，是当地出名的清廉官员，他生活朴素，每天坚持骑自行车上下班，坚持利用节假日为家里灌煤气，从来不大手大脚地花公家的钱（因此被人说成办事"不上档次"），结果，在那一年的"勤廉测评"中，他被评为不合格而调整了岗位。有人认为，刘朝文这种另类的官场生活方式，导致了他必然出局。

南唐中断科举考试的情况，在现实生活中也能找到类似的版本。比如，某个单位，如果领导自己没学历，那么，他在用人时往往会下意识地排斥有学历的人，而和那些同样没学历的员工打成一片，制定的政策，也不会让有学历的人捡便宜、没学历的人吃亏；甚至，在这样的单位，学历越高的人越受排挤（形成"武大郎开店"现象）。反之，如果领导拥有高学历，则可能用人时相当重视文凭，政策也会向文凭倾斜……于是，我们便不难看到这样的现象：某个地方或单位，一忽儿是"工人阶级"出身的人吃香，一忽儿是有文凭的人走俏，一忽儿是有基层工作经历的人受重用，一忽儿是从机关走出来的人受青睐，究其背后的原因，很有可能和"当家人"的某个特征有关。还有一些行业的评优评先之类的活动，评选出来的结果，可能与大众所期待的大不相同，这也是因为操作者所执行的"标准"

与大众存在相当的距离。

　　"圈子"可以使一个人违心地做不该做的事，"圈子"可以使一项制度夭折，"圈子"可以排斥诸多的"异己元素"，"圈子"的力量由此可见一斑。但是，不管怎么说，"圈子"的这种力量，到头来还是产生的积极作用少，导致的负面影响多。它容易使一个单位（或群体）为了小集体的利益而故步自封，盲目排外，拒绝创新，阻挠变革，终至形成一潭死水，走向没落、腐朽，的确不宜掉以轻心。当这种"圈子"已然形成时，唯有借助外力，形成穿透力，以最快的速度瓦解之、摧毁之，这个原有的"圈子"才能突出重围，走向新生。

2007年12月26日之夜

周世宗的缺憾

帝违众议破北汉，自是政事无大小皆亲决，百官受成于上而已。河南府推官高锡上书谏，以为："四海之广，万机之众，虽尧舜不能独治，必择人而任之。今陛下一以身亲之，天下不谓陛下聪明睿智足以兼百官之任，皆言陛下褊迫疑忌举不信群臣也。不若选能知人公正者以为宰相，能爱民听讼者以为守令，能丰财足食者使掌金谷，能原情守法者使掌刑狱，陛下但垂拱明堂，视其功过而赏罚之，天下何忧不治！何必降君尊而代臣职，屈贵位而亲贱事，无乃失为政之本乎！"帝不从。

——《资治通鉴》第二百九十二卷

洋洋数百万言的编年体史书《资治通鉴》读起来并不轻松，特别是读到后面（唐末、五代十国时期），更是一件苦差事，简直让人看得打瞌睡。在这一两百年的乱世中，王侯将相如走马灯般粉墨登场，让"观众"看得眼花缭乱，而一番"表演"之后，能给人留下深刻印象者却鲜有其人——这段历史，就像一场不入流的编剧捣弄出的蹩脚戏。当这部历史巨著接近尾声时，它的最后一个主角周世宗却让人眼前一亮——这也是该书最后一个值得圈点的人物了。

周世宗柴荣是五代十国时期后周太祖郭威的养子（所以也叫郭荣），其生父乃郭威的结发妻子柴皇后之兄柴守礼（此人其实并

不"守礼"，倒可能是个地痞无赖之类的角色，《资治通鉴》第二百九十三卷提到，柴荣成为皇帝后，退休老干部柴守礼和一些退职高官及在职将相的父亲在洛阳横行霸道，老百姓没人敢惹，称其为"十阿父"；柴守礼还因为意气用事而杀人，官府不敢追究，周世宗也只好充耳不闻）。郭威、柴荣都是贫下中农出身，所以深知民间疾苦，一旦掌权，知道怎样做事才能让老百姓拥护。特别是柴荣，成为皇帝后，获得的评价很不错。司马光在拿他和五代时期另一个能力较强的帝王后唐庄宗相比时，说："世宗以信令御群臣，以正义责诸国……其宏规大度，岂得与庄宗同日语哉！《书》曰：'无偏无党，王道荡荡。'又曰：'大邦畏其力，小邦怀其德。'世宗近之矣。"（见《资治通鉴》第二百九十四卷）说他接近《尚书》所说的那个标准了，可见评价之高。

然而，能干如斯的周世宗，却在当了六年皇帝之后，壮志未酬，英年早逝（年仅三十多岁）。按照周世宗自己的人生规划，他还有许多大事要做（包括统一全国）。如果不是死得太早的话，以他的能力，在当时之世，统一的大任的确很有可能落到他头上。可是，历史毕竟无法假设，后人只看到，柴荣的部下赵匡胤捡了个现成便宜，在周世宗的政绩基础上，建立了中国历史上另一个主要朝代宋朝。而仅当了数年皇帝的周世宗柴荣，却因后周的历史过于短暂，在后世的知名度远远比不上宋太祖赵匡胤。

周世宗的死因，《资治通鉴》没有做过考证（估计也考证不出），但是，有一件事情，也许与他英年早逝有关。这件事，即使没有促使他短寿，也会对他以后的执政带来很大的弊端。这，也可以说是周世宗身上最大的缺憾。

周世宗刚上台时，亲自率军和北汉（"十国"之一）干了一仗。当时，众朝臣纷纷反对他这样做，但周世宗没听从，结果大获全胜。从此，周世宗大小政事全由自己亲自决定，文武百官只有接受命令的份。河南府推官高锡上书劝谏周世宗，认为天下之大，政务繁多，即使尧舜也不能光靠自己一个人去做，必定要任用其他人，现在世宗这样做，天下人不但不以为他聪明睿智足以兼百官之任，反而说他狭隘多疑不信任朝臣。因此，建议世宗选择各种人才担任不同的职务。然而，世宗没有听从这个建议，仍然实行一个人包打天下的做法（见《资治通鉴》第二百九十二卷）。

身居皇帝高位，却想包揽天下事务，长期这样操劳过度，不累出病来才怪呢。周世宗的英年早逝，会和这毫无关系吗？

就算"包打天下"的做法没有"打"坏周世宗的身体，我们也完全有理由相信：这种做法延续下去，将给后周的管理埋下严重的隐患，国家迟早会垮在这个做法上。

一个人包打天下，自身的潜能倒是能发挥到极致，另一方面，却挫伤了多数人的积极性，消除了来自多方面的力量。这样做到底值不值？这应该是个很简单的算术题，可惜周世宗太"忙"了，没有时间去算一算。

更重要的是，一个人包打天下，将会使管理制度永远没办法"立"起来。治理国家（或一个具体的单位），首先需要的是建立一套科学合理的制度，以制度管人管事。而把希望完全寄托在某个人身上，是十分不可靠的：碰到周世宗这样能干的人，尚可支撑下去，碰上周世宗继位的儿子、七岁的周恭帝柴宗训，政权不就三下五除二被赵匡胤夺去了？后世的明朝也有类似的做法：朱元璋废除了丞相的

职位，以皇帝兼任这份重要工作（皇权相权通吃），在朱元璋、朱棣父子手上还吃得下（毕竟这二人能力不同常人），后来的皇帝就根本吃不消了，到头来连皇权都未必抓得牢。清朝也没有以前那种"宰相"，皇帝的工作量比任何一个朝代都大，结果自己累得苦又怎么样？还不是吃力不讨好，国家就是富强不起来——而且大步走着下坡路。这些和周世宗一脉相承的做法足以证明，即使周世宗统一了全国，再当三五十载皇帝，后周也不可能长治久安（他一倒下就麻烦了）。

俱往矣，周世宗的未竟事业在今天看来已无所谓惋惜不惋惜，但他身上的这个缺憾，对群众、对领导都有启示，那就是：工作要认真做，身体也要好好爱护，超负荷玩命式的做法不宜提倡；自己的潜力要充分挖掘，别人的积极性也要大力激发，众人拾柴火焰高，多几个人出力，事情总是更好办。

2007年12月28日之夜

由"资格证"扯到林冲的"投名状"

上欲相枢密使魏仁浦，议者以仁浦不由科第，不可为相。上曰："自古用文武才略为辅佐，岂尽由科第邪！"己丑，加王溥门下侍郎，与范质皆参知枢密院事。以仁浦为中书侍郎、同平章事，枢密使如故。仁浦虽处权要而能谦谨，上性严急，近职有忤旨者，仁浦多引罪归己以救之，所全活什七八。故虽起刀笔吏，致位宰相，时人不以为忝。

——《资治通鉴》第二百九十四卷

好友老钟，几年前就多次在我面前炫耀他的驾驶证。然而，前不久他偶尔借车外出办事，却是另请高明来驾车。我不解地问老钟，既然有驾照，为何不亲自驾车？如果开不了车，弄个驾照又有什么意义？老钟以语重心长的口气告诉我，这是一种重要的资格，有了这个本子，就表示自己拥有了开车的资格——至于实际能不能开车，那是另一回事。

原来，驾车这种极讲究实用性的技能，也可以用本子来"资格"化。

驾车事关安全，大多数人还是更重实技的，不像老钟那样把"本子"摆在第一位。而在驾车以外，更有各种各样的"资格证"考试，造就了一批又一批的"持证人员"（而未必是"人才"）。

　　"考证"简直成了当前社会生活中的一个关键词。特别是对大学生来说，大扩招以后，招生数和就业岗位脱钩，就业压力越来越大，于是，许多大学生为了增加就业筹码，只好不断地参加各种资格证考试，许多学生因此拥有了大批的资格证（至于实际工作能力，恐怕连他自己也不知道——只有天知道了）。难怪有人如是说："我们进入了疯狂考证的时代。"

　　当然不能怪学生，他们也是被逼的，毕竟，考试这样的事，除了考官乐意干，谁爱干？问题是，这资格证考试像秋林里的一把火，越烧越大，越烧越旺盛。以本人所从事的行业来说，以前没有"资格"考试这回事时，从业门槛还是较高的，大家兢兢业业，谦虚谨慎，整个行业的社会美誉度挺不错。后来，某一天，上头说要规范了——规范措施就是考证。于是，在这个行业干了十几年的我们，老老实实背起了那些考后即忘的题目，战战兢兢地走进考场，获得一纸证书之后才明白：原来在此前咱们是没有资格或不够格干这一行的。再后来，却发现在我们这个行业里，考试越来越容易，某些持有资格证的人学历越来越低，能力越来越差，甚至品行越来越糟糕，更要命的是，因为他们的"加盟"，这个行业的社会地位江河日下，今非昔比。可有什么办法呢，那些人虽说原本进不了这个行业，可人家怎么说也是有"证"的人了，即使根本没有实际操作能力，但"资格"还是具备嘛。

　　最近看了报道，更知道当前的"考试经济"已经"产业"化了，数额达几千亿元。连国家有关部门也认为，资格证考试制度在实施过程中存在一些突出问题，其集中表现即考试太乱、证书太滥。有的地方，甚至连仓库管理员也要考资格证。

　　这就使笔者想起了《水浒传》里林冲交"投名状"的事。二者本来毫不相关，但既然想到，那就顺着这个话题扯下去吧。

　　看过《水浒传》的人，对"投名状"也许有较深的印象。林冲在国家机关下岗后，前往梁山投奔王伦。王伦一看，来了个在官方评上了高级职称的家伙，不好管理呀，说不定日后自己的位子都会被他夺去呢！心下很想拒绝，但碍于林冲手里拿着老朋友柴进的介绍信，便说："你若真心入伙，把一个投名状来。"有道是"隔行如隔山"，林冲当时没听懂，傻傻地说道："小人颇识几字，乞纸笔来便写。"还是朱贵在一旁提醒："教头你错了。但凡好汉们入伙，须要纳投名状，是教你下山去杀得一个人，将头献纳，他便无疑心，这个便谓之投名状。"用现在的话来说，你林冲在官方工作时是高级职称，进入了"人才库"，但现在要加入土匪队伍，那是转"系列"了，得从头开始，先考个土匪行业的"从业资格证"再说。

　　也活该他林冲倒霉，考个"资格证"居然千难万难（直到他把王伦掀翻，其实也还没获得"证书"）。奇怪的是，主持资格证考试的王伦下台后，以后的好汉们上山，梁山却似乎对"资格证"不做要求了。由此看来，当时梁山的"资格证"考试随意性极大，甚至成了某些人打击异己的手段。

　　不可否认，当前的职业资格制度是市场经济条件下科学评价人才的一项重要制度。但是，制度的执行需要讲究科学合理性。如果像王伦那样，考试是用来刁难人的（现在的某些考试则纯粹是用来创收的），这种卑劣的出发点就不可取了。另一方面，对于那些确实需要执业资格考试来规范的行业，考过之后就应严格实行持证上岗的做法，否则，这个考试也是多此一举。以我所在的行业为例，

虽然"考证"已有几年了,可"无证驾驶"的现象还不是十分普遍,而且根本没人管? 对于这种考试,我们完全有理由怀疑其意义。

资格证啊资格证,如果你不做好事,那你就肯定做成了坏事! 你要么成为衡量人才的一道杠杆,要么就是扼杀人才的"温柔一刀"。

今人拘泥于用人的格式化、资格化,一千多年前,五代十国时期的周世宗却敢于突破这一点。《资治通鉴》第二百九十四卷载: 周世宗打算任用枢密使魏仁浦为宰相,参与商议的人认为魏仁浦不是从科举及第,不可以担任宰相(也就是没有取得担任宰相的"资格证")。周世宗说: "自古以来任用有文才武略的人做宰辅,哪里全是由科举及第的呢! "还是打破条条框框,任命了魏仁浦为宰相。后来的事实证明,魏仁浦虽然"学历""资格"不够,但没有人认为他是个不合格的宰相。

今天各行各业在任用人才时,怎能只认衣裳不认人,把资格证看得高于一切,走向形式主义的极端? 还好,资格证考试存在的突出问题,已经引起了国家的重视。2007 年底,国务院办公厅下发了《关于清理规范各类职业资格相关活动的通知》,报道说,这个通知出台后, "届时,随意进行与职业资格相关的考试、乱发证、滥收费等活动将被终结",但愿如此!

2008年3月5日之夜

"大赦"之弊

汉大赦，大司农河南孟光于众中责费祎曰："夫赦者，偏枯之物，非明世所宜有也。衰敝穷极，必不得已，然后乃可权而行之耳。今主上仁贤，百僚称职，何有旦夕之急，而数施非常之恩，以惠奸宄之恶乎！"

初，丞相亮时，有言公惜赦者，亮答曰："治世以大德，不以小惠，故匡衡、吴汉不愿为赦。先帝亦言：'吾周旋陈元方、郑康成间，每见启告治乱之道悉矣，曾不语赦也。若刘景升、季玉父子，岁岁赦宥，何益于治！'"由是蜀人称亮之贤，知祎不及焉。

——《资治通鉴》第七十五卷

读史书，常常能看到某某帝王宣布"大赦天下"的记载，其原因要么是庆祝新帝登基，要么是太后或皇帝自己做大寿，要么是国家遇上了别的什么事。旧时的小说或戏剧更是对此常有反映，由此也派生出一些"人间喜剧"，比如某个忠良或受冤枉的百姓眼看着就要屈死了，忽然碰上皇帝老儿的大赦令，绝处逢生，亲人喜团圆……在古人的意识里，从"大赦天下"看到的更多的是皇恩浩荡。

"大赦"虽然是帝王们为收买民心、缓解社会矛盾惯用的一种手段，甚至可以说是被大多数人接受的一种常态，但在历史上，反

对"大赦"的人也是有的。

大名鼎鼎的诸葛亮便对"大赦"持反对意见。据《资治通鉴》第七十五卷记载,公元246年,蜀汉实行"大赦"。大司农孟光为此当众责备宰相费祎:"夫赦者,偏枯之物,非明世所宜有也。"意思是说,实行大赦,就像树木一半茂盛另一半却枯槁一样,是一种偏颇的措施,不是真正的圣明之世所应该有的事。书中还把诸葛亮拿出来做比较,说诸葛亮担任丞相时,有人对他不肯实行"大赦"有意见,诸葛亮则认为:治理国家要靠大施德政,而不是依靠小恩小惠,以前的刘表、刘琮父子每年都实行赦免,可对治国带来了什么好处呢?由此,蜀国人都很称赞诸葛亮的贤明,知道费祎比不上他。

的确,动不动就"大赦天下",用现在的话来说,这是典型的"人治"思维。"大赦"根本不是对百姓实施"恩惠"的有效办法,更不可能成为解决"冤狱"的良方妙药。对老百姓来说,"大赦"并不能使多数人得到实惠,而消除"冤狱",则是需要公正透明的司法制度来做保障的。在所谓的"大赦"中,获得解救的"良民"毕竟是少数,更多的情况,恐怕是那些真正的罪犯,眼看着就要伏法,还给受害者一个公道了,可是一道"赦令"下来,他们又可堂而皇之地逍遥法外了,而受害者却只能对此干瞪眼,一点办法也没有。

反对"大赦"的,还有南北朝时期的北魏献文帝拓跋弘。《资治通鉴》第一百三十三卷提到,拓跋弘认为普遍赦免罪犯,反而鼓励了人们犯罪,所以自延兴(北魏孝文帝年号,其时献文帝奉冯太后之命禅位给5岁的太子孝文帝,自己成为"太上皇")以后,北魏不再实行大赦。拓跋弘是个只活了22岁的年轻皇帝,能有这般

见识，算是很不简单了。

不分青红皂白实行"大赦"，表面上看是统治者宽厚为怀，其实是一种很不公平的做法，更可笑的是，有人甚至利用这种"政策环境"大钻法律的空子。东汉桓帝时，有个名叫张成的人，预测到朝廷将要颁布大赦令，就教他的儿子在此期间杀人，来个"不杀白不杀"（见《资治通鉴》第五十五卷）。如此荒唐事，只有在那种绝对人治的社会才会发生。

"大赦天下"的做法，除了破坏公平、鼓励犯罪，最大的弊害还是损害了法律的权威，动摇了制度的稳定性。当权者心血来潮，一句话就可以使法律制度成为一纸空文，这样的法律制度怎么有资格受到人们的普遍敬仰？一项制度，一旦不被人信任，它那维护秩序的功能也就丧失得差不多了。

良好的制度，需要在平稳的社会环境中运行。中国几千年封建史上，为何没有哪个朝代建立了一套像样的制度？就是因为无论在哪个帝王的手上，制度的更改都存在很大的随意性。"形同儿戏"的制度，本来就当不得真的，还能指望它传承下去？如果一项制度确立之后，没有谁能以"个人"的身份任意更改它，那么，这项制度即使在某些方面存在一定的"僵化"毛病，但从长远来说，肯定要比那些过于灵活的制度管用得多，因为它是真正属于"大家"的。为什么有些发达国家的领导人更换频繁却并不影响国家经济社会的发展？根本的原因就在于他们有一套这样的制度。

具体到一个单位来说，一项制度的威信高不高，直接影响员工的作风。某单位存在这么一种现象：每次开会时，员工们总是拖拖拉拉，没有一次能按时到齐，准点开会。甚至，有上级领导出席的

会议，也是如此会风。为此，单位领导非常恼火，决定下狠心解决这个问题。很快，关于开会迟到的惩罚措施出台了。起初，大多数人认为这下可能要动真格了，于是准时到会，个别迟到的，也被考勤人员记录在案。过了几次之后，人们却发现那些迟到的人员并未受到任何处罚——原来，事后领导开恩，觉得事情影响不大，同意免除处罚。结果，人们不再相信这个制度了，该单位会风因此变得比以前还糟糕，那些本来不迟到的人也不把迟到当回事了。这虽然是"小节"，却是制度实施过程中的"狼来了"现象，也是单位作风、行业行风难以扭转的重要因素。

这么一说，仔细琢磨古代的"大赦"之弊，对今人如何做好管理工作还是有所借鉴的。制度不在多少，而在于它的执行力度。维护既定制度的尊严，往往比制定制度的价值还要大。

2008年9月6日之夜

可怕的"遗臭万年"

大司马温恃其材略位望，阴蓄不臣之志，尝抚枕叹曰："男子不能流芳百世，亦当遗臭万年！"术士杜炅能知人贵贱，温问炅以己禄位所至，炅曰："明公勋格宇宙，位极人臣。"温不悦。温欲先立功河朔，以收时望，还受九锡。及枋头之败，威名顿挫。

——《资治通鉴》第一百零三卷

"不能流芳千古，也要遗臭万年"，这样的"名言"，说起来大家都不陌生，而且，生活中还真有不少人把它吊在嘴上。在写这篇东西之前，我专门在互联网上搜索了一番，果然不出所料，表达这种"心愿"的帖子多着呢。虽然这些帖子有的只是说说而已，开个玩笑，但不可排除，另有相当一部分人的确宁愿遗臭万年也不肯默默无闻。

为了"成名"而不惜遗臭万年，这当然不是今人才有的心态。《资治通鉴》第一百零三卷载，东晋大司马桓温，倚仗其才能与地位、声望，蓄意谋反，曾经抚枕慨叹："男子不能流芳百世，亦当遗臭万年！"可见，渴望不择手段出名的心态，也是历史悠久，渊源深远的。

桓温（公元312—373年），字元子，谯国龙亢（今安徽怀远）

人。娶东晋明帝之女南康公主为妻，拜驸马都尉。曾率军三次北伐，欲收复中原，但以失败告终。桓温是当时的实权人物，官至大司马、都督中外诸军事、录尚书事，集军政大权于一身。太和六年（371年），桓温废皇帝司马奕为东海王（海西公），改立简文帝，自己则以大司马把持朝政。桓温很想取代晋朝，却又因胆气不足等原因（他对谢安、王坦之等王谢家族颇为敬畏），最终没敢动手。不久他病死，临死前希望朝廷赐其九锡，但在谢安等人的拖延下，未能如愿。当然，桓温没当成皇帝，倒是他儿子桓玄替他实现了过把皇帝瘾的夙愿，亲自当了几个月皇帝（不久即兵败身亡）——此系后话。

期盼遗臭万年的事例，不只在中国有，在国外也存在。好像是古希腊吧，便有那么一个什么东西（不好意思，真的记不起是什么东西了），为了达到遗臭万年的目的，专门放了一场大火，希望自己的名字从此永远被世人记住。

渴望成名当然不是什么坏事。有一句不大高雅的话说，人生在世，名利二字。这话说得虽然不是很光鲜，但基本上是句大实话。没必要羞答答地为名利二字掩饰，只要手段正当，追求名利有什么过错？"利"是物质上的，"名"是精神上的，可以说，"图名"是比"求利"更进一层的目标。我认识一个颇有成就的大老板，在一次交谈中，他说，自己这辈子对金钱已经兴趣不大了，下一步，就是希望系统地整理自己的创业经历和经营思想，让它们为业界同行提供借鉴，也希望通过它们使人们记住自己。我很赞同他的做法。一个人拥有扬名立万的念头，至少说明这个人是有上进心的，有追求的，他正在努力地奋斗着（当然，还有一个关键是，千万别把奋斗方向搞错了）。社会之所以有进步，就是因为无论什么时代总有

那么一批热衷于建功立业的人在打拼着，他们释放了自己最大的能量，创造了一个又一个文明成果，这些文明成果不仅供当代人共享，还成为珍贵的文化遗产留给了后代。你能指责他们的"图名"心理吗？相反，如果在某一个时代，全体公民都把名利二字看淡了，都不想干大事了，大家得过且过，做一天和尚撞一天钟，只知眼前吃喝玩乐，不管身后天塌地陷，那么，文明肯定要面临断层了。

渴望留名、成名不是错，问题是，有些人把这当成了人生的唯一目标，一旦成不了堂堂正正的名，便出歪点子打坏主意，选择做一些为万人所指的事情来"曲线扬名"，也就是选择了遗臭万年（相比流芳百世来说，干遗臭万年的事会容易得多）。

你看，我们经常看到这样的新闻：有人为了出名，到大街上裸奔，向公众兜售自己的隐私，甚至故意搞破坏以引起人们注意；特别是进入网络时代后，在网络上"秀"自己的身体者有之，大放厥词以引来"炮轰效应"者有之，专找名人骂阵或造谣生事者有之……出名的招数层出不穷，直让我们跟不上时代的人应接不暇。而更有些人则推波助澜，为那些为了出名不择手段的人呐喊助威，要么津津乐道地传播他们的名字，做个忠实的义务宣传员；要么企图从中分一杯羹，沾一点光，利用他们的所谓名气为自己谋点好处（比如那些习惯找一些臭名远扬之徒做广告的商家），也不怕旁人看了恶心不恶心。

期盼遗臭万年是一种可怕的心态。如果这种心态普及了，被多数人接受了，人们就会变得纯粹为了出名而求"名"，正儿八经的活就没哪个肯干了，整个社会的秩序也将因此全变了。对于希望过正常生活的人们来说，这是一种多么可怕的后果！我总认为，人类

社会之所以能够延续一些基本的道德，人类文明之所以能够不断进步，一个重要的也是很浅显的原因就是多数人是要面子的。因为面子重要，所以人们总是能在内心深处恪守道德，自觉地维护社会秩序，维护自己的声誉，从而形成了一种积极向善的机制。否则，如果大家都失去廉耻心了，都不要"脸"了，都不分善恶任意行事了，光靠强制的法律手段有什么用？社会面貌恐怕早就被破坏得一塌糊涂了。

　　正确看待名声，宁愿默默无闻也不要遗臭万年，守住这条底线很重要。看重面子的人们，可得继续把面子看重，千万别被桓温他们的歪论教坏了。

2008年9月8日之夜

玩的就是形式？

冬，十月，楚王玄上表请归藩，使帝作手诏固留之。又诈言钱塘临平湖开，江州甘露降，使百僚集贺，用为己受命之符。又以前世皆有隐士，耻于己时独无，求得西朝隐士安定皇甫谧六世孙希之，给其资用，使隐居山林；征为著作郎，使希之固辞不就，然后下诏旌礼，号曰高士。时人谓之"充隐"。又欲废钱用谷、帛及复肉刑，制作纷纭，志无一定，变更回复，卒无所施行。

——《资治通鉴》第一百一十三卷

朋友在一个小单位负责办公室事务。说到工作，他一副苦大仇深的样子："整天案牍劳形，真是既累又烦。最让人想不通的是那些没完没了的计划、方案，有些事情本身才芝麻大，三下五除二就可以解决，可是不行，领导非得让你先弄个方案以示重视——有这功夫早就把事情给办好了。更要命的是，我们是个经营性单位，在反反复复的计划制订、方案修改中，很多机会已经和我们失之交臂，最后，往往只好眼睁睁看着那一沓沓从形式上看完美无缺、气势不凡的方案、计划进了废纸篓。再这样下去，只怕到时候上一趟卫生间也要先做套方案……"

我说，对这种现象你别生气，这并不是你那单位才有的，而是

在时间和空间上都带有普遍性的。重形式而轻实质（内容），这也是有深厚传统的。不信，我给你讲一段历史上的"趣事"。

东晋的桓玄就是个很注重形式的人。桓玄是桓温（就是那个想遗臭万年的人）之子。桓温在世时，就想取代司马氏坐天下，只是由于当时的王谢等士族还有一定的势力，才没能梦想成真。桓玄年轻时，由于桓温晚年留下的"不良影响"使朝廷对他深怀戒心，所以没受到重用。待到登上高位，掌握大权，桓玄也像他父亲那样，想过把皇帝瘾。元兴二年（公元403年）2月，桓玄受封为大将军，9月，又自称相国、封楚王、加九锡、领十郡。12月，桓玄逼晋安帝司马德宗退位，自己称帝，国号楚。

桓玄在做好篡位的相关准备工作后，想到前几代改朝换代时，都有隐士出来做官，如果自己接受禅让时没有这样的隐士，岂不是很没面子？为了补上这个形式，桓玄找到西晋隐士皇甫谧的第六代孙子皇甫希之，发了一笔生活费给他，叫他到指定的深山去"隐居"。然后，桓玄以朝廷的名义下发重要通知，征皇甫希之出山当官；为了做得更符合形式的要求，同时告诉皇甫希之接到通知后必须坚决推辞。再下一步，朝廷发布公告，表彰"不肯做官"的皇甫希之为"高士"（当时的人把这种假隐士称为"充隐"）。

桓玄这出戏，让后人感到滑稽可笑，简直可以评他个"幽默大师"了。还是这个桓玄，执政时名堂特多，一下子想废除钱币改用实物交换，一下子想恢复肉刑，结果，各种法令规章制定了不少，却没有一件得以真正实行。"改革家"桓玄如此瞎折腾，手下人只怕都要跟着发疯了（我看他的秘书人员肯定更是苦不堪言，与此相比，我的朋友那点委屈算得了什么）。好在这家伙篡位后只干了几

个月便被刘裕消灭了（兵败后在逃亡途中死于非命），否则，真不知他还要玩出多少花样来。（事见《资治通鉴》第一百一十三卷）

从桓玄的所作所为来看，这是个太务虚的人，只重视表面文章，把形式看得高于一切，而根本不管事情的实质是怎么回事。为了形式，他完全可以不顾一切把"实质"毁掉。我们今天看到的那些劳民伤财之举，比如用油漆涂绿荒山搞绿化（这是云南省昆明市富民县农林局的"杰作"），比如在公路沿线粉刷一批样板房以迎接上级检查（这已不是哪一个地方的"专利"了），比如表面工作轰轰烈烈实际行动悄无声息之类（最常见的是各种人气旺盛的大签名、大誓师活动），等等，和这基本上是同一回事，虽然某些人打的是"为人民办实事"的口号。

过于追求形式（也就是形式主义），造成的损失是无法估量的。特别是在今天来说，不但导致了人力、物力的巨大浪费，更重要的是在体制机制上直接阻碍了事业的发展。形式主义者，最看重的是所谓的"面子"，骨子里是非常不负责任的。有些事情对实干者来说，做了就做了，做了就有成效；可是一旦让这种形式主义者搅和进来，事情就多半做不成了，即使做了，也往往是事倍功半，得不偿失。这种事情在数量上多了，形成了一个单位、一个地方的"大环境"，那就必将导致积重难返的后果，留下严重的"后遗症"。在这个国际竞争、区域竞争日益激烈的时代，人家正在大踏步往前走，我们如果还热衷于纸上的虚荣、泡沫的成绩（政绩），一个个发展良机就此离我们远去，不换来落后的局面才怪呢。一般来说，越落后的地方越爱惜花架子，越爱惜花架子越落后，二者互为因果，甚至可能成为一个难解的死结。而在发达地区，我们看到的则往往

是雷厉风行的办事效率，追求实效的务实作风。上天是公平的，它
不会让那些只会耍花招的人得到实实在在的好处，也不会让踏踏实
实做事的人真正吃亏。

一个地方、一个单位要发展，实干越来越重要。我们特别需要
那些手上掌握了公权的人别玩形式，多干实事。桓玄他们玩的形式，
只不过给后世增添了笑料，现在的领导人要是专注于此，损害的可
是一大片人的切身利益。当然，最根本的办法，是建立一套制度确
保那些热衷于玩形式的人能够马上"下课"，让他们要玩就回家玩
去，别碍着大伙干正经事。

2008年9月10日之夜

当心"吹"出祸事来

　　魏主见夏著作郎天水赵逸所为文，誉夏主太过，怒曰："此竖无道，何敢如是！谁所为邪？当速推之！"崔浩曰："文士褒贬，多过其实，盖非得已，不足罪也。"乃止。

——《资治通鉴》第一百二十卷

　　公元 427 年，正是战火连天的南北朝时期。这一年，北方的北魏国主太武帝拓跋焘率军攻打夏国，攻下了其都城统万城，夏王赫连昌逃亡。入城后，一向讨厌奢华的拓跋焘看到夏国皇宫建造得富丽堂皇，勃然大怒道："一个巴掌大的国家，竟敢如此滥用民力，怎能不灭亡！"接着，拓跋焘看到一篇吹捧赫连昌的文章，作者是夏国著作郎、天水人赵逸。读过文章之后，拓跋焘火冒三丈："这小子明明是个无道君主，怎么胆敢吹捧成这样！文章是哪个家伙写的？赶快查出来问罪！"拓跋焘手下重臣、司徒崔浩赶忙劝阻道："文人写文章，不管歌颂还是抨击，多数是言过其实的，不一定是发自内心的真话，不必和他们计较，惩罚就算了吧！"（见《资治通鉴》第一百二十卷）

　　写吹捧文章（马屁文章）居然差点惹出这么大的祸事来，各位看官还真得为这个赵逸捏一把汗（历来只有批评之言惹麻烦呀）。好在崔浩是个明白人，在官场混迹多年，早已知道这些歌功颂德的

269

文章是怎么回事，总算使赵逸逃过一劫（后来赵逸还被拓跋焘给了个不小的官职）。当然，这样的事情在大庭广众之下说出来，文人及其文章只怕由此更要被知情者特别是官僚们看轻了。

本来嘛，言为心声，写文章，是提倡讲真话的。西汉扬雄《法言·问神》云："言，心声也；书（文字），心画也。"说真话是一种基本美德，不说真话的文章，语言再漂亮，评价也要大打折扣。这就好比一个人，如果逢人就送上一通恭维话、赞美词，不明真相者或许一时会对他心怀感激，而当大家了解他的本来面目之后，对他的那番毫不值钱的美言就只好嗤之以鼻了。写文章，又何尝不是这个道理。

然而，话是这么说，事实上，由于众所周知、一言难尽的种种原因，在文章中能做到说真话的人并不多（要不然，巴金先生怎么在20世纪80年代还在郑重地提出"讲真话"这么一个简单的道理？而且有识之士还清醒地看到，真正实现"讲真话"是个任重道远的过程）。在专制时代，溢美、矫情之类的文章就更常见了，否则，拓跋焘的手下崔浩也不会那么轻描淡写地为赵逸开脱。在他们心里，文章只要能哄得别人（特别是权势人物）高兴就行，至于旁人的看法和什么"文责"之类，那是一概不放在心上的。

行文不实，最倒架子的还是文人们自己。文章写到让人不当回事的地步，那是很悲哀很没面子的（如果可以的话，不如不写）。说个身边的事吧。我有个朋友，早年在农村一个小戏班演戏。作为泥腿文化人，此君平时也爱读书阅报，对那些印刷体文字常怀景仰之心。有一次，某报一个记者来采访他，将他多年来跋山涉水奔走于大大小小村落辛勤演戏的事迹写成了一篇通讯，在报纸

醒目位置发出来。通讯的题目是《为了乡亲们早日富起来》。文章说，主人公多年来不辞辛劳奋战在农村文化战线，是因为心里坚守着一个信念，那就是让乡亲们早日富起来。整篇文章，把一个普通的乡村业余演员塑造得大公无私、高尚无瑕，甚至整个戏班的事迹也成了他个人的事迹。结果，我这位朋友告诉我们，从此以后，他再也不相信报纸上刊登的所谓"先进事迹""典型人物"了，因为他早年演戏的目的是养家糊口维持生计，从来没有想过（当然也没对记者说过）"为了乡亲们早日富起来"这个伟大的目标——他十分清楚，以自己的地位，在自己没富起来之前，是根本没能力让别人富起来的。

这位朋友所说的亲身遭遇，我常常讲给新闻界的同行听。每当采访类似内容时，我总是以此来提醒自己：哪怕写出来的报道不够感人，也千万别说过头话。在新闻工作经历中，我们还常常碰到这样的事：一些比较重视宣传的单位邀请记者写报道时，往往赤裸裸地说："什么时候，给我们吹一吹吧？"这话是半开玩笑半当真。也就是说，在很多人看来，媒体传播的东西（当然是指所谓的"正面报道"），就是"吹牛拍马"的东西，大家也都习以为常了，甚至可以拿到台面上来说了。每当听到"给我们吹一吹"的说法，我心里涌起的是一缕淡淡的悲哀（当然，近些年我又发现，叫媒体"吹一吹"的单位更少了，也不知是否因为大家知道"吹"了没用而不想再"吹"了）。

实际上，写吹捧文章直接"吹"出祸事来的并不多，但给作者带来尴尬的却不少。比如，曾经宣传过的"先进人物"，某日东窗事发后现出原形，原来是个大贪官或作秀高手，先前蒙在鼓里的记

者难免感到羞愧（前些年，湖南就曾有一位记者为此类事情发表过一篇自责文章）；给某个"优秀企业"总结了在一定范围推广的"典型经验"，没过多久却发现企业垮了……这种事情太平常太普遍，我都懒得去举例了。

文章浮夸乱吹，最终倒霉的是谁？一是作者自己，从此威信扫地；二是作者的同行（甚至这个行业），城门失火，殃及池鱼，让人以为天下乌鸦一般黑（不黑也黑了）。为了避免这种结局，为了维护文人、文章应有的尊严，能坚持说真话固然最好；在说不了真话的场合，能够保持沉默也是不错的；说假话特别是主动迎合说假话就不可取了。

2008年9月11日之夜

瞧这人贪的

太傅评以猛悬军深入，欲以持久制之。评为人贪鄙，鄣固山泉，鬻樵及水，积钱帛如丘陵；士卒怨愤，莫有斗志。猛闻之，笑曰："慕容评真奴才，虽亿兆之众不足畏，况数十万乎！吾今兹破之必矣。"乃遣游击将军郭庆帅骑五千，夜从间道出评营后，烧评辎重，火见邺中。燕主暐惧，遣侍中兰伊让评曰："王，高祖之子也，当以宗庙社稷为忧，奈何不抚战士而榷卖樵水，专以货殖为心乎！府库之积，朕与王共之，何忧于贫！若贼兵遂进，家国丧亡，王持钱帛欲安所置之！"乃命悉以其钱帛散之军士，且趣使战。

——《资治通鉴》第一百零二卷

历史上的贪官不计其数，各有各的贪法，各有各的特色。如果哪位有兴趣整理一部《贪官贪相贪术大全》之类的书，说不定很能为人们饭后茶余提供丰富的谈资。

有一个叫慕容评的贪官，估计没多少人知道，其名气比起和珅、严嵩之流，那是差得远。可是，慕容评的贪法，却别具一格，光从贪婪程度来说，堪称"天下第一"——简直就是要钱不要命了，尽管他的"贪绩"还没赶上东汉梁冀、唐朝杨国忠、北宋蔡京、明朝严嵩、清朝和珅等"巨贪代表"。

　　慕容评是怎么贪财的？《资治通鉴》第一百零二卷有记载。公元 370 年（东晋海西公太和五年，北方则是"五胡十六国"时期），北方前秦国主苻坚派手下得力干将王猛率军攻打前燕。前燕太傅慕容评认为王猛是孤军深入，可以用持久战来对付他。可是，慕容评是个贪婪成性的家伙，大敌当前，他不忙别的，倒是忙着封山禁泉，以便自己贩柴卖水（连军队的饮水也不放过），从中渔利，只赚得盆满钵满，钱帛堆积如山。兵士们对慕容评把生意做到战场的做法无不怨恨愤慨，因此毫无斗志。前秦的王猛听说了他的所作所为，大笑道："慕容评真是个奴才，就算他有亿兆军队也没什么可怕的，何况才几十万人！我们马上就可以灭了他！"前燕国主慕容暐知道后，专门派侍中兰伊前往责备慕容评："你作为高祖的儿子，理应为宗庙国家操心才是，为什么不安抚将士反而贩柴卖水，执迷于钱财？府库里的积蓄，都是你我共享的，你哪里犯得着担心没钱用！如果敌人最终打败了我们，家国全都灭亡了，你拥有再多的钱帛，又能放到哪里去呢？"命令把他的不义之财全部发放给军中将士。这场战斗，由于慕容评军心不齐，王猛以少胜多，前燕全军溃败，不到一个月就宣告灭亡。

　　"人为财死，鸟为食亡"，贪财贪到这个地步，这句古话不就是冲着慕容评之流所说的吗？还是慕容评的领导、前燕国主慕容暐说得不错，身居如此高位者，只要保卫了国家的安全，在经济上根本没什么后顾之忧，捞那么多钱有什么意义？要是国家灭亡了，官位没有了，那才是一切都成空了。这道理是很浅显的，可是，慕容评不清楚；一两千年过去了，仍有无数官员也像慕容评那样没能领悟到这一点。

看看现在的贪官就知道了。那些身居高位的贪官，一旦倒台，动不动就说查出了几千万元甚至过了亿，可他们有哪一个是因为没钱花而去贪污受贿的？老百姓恐怕是永远看不懂他们：生活条件优越，要房有房，要车有车，即使退休了还有医疗、用车等保障，平时基本没机会亲自花钱（所谓"工资基本不用"），却还在冒着丢乌纱帽甚至掉脑袋的风险，为了那些对他们来说仅仅是符号的钞票不择手段，这是何苦呢？自作孽，不可活，老话没说错啊。

都是贪欲惹的祸。贪官们未必在走上官场（职场）之初就立下了做巨贪的"雄心壮志"。透过他们的人生轨迹可以发现，绝大多数贪官，是因为某个阶段没能控制心头的贪欲，从此一步步走上不归路的。也就是说，亿万不义之财，是从点点滴滴开始的，待到"聚沙成塔，集腋成裘"，贪念已经水到渠成地膨胀起来，从此就不是他个人的意志所能驾驭的了。甚至可以说，他们已经形成了一种扭曲的病态心理，就像职业小偷看到什么都想顺手牵羊一般（尽管所"牵"的东西也许对他根本毫无用处）。

与慕容评相反，古时有个叫公休仪的宰相，是个真正的智者。当今的官员们如果想在金钱面前时刻保持冷静与理智，不妨温习一下公休仪拒鱼的故事：春秋时期，鲁国宰相公休仪爱吃鱼，可他坚决不收人家送上门来的鱼。公休仪说，正是因为爱吃鱼，所以不能收人家的鱼——现在自己身居高位，有一份不错的工资，可以供自己经常吃鱼；如果收了人家的鱼，就得按人家的意思办事，到时触犯法律"下台"了甚至蹲班房了，可就再也吃不上鱼了。

写到这里，我不禁想起了历史上一位颇有见识的老太太：北宋大臣曹璨的母亲。曹璨出身贵族，其父曹彬是宋太祖手下得力大将，

《宋史》评价他"仁恕清慎，能保功名，守法度，唯彬为宋良将第一"。宋真宗时，曹璨任殿前都指挥使、忠武节度使，死后赠中书令。史载曹璨以孝顺谨敬而为人称道，熟知用兵谋略，历任守边重任，掌管禁卫十多年，善于安抚士兵，但晚节因为过于吝啬而大受影响，被当时的人看不起。曹璨的母亲曾经查看家中所藏的金帛，见积钱数千缗，便召曹璨前来训话："你父亲做内外官多年，未曾有这样的积蓄，由此可见，你比你父亲差远了！"难得这曹老太太有这份境界，换了某些人的话，看到职位没有老头子那么高的儿子竟然存下了这么多钱，只怕要赞一句"你父亲可比你差远了"呢！曹彬的子孙后代在宋朝担任要职者众多，绵延数代，直到南宋，在当时非常罕见，这岂会和曹氏门风纯朴、注重修养无关？

2008年9月12日之夜

狄仁杰的塑像

初，仁杰为魏州刺史，有惠政，百姓为之立生祠。后其子景晖为魏州司功参军，贪暴为人患，人遂毁其像焉。

——《资治通鉴》第二百零七卷

狄仁杰（公元630—700年），唐朝著名宰相之一，并州太原（今山西太原）人。为相期间，对武则天弊政多有匡正，也是一代女皇武则天最为器重的大臣，后人称之为"唐室砥柱"。狄仁杰为官体恤百姓，不畏权势，在历史上获得了较高的评价，还成为古今文艺作品中的热门人物。

《资治通鉴》第二百零七卷载：起初，狄仁杰担任魏州刺史，因为他施政仁爱宽厚，受到当地百姓的拥戴，人们为他建造了生祠以示感谢。后来，狄仁杰的儿子狄景晖担任魏州司功参军，却是残暴贪婪，成了老百姓的祸害。于是老百姓又捣毁了狄仁杰的塑像。

读罢这简短的一段文字，掩卷品味，不禁生出些许感慨。

其一，"老子英雄"未必"儿好汉"。狄仁杰名气这么大，自身人品也不错，按照人们的习惯性思维，有其父必有其子，他的儿子肯定也差不到哪里去。狄景晖来到父亲任过职的地方，理应发扬狄家优良传统，好好地为老爸长长脸、争口气才对。然而，事与愿违，狄景晖的做法与狄仁杰大相径庭，不但没能为家族争光，还把

狄仁杰积攒下来的"老本"都亏光了——老百姓恨屋及乌，连老狄的塑像也毁了，可见他们是多么失望，多么伤心。

老子英雄儿混蛋的事，在不少名人家里发生过。战国名将赵奢，堪称赵国的长城，其子赵括却只知纸上谈兵，终于坏了赵国的大事；三国时的刘备，连不可一世的曹操都称他为英雄，其子刘禅却是著名的"扶不起"；清朝爱国主义诗人龚自珍的儿子龚半伦不但不爱国，据说英法联军火烧圆明园时还是他带的路。还有的文章说，家喻户晓的诗仙李白，其子不但不写诗，据说还有点弱智。

俗话说："一母生九子，九子各不同。"父子之间的差异就可能更大了。所以，一是一，二是二，在认识一个大好人时，千万别想当然地以为他的亲人、朋友也和他一样好，结论还是需要事实来检验，否则，上当受骗了可就悔之晚矣。

其二，纪念碑、塑像之类的东西靠不住，还是人们所说的"金碑银碑不如口碑"更可靠。真正的好口碑，是留在别人心目中的，是无形的，或者可以说是精神的。有形的碑，立起来容易，毁掉它也容易。据说，武则天曾经为自己立了一块无字碑，意思是上面的内容由后人去评说。人们因此认为武则天高明。不过，我觉得无字碑只不过比有字碑略显高明，真正高明者，是连碑都不要的，就像金庸武侠小说里说的那样，武学的最高境界是无招数，绝顶高手根本不需要刀剑之类的有形兵器，而是剑在心中。同理，真正的威信也是不需要借助物质来体现的。

比狄仁杰稍后的唐代另一个著名宰相宋璟，就达到了更高的境界。唐玄宗开元六年（公元718年），宋璟以广州都督升任宰相，广州的官吏百姓为他修建遗爱碑。宋璟不但不接受，还向玄宗进言

说，自己在广州并无突出政绩，现在由于地位显赫，才导致那些人阿谀奉承。要革除这种恶劣的风气，希望从自己这里开始。因此，专门请玄宗降敕禁止广州为自己立碑之事。从此，其他各州的官民都不敢给人立碑了（见《资治通鉴》第二百一十二卷）。与宋璟相比，狄仁杰在这件事上相形见绌。

其三，一俊难遮百丑，一丑或许可掩百俊。"一薰一莸，十年尚犹有臭"（《左传·僖公四年》），这话说的是香的与臭的混在一起，只能久久地闻到臭味，意即善容易消失而恶则难除尽。一般来说，人们的记忆中，牢记人家的坏处容易，长记人家的好处却难得多。你为某个人办了一百件事，九十九件都办成了，唯有最后一件没办成，结果，人家可能只记住了某次请你办事未成的经历。这种心理相当普遍地存在于常人身上，所以，老百姓并没有因为狄仁杰的善行而原谅狄景晖，倒是因为狄景晖的恶行而迁怒于狄仁杰。因此，多做善事的同时，还要特别注意别做错事，否则，就像下棋一样，一步走错，全盘皆输。前功尽弃的结果是令人惋惜的，民间所说的"一粒老鼠屎坏了一锅羹"，就是这个道理呀。

其四，狄仁杰塑像的遭遇，还容易让人联想到当今某些领导的题词之类。狄仁杰的塑像被毁，和他离开了魏州也有点关系吧？人走茶凉，当地人的敬重之心当然也随之淡了。现在有些领导，不管自己那手字写得好不好，喜欢走到哪里都留下墨宝。当然，其在位时，一字难求（其实好求，给钱就行），一旦求得，人家还是很当回事，挂在某某市场、某某大厦或者自己的办公室增光添彩，好不耀眼。而领导退位后，原本熠熠生辉的字就可能没人理会了，特别是那些置于户外风吹雨淋日晒的，时日一久，终于锈迹斑斑，缺胳

膊少腿（包括落款处的领导大名），有的还因此闹成笑话。每在一处看到这种题词，我就不由得感叹世态炎凉，不知"书法"作者看到此情此景做何感想？更有甚者，如果题词者后来归入了腐败分子队伍，那可要忙煞好些人了，铲除题词的，更换招牌的……人们像预防瘟疫一样，认真消除那些蛛丝马迹，生怕和当年"景仰"的"书法家"扯上关系。这些人忙碌的结果，就是有力地拉动了内需，给制作招牌的商家带来了大把大把的生意。当年的胡长清，不是产生了这种戏剧性效果吗？

2008年9月13日之夜

制造命运的人

　　上从容与泌论即位以来宰相，曰："卢杞忠清强介，人言杞奸邪，朕殊不觉其然。"泌曰："人言杞奸邪而陛下独不觉其奸邪，此乃杞之所以为奸邪也。倘陛下觉之，岂有建中之乱乎！杞以私隙杀杨炎，挤颜真卿于死地，激李怀光使叛，赖陛下圣明窜逐之，人心顿喜，天亦悔祸。不然，乱何由弭！"上曰："杨炎以童子视朕，每论事，朕可其奏则悦，与之往复问难，即怒而辞位，观其意以朕为不足与言故也。以是交不可忍，非由杞也。建中之乱，术士豫请城奉天，此盖天命，非杞所能致也！"泌曰："天命，他人皆可以言之，惟君相不可言。盖君相所以造命也。若言命，则礼乐刑政皆无所用矣。纣曰：'我生不有命在天！'此商之所以亡也！"

——《资治通鉴》第二百三十三卷

　　命运，是个复杂的东西。说它虚幻，它又和人们的生活水乳交融，息息相关；说它实在，它又是捉摸不透，变幻无常。平日里，大家会时常提起它，然而，命运到底是什么？命运是谁决定的？命运可以改变吗？靠什么才能改变命运？这些问题，众说纷纭，从来都没有一个统一的标准答案。命运，真是个模糊的概念，说不清，道不明，只可意会，不可言传。

　　唐朝宰相李泌有一个说法：命运是由上层人物制造的。这话说得颇有意思，就算今天来看，仍有几分道理。

　　唐德宗贞元四年（公元 788 年），德宗与宰相李泌谈论自己即位以来的各位宰相。李泌说，卢杞是奸邪之徒，导致了建中年间的变乱。德宗为卢杞开脱，认为建中之乱"此盖天命，非杞所能致也"。李泌正色道："天命，他人皆可以言之，惟君相不可言。盖君相所以造命也。若言命，则礼乐刑政皆无所用矣。纣曰：'我生不有命在天！'此商之所以亡也！"（见《资治通鉴》第二百三十三卷）

　　这里先简单介绍一下卢杞其人。卢杞，唐朝著名奸相，为人心胸狭窄，嫉贤妒能，谁有能力就踩谁，大书法家颜真卿就是被他陷害致死的（卢杞早就看不惯正直的颜真卿。唐德宗建中年间，淮西节度使李希烈造反，卢杞建议派颜真卿前往劝谕；颜真卿劝谕不成，被李希烈扣押后，卢杞又扣下了有关大臣要求以李希烈亲属赎回颜真卿的奏折，使颜真卿最终死于叛军之手）。值得一提的是，卢杞的祖父是唐玄宗开元年间宰相卢怀慎（被称为"伴食宰相"者），为官清正，名声很不错；卢杞的父亲是曾任御史中丞的卢奕，安史之乱时期，洛阳失陷，卢奕大义凛然痛骂叛贼安禄山而被杀。"根正苗红"的卢杞却在史书上进入了《奸臣传》，算是"虎父犬子"的又一典型案例。

　　李泌的观点很明确，所谓"命运"，其实就是皇帝、宰相等高层人物制造的，而不是"上天"制造的。如果认为一切都是上天说了算，那么，礼乐刑政这些东西岂不是毫无用处？商纣王的灭亡，就是因为他以为自己的一切都是来自上天。

　　现在有一种很能"励志"的观点说："一个人的命运不是上天

决定的，也不是由别人决定的，而是自己。"我认为，这话说对了一半：一个人的命运的确不是由上天决定的；但是，说到"不是由别人决定的"，就未必如此了。按照李泌的说法，除了皇帝与宰相等高层人物，其他人的命运是要受到他人影响的（甚至直接由他人决定）。

李泌所处的专制时期，事实当然是这样。天下虽大，但什么事情都是以皇帝为首的统治集团说了算，君要臣死，臣不得不死，根本没得商量。如果统治集团综合素质较高（如李世民的那个班子），老百姓的日子就好过些；如果是昏君、暴君当政，那么，大家（包括宰相一级的人物）都别想过得舒服了——专制史上，这样的时间，占的比例是大头。

现在虽说不是专制时代了，然而，普通人的命运，仍然要受到他人的影响，不可能完全由自己掌握。比如说，你在一个单位上班，这个单位的风气好不好，发展前途妙不妙，这都和个人的命运休戚相关，然而，这些能由你这个普通员工决定吗？显然，单位负责人才是单位命运的制造者（而单位的命运往往就是员工的命运了）。碰上单位负责人德才兼备，那么大家可以人尽其才，每个人都有良好的发展空间，单位的事业也是蒸蒸日上，前途无量；如果单位负责人昏庸无能，品格低下，那么，再好的单位也将江河日下，员工们只好得过且过，坐以待毙，整个单位肯定是士气低落，毫无生机。

或许有人说，面对这种情况，你可以选择跳槽呀，命运还是抓在自己手里嘛。这话说得轻松，但现实却是，不管怎么跳槽，世上肯定是做老板的少，做员工的多，对多数人来说，还是得选择一个栖身之处，只不过换了一个人来影响自己的命运；更何况，并不是

每个人都可随时跳槽，当你的年龄、学历、身体状况等日益成为一道道拦路杠时，你要么委曲求全要么自动下岗，除此将别无选择。

所以，一个单位如果没有搞好，普通员工可以怨天尤人（当然，一般仅限于在背后或心里），而当"头"的人则没这个资格。他们作为决策者，理应对工作中的失误负主要责任，而没有理由拿命运之说来为自己开脱责任，除非在他的上面还有别人在死死地捏着他的命运（若是这种情况则依此类推，由上面那个人负主要责任）。这才体现了责权的统一。

总之，生活在现实中的人们，虽然不能怀着"万事不由人计较，一生都是命安排"的消极心态处世，但还是要有个清醒的认识："每个人都是自己命运的主宰"只是一种理论上的说法，事实却可能是命运并非全由自己掌握，至少有相当一部分是捏在别人手里的。那些能够"制造命运"的人，对我们把握自己的命运很重要。除非我们可以拿出一种有效的措施，反过来"制造"（或影响）他的命运，使他能自觉地和大家相依为命，同舟共济，否则，在很多时候，我们还真是只能眼睁睁看着别人糟蹋自己的命运。

2008年9月14日之夜

浮夸也是有传统的

　　操之西征也，河间民田银、苏伯反，扇动幽、冀。五官将丕欲自讨之，功曹常林曰："北方吏民，乐安厌乱，服化已久，守善者多；银、伯犬羊相聚，不能为害。方今大军在远，外有强敌，将军为天下之镇，轻运远举，虽克不武。"乃遣将军贾信讨之，应时克灭。馀贼千馀人请降，议者皆曰："公有旧法，围而后降者不赦。"程昱曰："此乃扰攘之际，权时之宜。今天下略定，不可诛之；纵诛之，宜先启闻。"议者皆曰："军事有专无请。"昱曰："凡专命者，谓有临时之急耳。今此贼制在贾信之手，故老臣不愿将军行之也。"丕曰："善。"即白操，操果不诛。既而闻昱之谋，甚悦，曰："君非徒明于军计，又善处人父子之间。"故事：破贼文书，以一为十。国渊上首级，皆如其实数，操问其故，渊曰："夫征讨外寇，多其斩获之数者，欲以大武功，耸民听也。河间在封域之内，银等叛逆，虽克捷有功，渊窃耻之。"操大悦。

　　　　　　　　　　　——《资治通鉴》第六十六卷

　　中国是个喜欢讲传统的国度，因为我们的历史文化渊源太深，老祖宗留下的物质的与非物质的文化遗产太多。还真别说呢，现代生活中的很多东西如果来个认真溯源，都可以顺藤摸瓜走得好远呢。现在来说说"浮夸"这种现象吧，仍从《资治通鉴》说起。

东汉末年的汉献帝建安十七年（公元 212 年），曹操西征关中，河间人田银、苏伯造反，被曹操的手下国渊平定。《资治通鉴》第六十六卷记载此事时，有这么一段："故事：破贼文书，以一为十。国渊上首级，皆如其实数，操问其故，渊曰：'夫征讨外寇，多其斩获之数者，欲以大武功，耸民听也。河间在封域之内，银等叛逆，虽克捷有功，渊窃耻之。'操大悦。"

国渊，字子尼，东汉经学大师郑玄的学生。后来，曹操征召其为司空掾属，史载其每每在曹公府上议论政事，总是正色直言，退朝后再无私议——可见人品是相当端正的。曹操西征关中时，让国渊任居府长史，总管留守事宜。平定田银、苏伯叛乱后，又提升他为魏郡太守。后来，国渊官至太仆（算是卿级干部了）。

国渊的这次汇报，用我们现在的话来说，是公开违背了行业的"潜规则"：此前，战争中的歼敌数字统计报表是大有水分的，而且大家都习以为常，"业内人士"更是心知肚明、心照不宣。所以，国渊的如实汇报，居然引起了领导的重视——曹操专门过问此事原委了。还好，对国渊不遵守"潜规则"的做法，曹操不仅没有批评他、刁难他，相反，还因此赏识他、提拔他（否则，要是碰上一个糟糕的领导，说不定国渊今后就要穿小鞋，甚至被同仁们孤立了）。

古人的"破贼文书"，为何要"以一为十"，夸大这么多倍数？原因是多方面的。比如：领导好大喜功，希望借此机会快速提拔或多拿奖金；领导为了显示实力，威慑敌人，最好起到节约成本、不战而胜的效果；等等。总之，一句话，这样做的结果，肯定是对自己大有好处——傻瓜才干赔本买卖呢。

骗人的手段，对当事人自己来说是得到了好处，对不知情的人

来说，则是另一种效果。若非有国渊这样的人揭开这种小把戏的真相，那么，官方的所谓"战绩""政绩"到底如何，恐怕只有提供数字的人自己才知道。而对于时间久远的后人来说，先前的那些数字，只怕永远是笔糊涂账了。

真真假假虚虚实实的数字交织着，于是，正史上记载的许多数据就未必准确了。由于诸如此类的原因，虚假数字见诸史料，并非个别现象（其中相当一部分，是修史之人根本无法鉴别，只好根据以前的资料记录下去）。以曹操与袁绍的官渡之战为例，陈寿在《三国志》中说曹军"杀绍卒凡八万人"，东晋史学家裴松之就指出"非实录也"——没有这么多。还有，赤壁之战时，曹军号称八十万，声势够大的，差点吓得江东的某些人不战而降，周瑜却给他算了笔账，得出二十几万的答案——相差好几倍呢——而到底曹军有多少人，只怕谁也弄不清楚了。

古人的"以一为十"提醒我们：古书上记载的统计数字，不能完全相信，在一定程度上，只能把它们当作"参考数据"，仅供参考而已；甚至，有些连"参考"都谈不上。这就是那些创造"虚报浮夸工作法"的前辈留给后人的一大"遗产"。

虚报浮夸的做法，总是有人在继承着，至今也未绝迹。六十多年前的延安，中国共产党曾经对虚报数字的做法"动真格"——1945年4月24日，毛泽东在中国共产党第七次全国代表大会上所做的报告中，有这么一段话："关于要讲真话，我们现在发了一个通令，要各地打仗缴枪，缴一支讲一支，不报虚数。我们曾经有个时期分对内对外，内报一支是一支，外报一支是两支。现在我们专门发了这个通令，知之为知之，不知为不知，一支为一支，两支为

两支，是知也。这些问题解决了，我们党的作风就可以更切实了。"（见《毛泽东新闻工作文选》）战争年代，由于情况特殊，数字有"对内对外"的区别；条件成熟后，我们还是要求讲真话的，并专门为此下发通令，由此可见当时对真实数字的重视程度。

然而，六十多年前就要求的"讲真话"，到了和平年代，却并未真正实现。1958 年，浮夸风刮遍全国，这是有点年纪的人都记忆犹新的事。那是一个荒唐的年代，虚报数字的做法堪称登峰造极，而它导致的后果，则是令后人不堪回首的。

深刻的教训并未让人们特别是某些官员刻骨铭心，引以为戒。时至今日，仍有一些人故意在数字上大做文章。统计数字任意夸大，在我们的生活中根本不算新鲜事，当今的数据，让人不放心者何止个别？"统计统计，三分统计七分估计，最后全靠领导算计"，"官出数字，数字出官"……从这些相关的民谣，既可以想象某些统计数字的准确性，又不难品味出其中原因。

除了数字的虚报，还有诸多夸大事实的做法存在于生活中的每个角落。比如，在科技界，我们动不动就听到某个项目达到"世界先进水平"的报道。2006 年，全国政协委员、中国原子能科学研究院院长赵志祥曾经在全国政协会上质问："我们果真有那么多的'世界先进'水平吗？要是这样的话，中国早就进入创新型国家行列了。"中国科学院院士黄尚廉则如是说："红包一发，嘴角一擦，一项世界先进水平的成果就如此诞生了！"这样的"成果"，天知道有多"先进"；这种"先进"多了，久而久之，只会让人对所有的科研成果都难辨真伪，失去信心。

虚报浮夸为什么盛行？最大的原因是造假者"吹牛不上税"，

无本万利，只有好处，没有风险。所以，要治这股歪风，根本的办法是让好大喜功、文过饰非，弄虚作假、欺下瞒上者承担风险，接受严惩。其实，统计执法在我国也是古已有之的事。秦始皇统一六国后颁布的《秦律》就规定，凡虚报、瞒报统计数据的与盗同罚；在汉代，官吏存在这方面的行为，将受到免职处分。如果对吹牛者不但"上税"，而且从严追究责任，看有多少人还会去冒险乱吹？

2008年10月5日之夜

自暴污点

十二月，临海太守郗超卒。初，超党于桓氏，以父愔忠于王室，不令知之。及病甚，出一箱书授门生曰："公年尊，我死之后，若以哀惋害寝食者，可呈此箱；不尔，即焚之。"既而愔果哀惋成疾，门生呈箱，皆与桓温往反密计。愔大怒曰："小子死已晚矣！"遂不复哭。

——《资治通鉴》第一百零四卷

某男与某女正爱得如胶似漆时，某男突然性情大变，不仅暴露了一身的缺点，还宣称对某女的感情是假的，自己不过是逢场作戏，实际根本看不上某女，云云。某女绝望之余，终于走出感情的泥淖，事实也正在此际真相大白：原来某男身患绝症，自知将不久于人世，为了不让深爱的某女伤心，于是故意亮出自己的缺陷甚至污点，以冲淡某女对自己的爱恋、痛惜，使之在自己离世后不致过度伤心，能够及早走出阴霾。

这是小说、电视剧等文艺作品中可以看到的情节。让他人别把自己看得太重，方法之一就是告诉人家，自己没有你想象中的那么好甚至有点"坏"。能想出这个办法的人，估计是懂得心理学的。

文艺作品的情节是虚构的。有意思的是，历史巨著《资治通鉴》也记载了一件与此颇有异曲同工之妙的史事。

东晋孝武帝太元二年十二月（公元 378 年），临海太守郗超去世。郗超在大司马桓温阴谋夺权时，和桓温结为同党，准备协助其篡夺皇位。郗超的父亲郗愔却是个不折不扣的忠臣，郗超因此没让父亲知道自己的所作所为。等到郗超病重，他知道自己活不了多久了，于是拿出一箱子的书信交给门下弟子，吩咐道："我父亲年事已高，我死了之后，如果他老人家因为悲伤过度而妨碍饮食起居、影响身体健康，就把这个箱子呈献给他；如果没有出现这种情况，就把这个箱子烧毁。"

郗超死后，其父郗愔果然悲痛不已，而且因此病倒了。郗超的弟子便将那个箱子呈送上去。郗愔打开箱子，发现里面全是郗超与桓温密谋篡位的往返信函，这才知道自己的儿子原来是个大逆不道之徒。郗愔大怒道："这个臭小子，早就罪该万死，现在已经死得够晚了！"从此不再为儿子之死而悲伤流泪。（见《资治通鉴》第一百零四卷）

郗超（公元 336—378 年），字景兴，高平金乡（今山东）人。桓温做东晋大司马时，郗超是他的参军。桓温这个人，位高权重，野心勃勃，当世能被他看上眼的人不多，但与郗超交谈后，发现此人很不简单，于是对他深为钦佩，二人因此成为"哥们"。郗超成为桓温的谋主后（被谢安称为"入幕之宾"），权倾一时，朝中大臣都怕了他，连大名鼎鼎的谢安都让他三分。

有趣的是，郗超虽然是个"谋反未遂"的"大反派"，却有一份难得的孝心：为了父亲的健康愉快，不惜自暴污点，让父亲知道自己的庐山真面目（并不是他心目中的"好儿子"），甚至彻底毁了自己的形象。郗愔呢，还真是个讲大局讲原则的人，发现真相后，

果然因此不再悲痛惋惜儿子的英年早逝——可见郗超这污点一亮，收到的是立竿见影的效果。

人性是复杂的，郗超算是一个典型案例了。识人难，识人历来是个大课题。白居易诗云："周公恐惧流言日，王莽谦恭未篡时。向使当初身便死，一生真伪复谁知。"周公忠心耿耿辅佐成王，可当时的流言却说他有篡位之心；王莽早就图谋皇位，篡位前却假装谦逊，骗得大家都以为他高风亮节，把他当成大忠臣。他们总算有最后的结果证明了真相，而还有多少人，却可能留下了多少不为人知的不可告人的秘密？比如郗超，如果不是他主动将那个"密码箱"交出来，又有几个人能知道他的真实为人呢？

不管郗超在大的方面为人如何，他为了老父而不惜自暴污点这一节，却是值得肯定的。这不只是体现了一份孝心，更重要的是表现了很大的勇气——要知道，对他这个有相当级别、相当影响的"公职人员"来说，这不仅将使自己失去在家人心目中的地位，还涉及盖棺论定的问题啊。

再说郗愔吧，发现了儿子的巨大污点，就停止了思念、哀悼，这恐怕主要是因为真相与想象反差太大。如果早知道儿子干了这等"大逆不道"的事，郗愔对他的态度或许还不会转变得这么快呢。可以说，此事对郗愔来得太突然，一点思想准备也没有，能不气上加气吗？

郗氏父子的故事，对我们为人处世倒是颇有启示。《列子·天瑞》云："天下无全功，圣人无全能，万物无全用。"什么人身上都难免有一定的缺陷，只不过是有没有被人发现而已。一般情况下，我们不要把某一个人想象得太完美（特别是"偶像级"的），而应

估计到，他身上可能存在若干个暂时还没暴露的不足之处。这样，万一某天我们真发现他存在这种行为，也不至于在感情上觉得接受不了。而对他人的某些缺陷，如果仅仅是"小节"问题，不妨宽容些，"水至清则无鱼，人至察则无徒"嘛，求全责备也许反而办不成事（当然，大事是不能糊涂的）。生活中，那些身上缺点明显的朋友，往往也是最可靠的朋友，因为我们早就知道了他是什么样的人；身上总是看不到缺点的人，也许还不能算是你的朋友，因为你尚未真正了解他。

另一方面，我们自身在交际中，为了不让人家日后对自己的态度产生太大的变化，不必刻意掩饰自己的缺陷，有时也不妨主动地适当暴暴自己的"污点"，让人家早日认识你的"本性"，这样或许还能得到人家的理解，赢得更多的朋友呢。毕竟，"率真"是多数人愿意接受的性格，"深沉"则往往让人敬而生畏。

如果一条宽敞平坦的大道前面有一段险境，怎样才能让快速的过往车辆及时减速，安全行驶？理想的办法是在平坦的道路上提前设置几道路障，让车辆在进入险境之前就不得不自动减速。自暴污点，何尝不是一种"安全行驶"的处世哲学？

2008年10月10日之夜

宋文帝留下的教训

上每命将出师，常授以成律，交战日时，亦待中诏，是以将帅趑趄，莫敢自决。又江南白丁，轻进易退，此其所以败也。自是邑里萧条，元嘉之政衰矣。

——《资治通鉴》第一百二十六卷

"千古江山，英雄无觅孙仲谋处。舞榭歌台，风流总被雨打风吹去。斜阳草树，寻常巷陌，人道寄奴曾住。想当年，金戈铁马，气吞万里如虎。

"元嘉草草，封狼居胥，赢得仓皇北顾。四十三年，望中犹记，烽火扬州路。可堪回首，佛狸祠下，一片神鸦社鼓！凭谁问：廉颇老矣，尚能饭否？"

辛弃疾这首名词《永遇乐·京口北固亭怀古》，借"伤怀吊古"之机，以古喻今，借题发挥，既缅怀了古代英雄人物的壮举，更翻出了历史上的一次深刻教训：元嘉草草，封狼居胥，赢得仓皇北顾。而这个教训的主角，就是南北朝时期的宋文帝。

宋文帝刘义隆（公元407—453年），是宋武帝刘裕（辛词中"金戈铁马，气吞万里如虎"的"寄奴"）的第三个儿子，父子二人的作为，在辛弃疾笔下恰好形成了鲜明的对比。

刘裕（公元363—422年），典型的穷苦人家出身，《资治通鉴》

说他"生而母死……家贫，将弃之"，多亏婶娘抱养了他（所以小名"寄奴"）。他成年后入伍，找到了用武之地，从基层干起，攻城略地，战果累累，终于取代了东晋政权，成为刘宋王朝开国皇帝。晋安帝义熙五年（公元409年）、十二年（公元416年），时任东晋大将的刘裕，两次率领晋军北伐，灭南燕、后秦，一直打到长安，一时让晋人士气大振。特别是长安一带的百姓，见到久违百年的晋军，欢欣鼓舞，激动不已（可惜因为此时京城建康出现变故，刘裕为了巩固自己的权势，匆忙结束了北伐）。公元420年，刘裕建立政权，然而只当了两年皇帝便去世了。总的来说，刘裕的一辈子，算得上是英雄的一生。

刘义隆比他老爹有福气，当了三十年皇帝（公元424—453年在位），年号"元嘉"。宋武帝刘裕死后，本来将皇位传给了年幼的太子刘义符（宋少帝），以谢晦、傅亮、徐羡之、檀道济这几位资深老干部辅政。后来，谢晦、傅亮等人觉得刘义符不求上进，将他废了，皇位因此转到了刘义隆的屁股下。几年后，刘义隆觉得自己把权柄抓稳了，便和这班老臣算旧账，使他们一个个不得好死：徐羡之上吊自杀，傅亮、谢晦相继被诛。檀道济是一代名将，威震南北，是国家难得的人才，可是刘义隆之弟彭城王刘义康生怕他成为心腹之患（做出司马懿那种事来），后来硬是找机会把他也干掉了。檀道济临死前曾经怒斥："乃坏汝万里长城！"——"自毁长城"的说法大概就是从这里来的（到了元嘉二十七年，宋文帝北伐大败，北魏兵临京城建康城下，刘义隆自己也感叹道："要是檀道济还在，怎么会弄到这个地步！"）。

好大喜功而又不能正确认识自己，是促成宋文帝发动"元嘉北

伐"的重要原因。公元430年，宋文帝趁北魏军队主力在北方作战之际，以到彦之为将军，启动了第一次北伐。起初，宋军收复了不少失地，但很快由于到彦之轻敌等原因，反击的魏军将宋军击溃。结果，这次北伐以宋军完全失败告终，幸亏有檀道济救援，宋军才得以保全实力。这次战争，已可以看出刘宋与北魏之间的实力差距（可是刘义隆未必肯承认这个差距）。

二十年后的公元450年，刘义隆在大将王玄谟的鼓动下，更是产生了"封狼居胥"的雄心壮志，再次发动大规模的北伐，结果却是惹火烧身，元气耗尽。从此以后，刘宋国内走向萧条衰败，元嘉时代一度出现的"小康"盛况逐渐成为人们的回忆。

综观宋文帝的所作所为，他的失败，至少给后人以下几点启示。

教训一：竞争要看清楚对手的实力，不打无准备之仗，不拿鸡蛋碰石头。"元嘉草草"的"草草"二字道出了刘宋北伐的真实情况。刘义隆、王玄谟都是眼高手低之人，想当然地以为自己可以轻易建功立业，却不看对手是什么人。刘义隆的对手，乃是北魏世祖、历史上赫赫有名的太武帝拓跋焘（公元408—452年），也就是辛弃疾词中所说的小名"佛狸"者。此公虽然比刘义隆还小了一岁，然而，年纪轻轻便表现了雄才大略，打起仗来简直是所向无敌，先后灭夏国、北燕、北凉等诸多政权，及至统一北方。面对这个当时的一代枭雄，刘义隆就算精心准备，认真应对，也未必是他的对手，何况草率行事？可以说，战斗还没打响，胜负已然决定。

教训二：谋大事者要能容人。在中国历代王朝中，最能"窝里斗"的，可能就是这个刘宋王朝了。刘义隆上台没几年，便将手下的干将——干掉，特别是连檀道济这样的人物都容不下（虽说是直

接死于刘义康之手，但也不能说刘义隆没有责任），怎么能成大事？后来，刘义隆把兄弟彭城王刘义康也杀了，而刘义隆自己则死于儿子刘劭之手——此后，刘氏父子、兄弟互相残杀之事不绝，让读史者叹为观止。这么一个缺乏凝聚力的政权，衰败是它的必然走势。

教训三：担任领导职务者，要学会科学管理，懂得合理分配权力，善于放权，充分调动各方面积极性。元嘉北伐为什么会失败？《资治通鉴》第一百二十六卷说到这个问题时，给出了其中一个答案：宋文帝每次命令将领们率兵作战，常常把已拟定好的作战计划交给他们，甚至连交战的日子，也要等待他的命令，因此，宋军将领总是犹豫不决，没有谁敢自己决定什么。常言道："将在外，君命有所不受。"可是，宋文帝连军队交战的日期都要亲自指定，"遥控指挥"到了这个地步，这仗还能打赢吗（那个时候可没有发达的通信条件）？疑人不用，用人不疑，既然任用了就要让人家放手去干。宋文帝做事喜欢"一竿子插到底"的做法，对后世的"一把手"们尤其有深刻的警示意义：管理管理，既要"管"更要"理"，什么权力都抓到自己一个人手上，下属就将无所适从；而光靠哪一个人"包打天下"的话，最终将顾此失彼，毫无头绪，使事情在乱糟糟的局面中走向失败。还别说呢，笔者就发现，这种不讲究领导方式的情况，在当今许多单位仍然常见，实在很有必要引起这类领导干部的注意。

2008年10月14日之夜

谁是输家

是岁，上征青、冀二州刺史颜师伯为侍中。师伯以谄佞被亲任，群臣莫及，多纳货贿，家累千金。上尝与之樗蒲，上掷得雉，自谓必胜；师伯次掷，得卢，上失色。师伯遽敛子曰："几作卢！"是日，师伯一输百万。

——《资治通鉴》第一百二十九卷

颜师伯是南北朝时期宋孝武帝的宠臣。宋孝武帝刘骏（公元430—464 年），是宋文帝刘义隆的第三个儿子，在历史上以荒淫贪婪而出名。关于颜师伯的事迹，史书记载不多，但光是看他和宋孝武帝的那层亲密关系，就不难知道其人是个什么货色了。

《资治通鉴》第一百二十九卷载：宋孝武帝大明四年（公元460 年），孝武帝征调青州、冀州二州刺史颜师伯担任侍中。颜师伯因为善于阿谀奉承，成为最受孝武帝信任的大臣。有了孝武帝这个大靠山，颜师伯大肆收受贿赂，家产积累到了千金之多。有一天，孝武帝和颜师伯一起下樗蒲棋赌博，孝武帝掷下骰子，五个全是"雉"，以为自己稳操胜券。不料，轮到颜师伯掷骰子时，他竟然掷出了五个"卢"，赢了孝武帝。就在孝武帝又惊又气之际，却见颜师伯突然把骰子一收，说："差点儿全是'卢'了。"硬是让孝武帝"反败为胜"，开心不已。这天，颜师伯一次就输了一百万

钱给孝武帝。

这里还需要交代一下的是，宋孝武帝是个嗜赌成性而且特别看重输赢（说穿了就是"重赢"）的人。在他晚年（也就是调颜师伯到中央工作时期），凡是刺史、二千石的高官任期满了回京城述职，孝武帝一定要他们进献贡奉或者陪同赌博；赌博时，不把对方的腰包掏空是绝不罢休的。

颜师伯这个人，可真会做人（说具体点是会做官），事情做得如此滴水不漏，宋孝武帝这样的领导，不喜欢他、不找他赌博才怪呢。孝武帝当然赢得高兴，他只看到了大把大把的"孔方兄"从颜师伯手上跑过来，得意之余，也就忘记了自己是谁，对家是谁，更搞不明白对家为什么要主动、自觉地"输"给自己。

陪领导打牌，原来是这么个陪法，颜师伯，前辈啊！难怪，今天我们仍然经常看到许多人平时不学无术，专攻赌术，却单靠这"一技之长"，稳稳地成为领导身边的铁杆，直让那些只知埋头苦干不知抬头看路的"老黄牛"们纳闷不已。

颜师伯在赌桌上输了，宋孝武帝在赌桌上赢了。表面上看，双方胜负分明。事实果真如此吗？再看看发生在当代的一则"赌事"，我们就不难明白谁赢谁输了。

某县开发区管委会主任王某，应所谓的"香港××集团"的邀请，赴香港洽谈招商引资事宜。在香港，这伙"港商"以离吃饭时间还早为由，提议玩玩"梭哈"，发五张牌比大小，谁输谁付吃饭、桑拿、夜总会娱乐一条龙的钱。起初，王某说自己不会玩，其中的"香港××集团董事局罗主席"就将一小叠钱送到他面前，一边发牌一边说："赢了归你，输了不用你付钱，算我的。"玩了

299

两圈，王某居然赢了几万元港币。到了第五圈时，"罗主席"接到一个电话，说有重要客人要接待，于是提出最后一圈把赌注提高。结果，一亮牌，"罗主席"的一位"朋友"大赢，其他人皆输，一向"手气不错"的王某也输了380万元。已经入套的王某，面对凶相毕露的众赌徒，只好打电话让几个老板朋友汇款救急。事后，王某虽知这是骗局，却只能哑巴吃黄连，有苦说不出。直到后来，安徽省某县一个同样陷入骗局的官员报了案，这个以梁志成为主犯的诈骗团伙才落入法网。据查，一年间，这伙人成功作案16起，敲诈了来自8个省市的招商官员，金额近千万元（详见2008年10月《报刊精萃》）。

梁志成这伙人先输了几万元港币给王某，就是为了稍后的几百万元。可怜王某先前还以为天上真的掉馅饼，忘了"世上没有无缘无故的爱"，结果稀里糊涂成了大输家。落网后的梁志成说："那些上当的人看起来是磨不开董事局主席的面子，就一起打牌了，最主要还是人都有赢钱的心理，才中了圈套。"对王某来说，这个教训，相信足够成为他一辈子的痛。

回过头来看颜师伯和宋孝武帝。颜师伯凭什么要以赢为输，白白地向宋孝武帝送钱？道理太简单了：宋孝武帝身上有权，只要分享了他的权，要多少钱也可以弄回来。这是一笔非常合算的投资，回报率之高，比做什么生意都更有价值！真正可笑的是宋孝武帝，为了赌桌上那点蝇头小利，利令智昏，忘了国家利益（在那时来说，其实就是"刘家利益"，也就是刘骏自己的利益），把老颜当成傻瓜看，以为这家伙不是老眼昏花就是脑子进了水数不清数，却不知自己成了老颜心目中的"二百五"。

故意输小钱换大利的故事，无论是在历史上还是现代生活中都是数不胜数的。以历史名人为例，宋文帝时期的历史学家范晔，被孔熙先拉上"谋反"的贼船，也是从掉入孔熙先的赌局开始的；隋朝末年，李世民为了让裴寂说服李渊起事，先与裴寂成为赌友，输了几百万私房钱给他……这些人为了实现自己的既定目标，都爱使用这个招数，因为他们准确地抓住了赌徒的心理特征，所以，"有志者事竟成"，千百年来，这一招在某类人身上竟然是屡试不爽，效果好得很！

现在，我们国家的法律虽然禁止赌博行为，但由于种种原因，赌博现象并未在生活中消失，而且，仍有不少掌握一定权力的人沉湎于赌桌。某些蝇营狗苟的小人，因此有了广阔的用武之地，颜师伯与宋孝武帝、范晔与孔熙先、李世民与裴寂的故事就在不断地"克隆"着。作为旁观者，我们道破了这层利害关系，说破了谁才是真正的输家；可是如果当局者仍执迷不悟的话，那么，旁观者唯有一声叹息了。

2008年10月15日之夜

虞公如此不识相

上以故第为湘宫寺，备极壮丽；欲造十级浮图而不能，乃分为二。新安太守巢尚之罢郡入见，上谓曰："卿至湘宫寺未？此是我大功德，用钱不少。"通直散骑侍郎会稽虞愿侍侧，曰："此皆百姓卖儿贴妇钱所为，佛若有知，当慈悲嗟愍；罪高浮图，何功德之有！"侍坐者失色；上怒，使人驱下殿。愿徐去，无异容。上好围棋，棋甚拙，与第一品彭城丞王抗围棋，抗每假借之，曰："皇帝飞棋，臣抗不能断。"上终不悟，好之愈笃。愿又曰："尧以此教丹朱，非人主所宜好也。"上虽怒甚，以愿王国旧臣，每优容之。

——《资治通鉴》第一百三十三卷

"数椽败屋湘宫寺，虞愿忠规正凛然。十级浮屠那复有，虚抛贴妇卖儿钱。"宋朝诗人曾极的这首《湘宫寺》，说到了南北朝刘宋时期的一段故事。在这个故事里，那个叫虞愿的人，表现出来的凛然之气的确让人敬仰。

南北朝刘宋时期，佛教盛行，在上层很有市场。宋明帝泰始七年（公元471年），宋明帝做了一件自己引以为豪的"盛事"：将原来的府邸改造成庙院，称湘宫寺，无论是建筑还是装潢，都是当时的领先水平，其壮观华丽自是不在话下。宋明帝还准备建一座十

层的佛塔，但未能成功，于是修成两座各五层的。

新安太守巢尚之解除职务后，回京朝见。宋明帝问巢尚之："你去过湘宫寺没有？那可是大功德，花费了不少钱才建成的啊！"君臣正要炫耀的炫耀，吹捧的吹捧，侍立在一旁的通直散骑侍郎虞愿冒出一句"大煞风景"的话来："那是用老百姓卖妻、卖子的钱建起来的，佛陀如果有灵，当会慈悲为怀，哭泣哀叹。造这个寺院犯下的罪恶高过佛塔，有什么功德！"

虞愿一番话，在座诸位听了无不变色！宋明帝更是恼羞成怒，当场命人把虞愿驱逐出殿。虞愿却不慌不忙，慢吞吞地离去，脸上毫无恐惧之色。（见《资治通鉴》第一百三十三卷）

虞愿，字士恭，会稽余姚（今浙江省余姚市）人。余姚是个名人辈出的地方，历史上光是虞家就出了不少大人物。在今天看来，虞愿在余姚还不算特别有名的历史人物呢。不过，一个人能有一两件事载入史册就算了不起了，虞愿以他的铮铮硬骨也足够成为后人记住其人的资本了。

虞愿为何胆敢如此犯上？难道他面对的是唐太宗这样的脾气较好的上司？我们还是先了解一下宋明帝的为人吧。

宋明帝刘彧（公元439—472年），字休炳，宋文帝刘义隆第十一子，公元466年至472年在位。刘彧还是亲王的时候（初封淮阳王，后来改封湘东王），性情倒是宽厚平和，而且好读诗书，颇有儒雅风度。宋前废帝刘子业（刘彧的侄儿）是个施虐狂，刘彧因为长得肥胖，受尽虐待。前废帝称刘彧为"猪王"，让他在烂泥坑里爬行、吃饭，有一次还要把他抬到厨房去宰杀，好在建安王刘休仁劝阻说"留到皇上过生日时再杀岂不更好"，刘彧才捡回一条命。景和元年（公元465年）十二月，刘彧杀刘子业，自立为帝，改年

号泰始。起初，刘彧倒也懂得任贤用能，然而，到了晚年就完全变样了，国家搞得一塌糊涂，国库耗空了，百官连工资都发不出，他却更加奢侈无度；更糟糕的是刘彧心理变态，变得猜疑、嫉妒、残忍、暴虐，将刘子业的兄弟全部处死（其中年龄最小的才四岁），自己的亲兄弟也基本杀光（连救过他的刘休仁也没放过，只有桂阳王刘休范因为无才无德，不为刘彧所患忌，反而得以保全性命）——那可是几十个亲人的性命啊。刘彧的晚年正是"最后的疯狂"，没过几年，刘宋王朝便灭亡了。

且看，虞愿顶撞的是这么一个让人毛骨悚然的领导（而且刘彧正处于"疯狂期"），这份胆量，不服不行啊！真是见过"不识相"的，少见这么"不识相"的。

虞愿的"不识相"，并不是偶然行为。《南齐书·虞愿传》还记载，刘彧喜欢下围棋，但棋艺极臭，当然，臣属们还是吹捧他为第三品。他曾经和第一品的大高手王抗下棋，王抗不敢赢他，说："皇上下的飞棋，我无法抵挡。"刘彧以为果然如此，得意扬扬。虞愿却泼冷水说："尧曾经用围棋教育他的不肖之子丹朱，这不是人主应该爱好的东西。"

再黑暗的环境，也会间或有那么一两个"不识相"的人迸发出几朵火花（哪怕是微弱的），这就是人类的一大可爱之处。明朝中叶的赣南于都人袁庆祥也是这么一个不怕死的"角"。明成化四年（公元1468年），袁庆祥在太学读书时，对成化帝朱见深"崇异教，任宦官，用财无度"的做法非常不满，于是不顾同僚好友的劝阻，上书朝廷要求"省国费、严选举、修武备、孝公道、起民望"，结果，朱见深勃然大怒，对袁庆祥罚打八十大棒，直打得他差点咽气。有意思的是，十年后，袁庆祥到直隶潜山县（今安徽省潜山县）任

知县，当地人听说他就是那个"打不死的袁秀才"，都敬畏有加，不敢犯事。

像虞愿、袁庆祥这样处事的人，在同仁们的眼中无疑是个"异类"（用赣州话来说，是个不识时务的"癫佬"）。但"存在就是合理"，这个社会（无论是哪个时代）又需要这样的人——换句话说，他们的存在，是社稷之福：也许就是那微微一闪的亮光，让人在漫漫黑夜中看到了一丝希望。毕竟，渴望光明是多数人的心愿，尽管在那种时候很多人并不敢表达这一基本的心愿。

工作环境（古时的官场，今日的职场）不理想，怎么办？古人的选择无非这么几种：要么委曲求全，在官场纯粹是为了混口饭吃，多一事不如少一事，尽量保持沉默不说话；要么见机行事，见风使舵，凡事灵活处理，能说话时说上几句（基本上是人云亦云，看上级的心情、脸色行事），时机不对则明哲保身，不说为妙；要么像陶渊明那样，"悟已往之不可谏，知来者之可追。实迷途其未远，觉今是而昨非"，逃避现实，回归自然——当然，这在今天来说是不可能的，现在都已经是"地球村"了，就算"桃花源"也与地球村通上了互联网，所以你在职场不如意也得好好待下去，躲是躲不了的。而像虞愿、袁庆祥那样做"另类"的，少之又少：唯其如此，他们才显得特别可贵。

一潭死水，需要一条不识味的鱼来搅动一下，才可能不发臭。当然，这条鱼为了这个生态环境，可能要做出巨大的牺牲（甚至付出生命的代价）。如果到了这个地步，这不仅是鱼的悲哀，也是水的悲剧。

2008年10月16日之夜

富贵不认亲爹

晋王元妃卫国韩夫人，次燕国伊夫人，次魏国刘夫人。刘夫人最有宠，其父成安人，以医卜为业。夫人幼时，晋将袁建丰掠得之，入于王宫，性狡悍淫妒，从王在魏。父闻其贵，诣魏宫上谒，王召袁建丰示之。建丰曰："始得夫人时，有黄须丈人护之，此是也。"王以语夫人，夫人方与诸夫人争宠，以门地相高，耻其家寒微，大怒曰："妾去乡时略可记忆，妾父不幸死乱兵，妾守尸哭之而去，今何物田舍翁敢至此！"命笞刘叟于宫门。

——《资治通鉴》第二百七十卷

"花喜鹊，尾巴长，娶了媳妇忘了娘。"这是一句在民间流传久远的民谣，特别是 20 世纪 80 年代，常听村里的老农们引用，为此，小时候我还以为这喜鹊真是天下最不孝的动物呢。其实，当时的讽刺对象，主要是那些从农村里走出去，在城市里安了家的大学毕业生或从农民身份变成工人的年轻人。他们过起了城市里的小日子（特别是娶了个城市户口的老婆）之后，得了"妻管严"的毛病，不把老人放在心上了，而国人骂人总是讲点艺术的，结果就骂到了无辜的喜鹊头上，真是冤哉枉也。

"娶了媳妇忘了娘"的事情的确不少，在传媒业发达的今天，

我们经常可以看到有关报道。与此相类似也更普遍的，则是"一阔就变脸"，富贵起来翻脸不认人的那些人和事，而其中的可恶者，甚至连亲爹都不认。

五代十国时期（《资治通鉴》纪元用的是"后梁均王贞明三年"——公元917年），晋王李存勖有个最受宠爱的妃子刘夫人，其父亲是成安人氏，以行医占卜为业。刘夫人小时候，被晋将袁建丰抢进王宫。刘夫人跟随晋王在魏，其父听说她已经显贵，特地跑到魏宫拜见晋王李存勖，要求认亲。李存勖对此倒也比较重视，先召袁建丰前来辨认。袁建丰说，此人的确是当初那个保护刘夫人的黄须老头。李存勖于是将"天上掉下个老丈人"的事告诉刘夫人。不料，刘夫人此时正和李存勖的其他几个夫人争宠，为了显示尊贵，几个人正互比门第高低呢。听说有个声称是自己老爹的贫贱老头找上门来，刘夫人勃然大怒道："我父亲早已死于兵乱，哪里来的乡巴佬，竟敢找到这里来？"让人在宫门口把刘老头狠狠地打了一顿。（见《资治通鉴》第二百七十卷）

这个刘夫人，为了自己的面子，连亲爹都不认了，说她铁石心肠，一点也不为过。怪只怪那刘老头不争气，只是一个"田舍翁"出身，要是位居将相，骨子里流淌着某个王侯贵族的血液，看这个刘夫人还认不认（即使她嫁给了皇帝，也需要体面的娘家人来撑撑面子的）。陈世美富贵不认妻儿，那只是舞台上的事，刘夫人富贵不认亲爹，却是见于史书的事，这就使人不得不感叹：侯门一入深似海，权势、金钱太容易改变一个人了！

一阔就变脸，当然不是身居高位者才有的毛病，其实，很多普通百姓心里也有这种劣根性。很多年前读大学时就见过这么一例。

有一次，一个衣着"落伍"的农民带着大包小包前来学校找某个同学。该同学向同窗们介绍，来者是进城办事的同村老乡，家里托他捎了些东西过来。本来大家也没往心里去，可是后来，该同学的一位老乡兼同窗无意中道破了真相：来者其实就是那同学的父亲。从此，一提到该同学，大家心里总感到不是滋味。你看，他都还没"阔"起来呢，就这样了，要是哪天真的发达了，不知眼里还能装下谁？

有的人，眼睛只会往上瞧，谁比他混得好就"敬仰"谁（在这种人身上，这种心理可以说是自然生成的），不管那人会不会搭理自己，自己先搭上去再说。就像鲁迅说的那种人，去财主家乞讨未成，被财主骂了句"滚出去"也高兴得四处炫耀自己和某阔佬"对上话了"。这是一种典型的奴性心态。另一方面，这种人对于"层次"比自己低的人，那是一概不放在眼里的，即使那个人曾经和自己是同一阵营的患难兄弟。在他们心里，根本没有什么真正的感情可言。两千多年前，陈胜和一帮贫寒兄弟一起给人打工时，曾经约定"苟富贵，勿相忘"。后来，陈胜揭竿而起，亲自称王，从底层升到高层了，那些旧时的兄弟果然找上门来。这些人由于没有接受过礼仪教育，不懂得官场"规矩"，说话口无遮拦，老是扯起当年的旧事，甚至直呼陈胜的小名。于是，陈胜以"客愚无知，颛妄言，轻威"为由，把其中一个给砍了。其他人一看，知道此时的陈胜早已不是当年那个哥们了，都识趣地离去了。

变脸者为何要变脸？不希望别人了解自己"阔"起来之前的"窘况"，是其中一个原因。也就是说，他们都有极强的虚荣心，而且认为出身贫寒是一种耻辱。另一个原因是在这种变脸者心里，什么亲情、友情、爱情，都是为利益服务的，有用时就有"情"，用不

上就绝情。他们所说的"苟富贵，勿相忘"，其实是根本不可信的，事情发展的结果，往往是"苟富贵，立相忘"：发达起来的那个人根本不会记住还没发达起来的故人（其实客观上也许记得，但他必须装出忘了的样子来）。还需要说明的是，这种人往往又是变色龙，一旦他重新落魄，从富贵回到贫贱，他又会"重新做人"，和"老友"们"和好如初"。我认识一个人，他还是个普通干部时，和我们这些平民玩得很好。后来，他因为偶然的机会，进入权力核心部门，结果，在路上相遇，和他打招呼，他竟然不认识我们了；甚至有时在电梯里"零距离"接触，他的眼睛也只朝上看。再后来，他退下来了，呵，又和我们有联系了，回忆起多年前在一起的光景，还说得很清晰呢。

眼睛瞧上不瞧下，富贵不认亲爹的人，其实是心智不健全的人。这种人感情容易大起大落，情绪非常不稳定，其行为在旁人看来十分可笑，甚至可悲。每每想到这一点，我就觉得这种人其实是挺可怜的（虽然富贵起来了），如果哪位能发明什么治疗办法，让他们的心理也和正常人一样健康，那可真是功德无量的事。

2008年10月19日之夜

从"起居注"看监督

冬，十月，乙卯，上就起居舍人褚遂良取记注观之，遂良不可，曰："记注兼书善恶，所以儆戒人君。陛下但力为善，不必观史！"上曰："朕向尝观之。"对曰："此即日史官之罪也。若陛下自观史，则史官必有所讳避，何以取信于后！"上乃止。

——《资治通鉴》第二百四十六卷

起居注，是古代由专门的史官"录纪人君言行动止之事"的史书（相当于他们的"每日汇要"）。中国人的历史意识很强，起居注便是一个证明。《隋志》将史书分为13类：正史、古史、杂史、霸史、起居注、旧事、职官、仪注、刑法、杂传、地理、谱系、簿录。其中的"起居注"，按照时间顺序，专门记载帝王的言行，是史家编史籍的重要史料。负责修起居注的官员，在皇帝的各种公开活动中随侍在旁，记录内容广泛，包括朝廷命令赦宥、礼乐法度、赏罚除授、群臣进对、祭祀宴享、州县废置等（元朝以后则简化了）。最早可知的起居注是汉武帝时的《禁中起居注》，清朝以前保存较完整的起居注是唐朝初年的《大唐创业起居注》。清朝由于官修起居注的制度较完善，加上年代离现在不远，留下了大量的起居注（据有关资料说，有一万多册）。

古人做史官，往往是要有几根硬骨头的。"秉笔直书"是史家

310

们崇尚的美德。这方面最著名的故事当数《左传》记载的齐国太史、南史氏为了直书而不惜殉职之事："太史书曰'崔杼弑君'，崔子杀之。其弟嗣书而死者二人，其弟又书，乃舍之。南史氏闻太史尽死，执简以往，闻既书矣，乃还。"崔杼把齐太史三兄弟都杀了，他们家老四还接着写他弑君之事；和此事本不相关的南史氏生怕太史老四也被杀，专门带着笔记本赶过来接班（也就是"接死"），直到知道老四没事（崔杼不敢再杀了），才回去。文天祥《正气歌》中的"在齐太史简，在晋董狐笔"，歌颂的就是古代的几个"良史"代表。

在没有新闻媒体的古代，写史是一种重要的舆论监督方式，而起居注尤其是这样。唐朝以前，按照不成文的规定，起居注是不允许皇帝看的。多数皇帝都遵守着这个规矩，但也有例外。

《旧唐书·褚遂良传》和《资治通鉴》（第一百九十六卷）载：贞观年间，褚遂良负责记录唐太宗李世民的起居注。有一次，李世民想取过来看一看，褚遂良以"不闻帝王躬自观史"为由拒绝了。李世民问他："我干了坏事，你也一定要记下吗？"褚遂良说："这是我的职责，当然一定要记。"黄门侍郎刘洎接过话题说："皇帝有过失，就像日食和月食一样，人们都能看见。即使遂良不记，天下人也记着呢！"

褚遂良是好样的，拒绝了李世民的"非分要求"。然而，李世民想看起居注的念头并未就此打消。第二年（贞观十七年，公元643年），李世民找到监修国史的房玄龄，提出看国史的要求。房玄龄本来也想拒绝，但李世民说了自己的理由：一是自己和以前的君主不一样，看了国史不会发脾气；二是观史是为了知道自己的失

误，以便今后改正。谏议大夫朱子奢劝他说没必要看，但李世民坚持要看，房玄龄便让步了。总算李世民是个有素质的帝王，当他看到"书六月四日事，语多微隐"——史官对当年玄武门事变的内容含糊其词，还要求"削去浮词，直书其事"，让他们如实补记当时的情景（见《资治通鉴》第一百九十七卷）。

李世民之前有没有哪个皇帝看过起居注，笔者没有查到相关史料。《资治通鉴》第二百四十六卷还提到，近二百年之后，李世民的后人唐文宗也想看起居注，但被起居舍人魏谟拒绝了。魏谟对唐文宗说："起居注既记载善行，也记载恶事，以警示帝王去恶从善。陛下只管勤政为善，不必考虑看史的问题。"唐文宗说："过去我曾经看过呢。"魏谟说："那是以前的史官失职。如果陛下亲自观看，史官记载时便有所避讳，将来又怎么让后人相信呢？"唐文宗这才作罢。魏谟是魏徵的五世孙，身上颇有魏徵遗风。如魏谟所言，皇帝不能看起居注，这样，一方面可以保证记录的真实性；另一方面，皇帝为了身后的名声，做事便要好好考虑，想想后果，尽量避免做坏事、错事，以免遗臭万年。

从理论上来说，起居注这种"儆戒人君"的"舆论监督"功能是可以发挥良好作用的，但从李世民破例和唐文宗曾经观史这两件事来看，它的"舆论监督"功能又令人存疑：如果皇帝硬要干扰史官的工作的话，这起居注还真能写得那么理想吗？如果史官不自觉遵守"职业道德"的话，这项制度还能如实执行吗？答案已经摆在历史上了：到了北宋，宋太宗就改了皇帝不看起居注的规定，于太平兴国八年（公元983年）命令参知政事李昉记下的时政记必须先送皇帝审阅，然后再送史馆，起居注院所编的起居注也参照执行。

可见，起居注这种监督方式，是很不可靠的。其一，它完全靠双方的自觉来维系这种监督作用。古人的迷信思想严重，是有神论者，所以，帝王权力虽大，但害怕上天的惩罚，行事不敢太过分，既然祖上有规矩不能看起居注，那就不看吧。但万一某个皇帝不信这个了，起了想看的念头怎么办？碰上褚遂良、魏谟做史官，可能还会僵持一阵，碰上房玄龄，不就很快破例、违规了？从唐文宗所说的"曾经看过"来看，还不知有多少皇帝与史官私下违禁了呢。可见，这种仅靠双方自觉，没有强制措施（特别是问责机制）的监督，是非常脆弱的，不能让人放心。

其二，监督与被监督双方的力量过于悬殊，不成比例。一边是国家最高统治者，手上掌握着生杀予夺的大权，一边是手无寸铁（只有一支根本不能自卫的秃笔）的史官，双方万一发生了点什么，这样的力量对比，能产生什么结果？总不能要求个个史官都像齐太史那样付出生命的代价吧？正因为如此，宋太宗才可以一句话就把这个规矩改了。

其三，双方是领导与被领导的关系，所谓"独立写史"，难以真正实现。对一般的史官来说，他们端的是皇家的饭碗，心里没点顾忌是不可能的，所以，即使唐太宗不看，玄武门事变的记载也是闪烁其词。倒是刘洎说的"遂良不记，天下人也记着"更有些道理：皇权虽大，也有鞭长莫及的地方，天下的舆论工具，未必全被皇帝控制着，对那些管不到的人，他就没辙了。宋太宗亲自审定时政记、起居注，于是，关于宋太宗谋害其兄宋太祖的说法，在北宋的官方史料中便难以找到；可是，宋太宗想不到的是，辽国的史籍却留下了对他不利的记载——没办法，管不到人家呀！说不定，民间还有

人偷偷地写着什么呢。

由此看来，有效的监督，光靠自觉是远远不够的，而应有制度作保障；监督者除了能尽职，自身还要有相应的力量；双方应当摆脱隶属关系，让监督权真正实现独立行使。

2008年10月20日之夜

后记·读史的收获

A

读史明智。这个简单的道理，有文化的人都懂。

我们的民族，是一个历史意识非常深刻的民族。梁启超在《中国历史研究法》中说："中国于各种学问中，惟史学为最发达；史学在世界各国中，惟中国为最发达。"中国的史籍，浩如烟海，光是从《史记》到《明史》的官修纪传体"二十四史"，就达4000万字；再加上私修史书如《春秋》《左传》《战国策》，以及编年体的《资治通鉴》等，光是排得上号的史学名著，就够一个人读一辈子了。

中国的历史太悠久，中国的史书太多，而现代人的生活节奏又太快，在娱乐多元化的时代，在新鲜事物层出不穷让人应接不暇的今天，有多少人能有时间去读那些已经发黄的文字？

当然，并不是所有的人都有必要读史（特别是读那么多的历史）。但是，有些人，却的确很有必要读点历史，比如官员，比如学者，甚至那些意图逐鹿商界的有志之士。有句名言说，忘记过去意味着背叛。我觉得，这话主要是针对这些群体来说的。

对绝大多数人来说，不可能有足够的时间去读那些史学名著，包括《史记》《资治通鉴》这样的经典。但是，你至少可以腾出那么一点点时间，去了解它的大概，品味它的精髓。特别是《资治通鉴》，这是中国的一面老镜子，后人时常照一照，就会感悟到：历

史不会开玩笑，读史是有收获的。

《资治通鉴》，这是中国最伟大的编年体史书，由北宋历史学家、政治家司马光等人历时十九年编纂而成。宋神宗认为该书"鉴于往事，有资于治道"，而钦赐此名。全书294卷，约300万字，所记历史上起周威烈王二十三年（公元前403年），下迄后周显德六年（公元959年），前后共1362年。《资治通鉴》的内容以政治、军事和民族关系为主，兼及经济、文化和历史人物评价，旨在通过描述历史来警示后人。它与司马迁的《史记》成为中国史籍的"绝代双骄"（巧了，两个司马都如此厉害）。

B

近年来，随着年龄在无情地变老，一些无关紧要的兴趣逐渐离我远去，工作单纯了，生活单调了，我觉得，有理由系统地找些书看看了。我选择了读历史，这是学生时代延续下来的兴趣（这其中重要的一点是受了金庸武侠小说的影响）。历史和我的工作并无关系。我读书不是为了拿文凭，也不是为了混职称，只是为了让自己多点文化，对这个社会看得更清楚些。

于是，在几年时间里，我从图书馆借了一本又一本历史方面的书籍，随便翻翻，不求甚解（这种不带任务不必交作业的读书，才能真正带来读书的乐趣）。偶有心得，则即兴写上一篇随笔杂谈。后来，我的第一本杂文集《我想我说》出版，其中一半内容就是2006年的读史随笔。

也就是在编辑出版《我想我说》时，我开始下定决心，正式读

洋洋 300 万言的《资治通鉴》。这一读，就是一年多时间（完全是在业余进行），整个过程是辛苦又快乐的。编年体说难听点就是"流水账"，它完全以时间为顺序，记事简略，基本不交代前因后果，特别是分裂时期的记述，书里兼顾同时并存的各个政权，东一句西一句的，看得眼花缭乱。若非多年来看了些相关书籍垫底，我还未必能在这堆"大砖头"前坚持下去。好在书里亮点频现，触及心灵，常常让人茅塞顿开之际产生写作的冲动，结果忙了个不亦乐乎。

起初，我并没有确立什么目标，还是和往常一样随便翻翻，想写就写。后来，文章数量多了，受到许多朋友和读者的鼓励，他们纷纷建议我尽快形成一本书。于是，写作思路逐渐明确，我决定从做人、做官、做事等几个方面，以小见大，谈古论今，通过史实说道理，给读者些许启示。文章在结集出版前，均在本地报纸和许多省市的主流媒体发表，并被国内外几十家报刊转载，家里各种报刊收了一大堆——这，也是我读史的另一个重要收获。

C

辛弃疾说："近来始觉古人书，信着全无是处。"我读《资治通鉴》，却是"近来始觉古人书，信着多有是处"。

不比照，不知道。历史竟然有那么多如此相似之处！王朝的更替，基本上是遵循着一个没多少新内容的规律：兴盛时，谁都以为自己的基业是不朽的，于是忘了打一剂预防衰败的免疫针；衰败时，当权者基本不从主观上找原因，而是进行"最后的疯狂"，破罐子破摔。还有，忠良的高风亮节在纸上被笔墨记住了，奸邪的卑劣行

径却在生活中延续着（甚至不断"出新出彩"）。特别是，对照我们的现实，竟然发现某些存放了几千年的糟粕依然大有市场；某些"血的教训"仍在教训今人；某些曾经不断翻车的轨道，仍有大量的后人在奔走；更有甚者，某些事情，今人做得比古人还更绝更狠。例如，范晔的上钩与当代贪官的堕落，让人分不清哪是历史哪是现实；例如，古人刘秀尚知"天子不与白衣同"的道理，今人却强调"领导干部也是人"；例如，诸葛亮没有明白自己的职守而受下属批评，当今某些领导胡乱行政却谁也不敢吭声；例如，隋文帝能够做到不要"挂名文章"，现在某些领导却冠冕堂皇地让人捉刀……太多了，太多了，这些，都是让人无法轻松的话题，这本小书虽然对此做了些粗浅的思考，但仅是从大海里舀了一勺水而已。

当代作家王跃文说，今人文章难逾古人，因为很多话前人都说过了；古人笔下的东西，今人也仍能见着。读罢《资治通鉴》，我觉得很多事情还真是这么回事。历史为什么总有惊人的相似？因为很多该读历史的人不读历史，这就难免继续踩着前人走过的弯路前行。有人说中国历史虽多，但国人容易忘记历史（这与史学发达不成比例啊），但愿这话不是那么回事（至少今后），那就让我们好好地从历史中收获些什么吧。

2008年9月15日之夜